资本论

Capital

[德] 卡尔·马克思/著
邵新顺/编译

全新插图
普及本

中国工人出版社

图书在版编目（CIP）数据

资本论 / (德) 卡尔・马克思著；邵新顺编译. —北京：中国工人出版社, 2015.5

ISBN 978-7-5008-6165-2

Ⅰ.①资… Ⅱ.①卡… ②邵… Ⅲ.①马克思著作—马克思主义政治经济学

Ⅳ.①A123

中国版本图书馆CIP数据核字（2015）第116268号

资本论

出 版 人	芮宗金
责任编辑	董　虹
责任校对	董春娜
责任印制	黄　丽
出版发行	中国工人出版社
地　　址	北京市东城区鼓楼外大街45号　邮编：100120
网　　址	http：//www.wp-china.com
电　　话	（010）62350006（总编室）　（010）62005039（印制管理中心） （010）62379038（社科文艺分社）
发行热线	（010）62005996　82029051
经　　销	各地书店
印　　刷	三河市万龙印装有限公司
开　　本	710毫米×1000毫米　1/16
印　　张	23
字　　数	380千字
版　　次	2015年10月第1版　2023年2月第6次印刷
定　　价	38.00元

编译者序

1999年，由英国剑桥大学文理学院教授们发起评选“千年第一思想家”的活动，结果是马克思位居第一；紧随其后，英国广播公司（BBC）又以同一命题评选“千年第一思想家”，在全球互联网上公开征询投票一个月，汇集全球投票结果，仍然是马克思居第一；2002年，英国路透社邀请政界、商界、艺术和学术领域的名人评选“千年伟人”，结果是马克思居第一；2005年7月，英国广播公司又以“古今最伟大的哲学家”为题，调查了3万名听众，结果还是马克思居第一。在世纪之交，在资本主义的故乡，四次“千年伟人”的评选结果震惊了全世界。千年以来，世界上产生了很多改变世界、改变历史的伟大人物，但是只有马克思和他的忠实战友恩格斯站在全人类的高度之上，站在全世界无产阶级和广大劳动人民的立场之上，鞠躬尽瘁、呕心沥血创立了马克思主义，揭示人类社会发展的规律、生产力与生产关系矛盾运动的规律，为全世界无产阶级的解放运动做出了不朽的贡献。

马克思，全名卡尔·海因里希·马克思，德国犹太人，出生于1818年5月5日，卒于1883年3月14日，马克思主义的创始人，第一国际的组织者和领导者，全世界无产阶级和劳动人民的导师，伟大的政治家、哲学家、经济学家，创立了辩证唯物主义和历史唯物主义的哲学思想，除了《资本论·第一卷》外，还著有《共产党宣言》《关于费尔巴哈的提纲》《哲学的贫困》《哥达纲领批判》等。

他的一些著作是与其挚友——同为德国革命社会主义者的弗雷德里希·恩格斯共同完成的。马克思的一生是与资本主义政府斗争的一生，被许多国家驱逐过，到处流亡，他曾自称是“世界公民”；马克思的一生是穷困潦倒的一生，他没有固定的工作，一家人的经济来源主要是靠他极不稳定又极其微薄的稿费收入，他常常囊空如洗，生活在颠沛流离中。马克思在经济上是贫困户，但在思想上却是富有者；马克思的一生是辉煌的一生，除了娶到自己钟爱一生的女人燕妮之外，他与恩格斯结为亲密战友，共同为世界的无产阶级解放运动奋斗终生。

有些人没读过《资本论》，甚至不会去读《资本论》，理由很简单也很冠冕堂皇:《资本论》是一百多年前写的书了，已经过时了;《资本论》写的是西方资本主义经济和西方资本家的事，关社会主义国家什么事呢？这种“过时论”和“排外论”折射出看问题的狭隘性，对《资本论》缺乏一种全面客观的理解和认识。其实,《资本论》是马克思在分析大量材料的基础上，用了长达四十多年（1843～1885年）的时间完成的一部巨作。这四十多年的写作历程，是马克思以生命的消磨作为代价的。马克思在写给迈耶尔的信中说道:“我一直在坟墓的边缘徘徊，因此我不得不利用我还能工作的每时每刻来完成我的著作。为了它，我已经牺牲了我的健康、幸福和家庭。”

《资本论》深刻地揭示了资本主义制度的本质及其发展规律，同时也揭示了资本本身运作的经济规律。它具有强大的生命力，不会因时间的演变、时代的更替而改变规律本身。要说有变化，那么变化的也只是资本主义发展规律的具体形式而已。现代西方国家每十多年就发生一次经济危机，这都能在《资本论》里找到解释，都是马克思的预言变成了现实。所以目前西方的一些经济巨头们经常把目光投向《资本论》，除了可以从里面获取一些经济思想和深刻的启迪之外，更多的是可以在里面寻找危难时刻的最后一根救命稻草。《资本论》能使一个人，一个民族，一个国家受用不尽。“以铜为镜，可以正衣冠；以史为镜，可以知兴替；以人为镜，可以明得失。”从某种意义上来说,《资本论》确实已经成为了历史，但是，把《资本论》当作一面镜子，却可以看出整个世界格局的兴衰与更替,《资本论》是一本可以预测未来的先知书，它永远不会过时。目前，我国正处于社会主义的初级阶段，实行以公有制为主体，多种所有制经济共同发展的基本经济制度。其中，非公有制经济是我国社会主义市场经济的重要组成部分，非公有制经济给我国带来的经济收益是非常巨大的。《资本论》中对于资本主义市场经济的精彩分析和对市场经济发展的规律性、资本运作规律的描述内容，对于我国正在不断完善的社会主义市场经济体制来说，有直接的指导意义。

《资本论》全书共有三卷，第一卷是“资本的生产过程”，第二卷是“资本的流通过程”，第三卷是“资本主义生产总过程”。《资本论》全书都是围绕着资本家无偿占有和分配雇佣工人所创造的剩余价值而展开的，即资本家如何占有、实现和分配剩余价值。正如恩格斯指出的那样：“第一卷表明，资本家怎样从工人那里榨取剩余价值；第二卷表明，这个最初包含在商品里的剩余价值怎样实现为货币；第三卷表明，剩余价值是如何分配的……”在这里需要作说明的是，《资本论》第一卷是由马克思独立完成和出版的，是《资本论》全部理论的核心，它本身就是一个独立的完整的理论体系。本书的整个框架结构没有改变原《资本论》的体系，只是取消了卷的提示。为了让读者更容易理解和认识《资本论》的内容，本书采取了“章—节—目”的结构形式，一共十六章。第一章—第六章阐述的是“资本的生产过程”，内容包括：商品和货币、绝对剩余价值的生产、相对剩余价值生产的三个阶段、绝对剩余价值和相对剩余价值的生产、工资、资本的积累过程。这一部分是《资本论》的理论基础，是整个《资本论》篇章结构的起点，是马克思主义经济学大厦的基础。第七章—第九章阐述的是“资本的流通过程”，内容包括：资本形态变化及其循环、资本周转、社会总资本的再生产和流通。总体上大致可以分为两个部分，一是个别资本的运动，研究对象是产业资本的循环和周转；二是社会总资本的再生产和流通，研究对象是社会总资本的实现条件以及对实物补偿的影响。第十章—第十六章阐述的是“资本主义生产总过程”，内容包括：剩余价值和剩余价值率、利润转化为平均利润、利润率趋向下降的规律、商品资本和货币资本转化为商品经营资本和货币经营资本、利润分为利息和企业主收入。生息资本、超额利润转化为地租、各种收入及其源泉。总体上大致可以分为三个部分，一是剩余价值在资本家阶级内部进行分配的问题；二是资本主义土地所有制的产生以及土地所有者是如何通过地租这种形式参与剩余价值分配的；三是资本主义社会的阶级结构，再现整体上的资本主义生产关系。本书打破了以往各种版本的纯理论性，尽量化抽象的理论为形象的叙述，采用了图形归纳、表格分析、插图解释等辅助叙述手段把《资本论》中最精髓的内容表达出来，尽可能使读者能够读懂这部伟大著作。

《资本论》这部伟大的经济学著作，已经问世一百多年了。不管人类社会发生了怎样的变化，世界格局发生了怎样的变迁，社会主义事业如何的曲折，马克思主义经济学理论始终以其强大的生命力为世界无产阶级的革命道路指引着方向。它深刻地影响了人类，特别是中国的历史发展方向和进程，从1949年新中国成立到1978年的改革开放，再到2003年社会主义市场经济体制的基本确立，《资本论》给社会主义事业的发展以重要的指导作用。党的十八大指出：要加快完善社会主义市场经济体制，完善以公有制为主体，多种所有制经济共同发展的基本经济制度，完善以按劳分配为主体，多种分配方式并存的分配制度，更大程度、更广范围地发挥市场经济在市场配置资源中的基础性作用，完善宏观调控体系，完善开放性经济体系，推动经济更有效率、更加公平、更可持续发展。《资本论》不仅是革命的批判的科学，是破坏旧世界的武器，更是我们建设新社会创造新生活的科学！《资本论》指导着无产阶级政党领导广大劳动群众走过了一百多年的革命道路，也会继续指导我们进行社会主义经济建设，指引我们走向繁荣富强的明天！

由于主观条件以及我们的能力有限，写作时间比较仓促，我们提供的这部著作编译本可能并不能完全满足广大读者的阅读需要，甚至可能有些缺点和错误，恳请读者们批评指正并提出宝贵的意见和建议。

邵新顺

2015年5月2日

目录

第一章　商品和货币

第二章　绝对剩余价值的生产

第三章 相对剩余价值生产的三个阶段

第四章 绝对剩余价值和相对剩余价值的生产

第五章 工 资

第六章　资本的积累过程

第七章　资本形态变化及其循环

第八章 资本周转

第九章 社会总资本的再生产和流通

第十章 剩余价值和剩余价值率

第十一章 利润转化为平均利润

第十二章 利润率趋向下降的规律

第十三章 商品资本和货币资本转化为商品经营资本和货币经营资本

第十四章 利润分为利息和企业主收入、生息资本

第十五章 超额利润转化为地租

第十六章 各种收入及其源泉

第一章

商品和货币

Capital

商品是资本主义经济的细胞，对资本主义经济的研究要从商品开始。何为商品？商品有何属性？决定商品属性的又是什么？商品如何体现自己的价值？商品与货币有什么样的关系？商品价值经历了哪些形式？什么时候货币才成为商品价值的最终表现形式？本章将详细介绍这些内容。

第一节
商品

导读：现在，无论是逛超市、肉菜市场，还是进小个体店，琳琅满目的商品总是吸引着我们的眼球。我们买商品前，总是会考虑它的用处，它的价格，它的质量等因素，在马克思眼中看来它们有着什么样的秘密呢？通过学习这一节，让我们了解一下商品的概念、商品的二因素、决定商品二因素的劳动二重性，以及商品的价值变化形式。这一节在整个《资本论》中起着非常重要的作用，是研究后面所有问题的基础和起点。

什么是商品

用于交换的劳动产品，就是商品。它是在原始社会后期，由于生产力的发展，出现了社会分工，产生了私有财产的条件下逐渐出现的。一个物体要成为商品，必须满足两个条件：第一，它必须是劳动产品，即通过人类的体力劳动和脑力劳动相结合而生产出来的物体；第二，它成为了人类的劳动产品之后，必须用于交换。这可以理解为，物品要成为商品，它必须是通过劳动生产出来的并且与其他某种劳动所得物实行等价交换。

通过自己的劳动生产出来的物体，不是用于交换，而是仅仅用于满足自身生活和生产需要的，不是商品。例如，原始社会中类人猿在森林狩猎所得的猎物，它只是通过类人猿自身的“狩猎”行为来满足自身的生存需要，否则它便会饿死在森林里。又如，现在农民自家种的粮食、蔬菜，自家养的鸡、鸭、兔、猪、牛等家禽牲畜，如果农民通过自身辛的种养劳动而所得的这些生物仅仅是满足自身的生活需要，自给自足，那它们就不是商品了。相反，把这些通过自身的种养劳动而所得的生物拿到集市上去卖，从而获得收入，这就是所谓的“商品”了。

不是通过人类劳动所生产的物体，不是商品。例如，阳光、空气、风、雨、水等，人类直接地索取于大自然，人人有份，人人共享，也是人人生存所必需的。当然，如果这些东西在地球上分布极为不均或者极为稀少，或许在某一天也会成为商品。

商品的二因素

商品是为交换而生产的劳动产品，一切商品都具有使用价值和价值两个因素，商品是使用价值和价值的统一体。缺少其中任何一个因素，就不能成为商品。

一 使用价值

商品如果能够满足人们的某种需要，就是具有使用价值[①]。简单来说，使用价值就是物的有用性，这种有用性决定于商品本身的属性。物的自然属性不同，使用价值也就不同，即它们所能满足人们需要的方面不同。有的物可以直接满足人们的生活需要。例如，超市里面出售的大米、小麦等；有的物则可以满足人们用于生产的需要，如农民耕作用的收割机、播种机、锄头等。

使用价值可以从质和量两个方面来考察。质可以简单地理解为“物品的不同的有用属性”，它是由商品本身的自然属性所决定，如刀、锄头、纸等，它们的自然属性不同，使用价值也不同，刀是用来切东西的，锄头是用来锄草的，纸是用来记载信息的。并且，同一种商品，又可以有多种不同的自然属性，因而又具有多方面的使用价值。例如，刀不仅可以用来切东西，还可以砍树，或

① 不论财富的社会形式如何，使用价值总是构成财富的物质内容。由此说明，作为社会财富实体的使用价值是与人类社会同时存在的范畴，使用价值存在于任何社会形态。

者作为狩猎工具。使用价值的量可以简单地理解为“多少单位”，商品的性质不同，计量商品的尺度（计量单位）自然不同，如布的尺度是码，那就是一码布；铁的尺度是吨，那就是一吨铁；小麦的尺度是千克，那就是一千克小麦。这些物之所以有不同的尺度，除了它们本身的属性不同外，还有一个原因就是人与人之间的约定俗成。

二　价值

既然商品是用于交换的劳动产品，那么，商品与商品之间交换的究竟是什么东西呢？这需要引入“交换价值”的概念。

交换价值，表现为一种商品的使用价值与另外一种商品的使用价值相交换的量的关系或比例。例如，在 1 件上衣＝ 20 码麻布这个关系式中，20 码麻布就是一件上衣的交换价值，一种商品可以同许多种不同的商品交换，因而一种商品可以有多种交换价值，例如，1 件上衣＝ 20 码麻布＝ 10 斤小麦＝ 5 磅茶叶＝ 1 盎司金，等等，这里 10 斤小麦，5 磅茶叶，1 盎司金都可以成为 1 件上衣的交换价值。并且，在交换过程中，不同使用价值之间的量的比例关系，会随着时间和地点的不同而改变。比如，在今年，1 件上衣＝ 20 码麻布，但是，若干年后，生产力水平提高了，1 件上衣＝ 20 码麻布就不会成立。用我们现在的社会消费状况来形容就更贴切、更易懂了。10 年前，我们 5 元人民币可以买到一斤猪肉，现在的 5 元钱还能买到一斤的量吗？又比如，在制衣轻工业发达的地方，1 件上衣＝ 20 码麻布是比较合理的价值交换，但在边远而且制衣业落后的地方，1 件上衣＝ 20 码麻布就不会成立。你在温州用几十元钱就可以买到一双质量比较好的皮鞋，然而在西北边远地区就未必。不同的商品能够按照一定的比例互换，如 1 件上衣＝ 10 斤小麦，说明在这些不同的物，即上衣和小麦之间，存在着一种等量的共同的东西，那么，这种东西是什么呢？

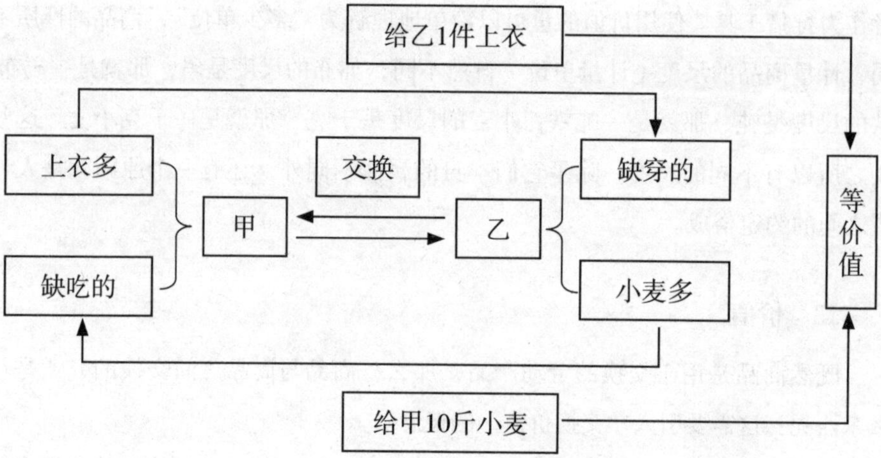

前面提到，不同商品之间交换，是想获取对方商品的使用价值。我的上衣够穿了，还有剩余，只缺吃的；你的小麦非常多，够吃还有剩余，只缺穿的；我们两个就可以交换。如果两个商品具有等同的使用价值，那两个商品持有者之间就没有必要进行交换了，因为对方的商品不能满足自己的需要。撇开商品的使用价值，商品就只剩下一个属性，一个等量的共同的东西——交换价值的内容，也就是商品的价值，它既是人类的劳动在商品中的凝结，也是一切商品所具有的共同的东西。不同的商品之所以能在量上按照一定的比例互换，正是由于它们凝结了等量的人类劳动。1 件上衣＝ 10 斤小麦，即做一件上衣的劳动量等同于种 10 斤小麦的劳动量，不同商品的劳动量相同，即不同商品具有的价值等同，所以，它们之间能够等价交换。

三　使用价值与价值的统一

任何商品都是使用价值与价值的统一[①]。一个物体不是劳动产品，即使它有使用价值，但没有凝结人类的无差别的劳动，也就不是商品。例如，阳光、空气、野生森林、天然河流、湖泊等。交换价值的根本属性是使用价值。任何商

① 商品的使用价值与价值之间存在着矛盾：对商品生产者来说，生产商品是为了获得价值，但是为了获得价值，又必须生产出自己不需要的使用价值；商品对消费者来说，是为了它的使用价值，不是它的价值。商品首先具有社会使用价值，才能实现其价值。而商品生产者为了实现其价值又必须让渡其使用价值。所以，商品生产出来，用于交换，使生产者获得价值，使消费者获得使用价值，从而各取所需，顺利地解决商品的内在矛盾。

品都具有使用价值。例如，牛肉具有使用价值，它的使用价值是可以食用；汽车具有使用价值，汽车的使用价值是可以运输；上衣具有使用价值，上衣的使用价值是可以穿用；别墅具有使用价值，别墅的使用价值是可以居住。

任何使用物品的价值都是抽象的，是看不见摸不着的。价值必须通过使用价值才能表现出来，使用价值是使用物品的价值形式。例如，牛肉的价值，是通过它的使用价值即食用价值表现出来的。食用价值是牛肉的价值形式。1 千克牛肉的价值是通过它的食用价值表现出来的，这种食用价值表现为它是 2 个人 1 天的食物，或 1 个人 2 天的食物。

一种使用物品的价值，具有多种表现形式，表现为不同的使用价值。例如，牛肉的使用价值可以表现为食用价值，也可以表现为化学价值，由它提取氨基酸；上衣的价值可以表现为防寒，也可以表现为遮丑；汽车可以表现为运人，也可以表现为运货；别墅可以表现为居住，也可以表现为身份象征。商品和其他使用物品一样，其价值也表现多种使用价值，如作为商品的牛肉具有食用价值、上衣具有保暖价值、别墅具有居住价值、汽车具有运输价值、青霉素具有医疗价值、电影具有娱乐价值、书籍具有科学价值、货币具有流通价值等。

但是，上述这些价值并不是商品独有的，在自然经济条件下，在非商品经济条件下，一般物品或产品也都具有这些价值。在这些使用价值中，任何使用价值都不具有商品特征，我们不能因为这些产品具有上述相应的使用价值就说它们是商品。

四　商品的价值由什么决定

商品的价值是由生产该商品的社会必要劳动时间来决定的，劳动量决定价值量。可能有人会问，一个工人，他动作慢，技术又不过关，好吃懒做，那么他生产出来的商品的价值量是否更大呢？而且他挣的钱会不会更多呢？这里涉及个人必要劳动时间与社会必要劳动时间的

▶ 珍妮纺纱机

问题。所谓个人必要劳动时间，是指单个人在其现有的生产条件下制造某种使用价值所需要的劳动时间。而社会必要劳动时间，是指在现有的社会正常的生产条件下，在社会平均的劳动熟练程度和劳动强度下制造某种使用价值所需要的劳动时间。形成价值实体的劳动是相同的人类劳动，即同一的人类劳动力的耗费，虽然这个同一的劳动力是由无数单个劳动力构成，但是在现在同一社会条件下，计算一个商品的价值量不是根据个别的劳动时间，而是要根据平均必要劳动时间或者社会必要劳动时间。

社会必要劳动时间决定商品价值量表明：社会必要劳动时间不变，商品价值总量不变。但是，决定商品价值量的社会必要劳动时间不是固定不变的，生产商品的社会劳动时间会随着生产力的每一变动而变动。

什么是劳动生产力呢？劳动者的生产能力，就是劳动生产力。它可以用两种方法表示：第一，可以用一定劳动时间内所生产的商品的数量来表示，数量越多，生产力水平越高；第二，可以用生产每件商品所需要的劳动时间来表示，劳动时间越少，生产力水平越高。影响劳动生产力变化的因素有很多，其中主要包括：劳动者的平均熟练程度、科学技术发展及其在生产工艺上的应用程度、生产过程的社会化组织程度、生产资料的规模和效应，还有各种自然条件。例如，古代手工织布，一天只能织布 1 匹，而后来发明先进的织布工具——梭子，一天能织 4 匹。这是科学技术的发展对劳动生产力提高的明显表现。现在，很多工厂为了获取更大的利润，于是购买先进的技术设备，同时，对生手工人进行岗前培训等，这些措施都是通过提高劳动生产力来提高利润。

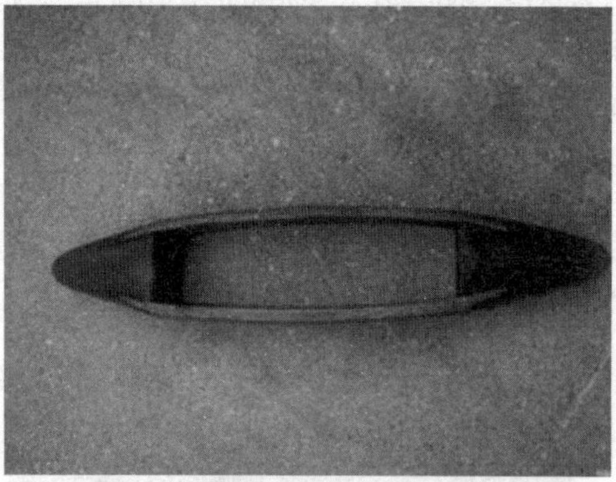

▶ 织布纺线用具——梭子

梭子两头尖，外壳光滑，在梭口里引纬往来很快，使织布效率大大提高。梭子在后来的织布机中曾长期应用。

商品的价值量与包含在商品中的劳动量成正比，与这一劳动的生产力成反比。生产商品的劳动量越大，商品价值量越大；生产商品的劳动生产力越高，商品的价值量就会越低。例如，手工织布，1 个人织布 1 匹所需时间为 1 天；机器织布，1 个人织布 1 匹所需时间为 0.5 天，这说明劳动生产力越高，生产 1 匹布所需时间越少，织布所需劳动量越少，所以布匹的价值量就越少。

生产商品的劳动二重性决定商品的二因素

商品的二因素是由生产商品的劳动二重性决定的。劳动二重性包括具体劳动和抽象劳动，具体劳动创造商品使用价值，抽象劳动创造商品价值。

一　具体劳动

▶ 鞋匠制鞋过程

生产商品的劳动，首先必须是具体劳动[①]。何为具体劳动？人们为了生产满足各种不同需要的商品，就要进行各种特殊性质和具体形式的劳动，这种以一定具体形式进行的有用性的劳动，就是具体劳动。人们生产不同的商品，其劳动目的、劳动手段、劳动对象、操作方法和劳动结果都不同，由于各种劳动的性质和具体形式不同，因而生产出来的商品的使用价值也就不同。例如，鞋匠用手工生产皮鞋，制衣工人用缝制机器生产上衣，鞋匠和制衣工人的劳动目的、手段、对象、方法、结果都不同，所以生产出来的商品使用价值自然不同。具体劳动是劳动的自然属性，人类要生存，就必须不停地进行各种具体劳动去创造生活资料和生产资料以满足生活和

① 马克思《资本论》第一卷第56页：劳动作为使用价值的创造者，作为有用劳动，是人与自然之间的物质变换即人类生活得以实现的永恒的自然必然性。

生产所需。所以，具体劳动不仅是商品生产条件下所必需的，也是人类社会生存和发展的基础和条件。

二　抽象劳动

生产商品的劳动，同时也是抽象劳动。研究抽象劳动，与研究商品的价值的方法一样。撇开各种劳动的具体形式，生产活动只剩下一个特性，那就是无差别的一般人类劳动。这种撇开了具体形式的无差别的人类劳动就是抽象劳动。抽象劳动是人类劳动力在生理意义上的耗费，即人的脑、肌肉、神经等的生产耗费，即脑力和体力的支出。例如，生产毛衣和手机，虽然说织毛衣和生产手机是两种不同形式的劳动，但撇开这种具体劳动，是什么能让毛衣和手机实现等价交换的？是织毛衣和生产手机的人类同等的劳动力的耗费，同等的脑力和体力的支出，即抽象劳动的凝结。所以，抽象劳动形成商品的价值，它是劳动的社会属性，是商品经济特有的范畴，反映了商品经济条件下人与人之间的生产关系。

▶ 卡尔·海因里希·马克思

卡尔·海因里希·马克思（1818～1883年），马克思主义的创始人，无产阶级的精神领袖，当代共产主义运动的先驱，主要著作有《资本论》《共产党宣言》《关于费尔巴哈的提纲》等。2002年英国路透社“千年伟人”评选，马克思位居第一。

三　具体劳动与抽象劳动的关系

生产某种商品的劳动，既是与生产其他商品不同的具体劳动，也是与生产其他商品相同的抽象劳动。所以，劳动的二重性决定了商品的二因素：具体劳动生产商品使用价值，抽象劳动生产商品价值[①]。

生产商品的具体劳动与抽象劳动，两者是统一的也是矛盾的。首先，在

① 马克思《资本论》第一卷第60页：一切劳动，从一方面看，是人类劳动在生理学意义上的耗费，作为相同的或抽象的人类劳动，它形成商品价值；从另一方面看，是人类劳动力在特殊的有一定目的的形式上的耗费，作为具体劳动，它生产使用价值。

商品生产中，具体劳动和抽象劳动不是两次劳动，而是同一劳动过程的两个方面。没有具体劳动就没有抽象劳动，抽象劳动寓于具体劳动之中，通过具体劳动体现出来。二者是劳动过程不可分割的两个方面。其次，具体劳动和抽象劳动是一对矛盾，具体劳动创造使用价值，反映人与自然的关系，是劳动的自然属性，是一切社会形态都存在的永恒的范畴；抽象劳动创造价值，反映人与人之间的社会生产关系，是劳动的社会属性，是商品经济特有的历史的范畴。

发现生产商品的劳动二重性，是马克思的伟大贡献之一。劳动二重性学说是理解马克思主义政治经济学的枢纽，它为劳动价值论奠定了坚实的基础，为剩余价值论奠定了理论基础，为资本有机构成理论、资本积累理论、资本主义再生产理论等其他一系列理论提供了理论基础。总之，马克思的全部理论都是建立在劳动二重性学说之上的。

价值形式

价值形式就是商品价值的表现形式，也就是交换价值。商品是一个两重物：既有使用价值，也有价值。与之相对应，商品就有两重表现形式：自然形式和价值形式。自然形式是商品使用价值的表现形式，是指商品的种类、形状、性能及功能等，它是用手可以触摸和感觉的，而且是肉眼可以看见的。然而，作为商品的价值形式，它凝结了人类的抽象劳动，体现的是人与人之间的生产关系，是看不见摸不着的，却也是商品经济里面时时刻刻都存在的。商品具有共同的价值形式，这种共同的价值形式就是货币形式。商品价值形式经历了四个发展阶段，货币形式是商品价值形式发展的最终结果。所以，要了解货币的本质和性质，必须从最简单的价值形式出发，研究价值形式发展的过程，由浅入深，层层推进，从而揭开货币的神秘面纱。

一　简单的或偶然的价值形式

简单的价值形式是一个商品和另外一种商品的交换关系，即一种商品的价值简单地偶然地表现在与它交换的另一种商品上。一切价值形式的全部秘密都隐藏在这种简单的价值形式中。这种价值形式是与原始社会末期出现的物物交换相联系的。简单的价值形式可以用以下的等式来表示：

1件上衣＝20斤小麦

在这个价值形式中，等式两端的商品处在不同的地位，起着不同的作用。上衣处在主动地位，起着主动作用，也就是处在相对价值形式上，它的价值被相对地表现出来。而小麦处在被动地位，起着被动作用，即处在等价形式上，它是表现前一种商品价值的材料。相对价值形式与等价形式两者是对立统一的关系。对立体现在：同一价值表现关系中，处在等式两边的商品都只能处在各自的形式上，既然已经是处在相对价值形式这个位置上，就不能在等价形式上停留。例如，在1件上衣＝20斤小麦这个等式中，上衣的价值形式是通过一定量的小麦来体现，小麦只能充当等价物而不是同时处于相对价值上。若要体现小麦的相对价值形式，等式则要变为：20斤小麦＝1件上衣，这时等价物就是上衣而不是小麦了。由此得出，在同一价值表现中，同一个商品不能同时取得两种形式。统一体现在：没有相对价值形式就没有等价形式，没有等价形式就没有相对价值形式，它们互相依存，少了任何一方都不能构成价值形式。

由两者关系可以得出，处在相对价值形式上的商品，只是充当使用价值而存在，其价值要通过另一个商品来表现；处在等价形式上的商品，只是充当价值而存在，其使用价值变成了表现另外一个商品价值的材料。这种价值形式产生于原始社会末期，当时生产力低下，很少有多余的劳动产品能够进行交换，所以它只是偶然的物物交换，还不是商品交换。但是，随着生产力的发展，这种表现形式在质上还不能充分表现价值作为无差别的一般人类劳动的凝结物，在量上也不可能准确地反映交换双方产品的实际劳动耗费。简单的或偶

▶ 物物交换

然的价值形式随着交换的发展，必然要进一步向更高的形式发展。

二　总和的或扩大的价值形式

马克思说："在简单价值形式中，商品价值的社会等同性得不到充分的表现，它必然向扩大价值形式发展。"随着生产力的发展和商品生产的扩大，人们用来交换的产品增多了。这时，一种商品已经不是偶然地和另一种商品交换了，而是能与众多的商品进行交换。何为总和的或扩大的价值形式？它是指一种商品的价值表现在与它交换的一系列商品上，实际上它是许多单个商品价值表现的总和。例如：

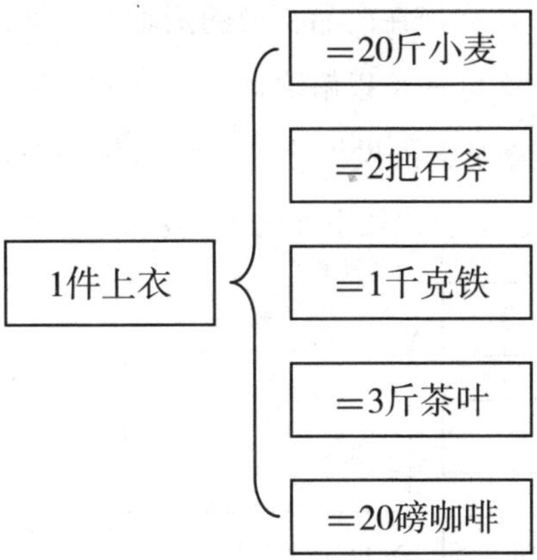

从这个等式中可以反映出日益扩大的商品交换关系，一种商品价值不只是简单地表现在另外一种商品上，而是表现在一系列商品上。图中上衣的价值不仅表现在小麦上，而且还表现在茶叶、石斧、铁、咖啡等其他商品上。在这一价值形式中，商品的价值便真正地表现为无差别的人类劳动的凝结。各种商品交换的比例和它们包含的劳动量的比例接近起来了。

商品的价值在总和的或扩大的价值形式中，虽然比在简单的或偶然的价值形式中表现得更为充分，但是还是存在着缺点和局限性：第一，每一种商品的价值表现形式，都是用其他无穷无尽的一系列商品来表示，价值等式链会随着新进入的商品而不断地延长和扩大。第二，价值表现很混乱，因为它表现在种类不同而又不相互联系的商品上。第三，它们还没有一个一般的、为大家所公认的等价形式。它本身所存在的缺点是难以掩盖的，例如，有上衣的人希望用上衣去换小麦，但是有小麦的人却需要石斧，而有石斧的人却需要铁。如果有铁的人正需要上衣，则有上衣的人要先用上衣去换铁，再用铁去换石斧，最后才能用石斧去换自己最终需要的小麦。如果有铁的人不需要上衣，那么交换还会遇到困难，以至于上衣交换不出去，从而不能获取到自己所需的小麦。所以，在总和的或扩大的价值形式中，商品的价值表现仍然是不完全和不充分的。商品交换困难表明，商品经济的矛盾随着交换的矛盾而日益加深，商品的价值形式会随着商品交换的发展而进一步发展。

三　一般价值形式

既然扩大的价值形式表现在商品交换的困难上，即商品没有一个统一的价值表现形式。那么有什么办法可以解决商品交换的矛盾呢？很简单，让一切商品的价值都统一地表现在从商品世界分离出来充当一般等价物的某一种商品上，这就是一般价值形式了。它可以用下面的等式表示：

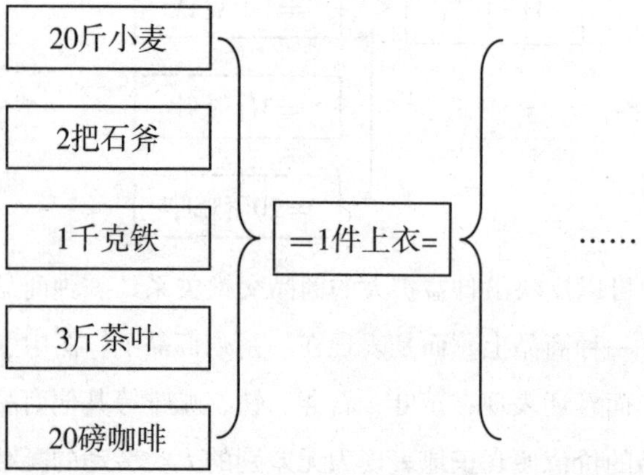

在这种价值形式中，各种商品的价值都通过一种商品来表现，即小麦、石斧、铁、茶叶、咖啡等各自的价值都可由上衣的价值来表现，并且人们经过交换换得这种大家都愿意接受的商品之后，又用这种商品换回自己所需要的商品。这种用来表现其他商品价值的商品就成了一般等价物，也可以说它是充当商品交换的媒介，人们用这种一般等价物可以换得自己所需的商品。例如，我有多余的20斤小麦，就用20斤小麦去换1件上衣，然后再用1件上衣去换自己需要的东西，2把石斧也好，1千克铁也罢，只要是自己需要的而且商品交换里面存在，就都可以。

从总和的或扩大的价值形式过渡到一般价值形式是一次质的飞跃。它从商品之间直接的物物交换发展成为以一般等价物为媒介的商品交换。它有以下特征：第一，处在等价形式上的唯一商品，成了其他一切商品的一般等价物；第二，生产这种商品的具体劳动成为抽象劳动的一般形式，它可以与其他一切劳动相对等；第三，生产这种商品的私人劳动，直接作为一般的社会劳动而存在。所以，商品的价值作为无差别的人类劳动的凝结便完全地充分地表现了出来。

一般价值形式克服了总和的或扩大的价值形式的缺点和局限性，促进商品交换的发展。但是，一般价值形式是价值的一种形式，在这种价值形式上，充当一般等价物的商品可以是任何商品，即一般等价物还没有固定在一种商品上。历史上曾出现过许多充当这种一般等价物的东西，例如贝壳、盐、兽皮等，由于一般等价物的不固定，随着商品交换范围的不断扩大，其作为一般等价物的不适用性也就显露了出来，商品交换又遇到新的困难。那么又如何解决这种困难呢?

四　货币形式

既然商品之间用一般交换形式来交换产生了一般等价物不能固定的情况，从而不能顺利交换。那么把这个一般等价物由不固定的商品转化为固定的商品不就解决了商品交换的困难了吗？为了适应商品交换发展的要求，一种新的价值形式——货币形式产生了。

当一种商品被其他一切商品当作等价物排挤出来充当一般等价物，而其他一切商品的价值都由这个固定一般等价物表现时，这时就出现了货币商品，货币商品由贵金属和金银充当。也就是说，货币形式就是指一般等价物的职能最终固定在贵金属和金银上。货币形式可以用下面的等式来表示：

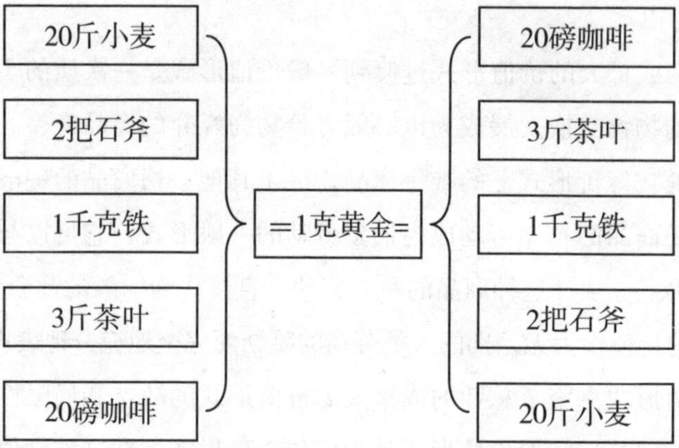

从上面的等式中可以清楚地看出，小麦、石斧、铁、茶叶、咖啡等商品的价值原来是由上衣或者其他商品的价值来表示，但现在已经固定地用黄金的价值来表示了。事实上，我们从价值形式的发展过程中也可以发现，商品价值形式从简单的价值形式过渡到扩大的价值形式，再从扩大的价值形式过渡到一般价值形式，商品价值形式的每一次过渡都发生了质的变化。然而，商品价值形式从一般价值形式过渡到货币形式这一段，一般形式与货币形式并没有本质的区别，唯一的区别只是一般等价物固定地由贵金属和金银充当。贵金属和金银排除其他一切商品而独自地表现价值，表现为抽象劳动或者社会劳动。

这种固定地充当一般等价物的商品（贵金属、金银）就是货币。为什么贵金属、金银会从纷繁复杂的商品世界里面分离出来固定地充当一般等价物呢？贵金属、金银本身也是商品，也具有价值。除此之外，贵金属、金银等还具有最适合充当货币材料的自然属性：第一，它体积小，表现的价值量大，便于携带和贮藏；第二，它不易变质和耐磨损，便于长期保存；第三，它硬度小，质地均匀，便于分割和合并。

价值形式的发展过程表明，货币在本质上也是一种商品，它既有价值又有使用价值，但是，货币又是一种特殊的商品，它固定地充当一般等价物，体现商品生产者之间的社会关系。除此之外，货币是商品交换发展到一定阶段的产物，是商品内在矛盾发展的必然结果。从货币形式两边的等式可以看出，各种各样的商品都处在相对价值形式上，它们都作为特殊的使用价值而存在，是掌握在商品生产者手里的，要求被转化为价值，实现商品生产的目的；金银作为一般等价物处在等价形式的位置上，它表现着等式左边任何一种商品的价值，直接作为价值的化身而存在，可以随时转化为任何一种有特殊使用价值的商品。这样一来，商品原来的价值与使用价值之间的矛盾就转化为商品与货币的矛盾。商品生产者生产出商品以后，售卖给别人，让渡商品的使用价值从而实现商品的价值，获得货币收入。需要这种商品的人让出货币从而获得商品的使用价值，使用价值与价值的矛盾解决了，具体劳动才能转化为抽象劳动，私人劳动才能得到认可从而转化为社会劳动。[①] 所以，货币就有如此神奇的力量，它作为社会财富的一般代表，人一旦拥有它，便似乎跟它一样有着至高无上的权威和地位，很多人日夜为它拼搏奋斗甚至舍弃生命，终究拜倒在它的脚下。这种现象称为货币拜物教。细想一下，人们对货币（金钱）无休止的追求，只不过是看中它作为一种等价物可以满足自己无休止的物质欲望。撇开货币的这层让人迷幻的面纱，大家会看到，货币也只不过是这世界上的一种平凡的物质。“视钱财如粪土”则是世上少有的脱俗者看透了金钱的本质，参透了生活的意义的一种金钱观。

通过学习这一节，我们已经了解有关商品价值的种种性质，其中的内容比较抽象难懂，但是它是学习《资本论》的最基础的东西，后面所有的内容都围绕着“商品”展开。例如，下一节货币和资本的内容，就是由“商品”演变而来。所以，接下来我们顺着“商品”进入“货币和资本”这一环节。

---

① 马克思对价值形式的研究，具有重要的理论意义。第一，两个商品的价值关系使一个商品的价值得到了表现，这种特定的表现方式本身就证明了价值是商品的社会属性，体现了人与人之间的相互关系。第二，通过考察价值形式的发展过程，解开了古典经济学无力回答的商品怎样、为什么和通过什么成为货币的谜，为创立科学的货币理论找到一把钥匙。参见《资本论学习与研究》，东北财经大学出版社2004年版，第35页。

第二节
货币的职能及其转化为资本

导读：在上一节中，我们已经学习了商品，知道一种商品从纷繁复杂的商品世界里分离出来固定地充当一般等价物，这种一般等价物就成了货币。它除了是商品价值的体现物，还有什么职能呢，它又会转化成了什么？

货币职能之一：价值尺度

货币的职能是指货币在经济生活中的作用，简单来说，即货币有什么用。货币的职能之一是价值尺度，就是指货币是衡量一切商品价值量大小的一个尺度。货币虽然是从商品中分离出来的一般等价物，但它的本质依然是商品，所以也具有价值，能以自身的价值作为尺度来衡量其他商品价值量的大小。商品的价值量由凝结在商品中的劳动量来决定，但劳动量是衡量商品价值的内在尺度，所以不能直接用劳动时间来表现商品的价值，只能在交换过程中通过“劳动量＝x货币”间接地表

▶ 商品价格

这是间叫“大章号”的丝绸店，货架上写满了商品的名称及价格，顾客正在选购货物。

现出来。货币作为价值尺度是商品的内在价值尺度即社会必要劳动时间的必然表现形式，即它是商品价值的外在尺度。马克思说："所有商品的价值量都由一定的货币量来衡量。"这句话言简意赅地表达出货币的价值尺度职能。

商品的价值通过一定量的货币表现出来，这就是商品的价格。货币在执行价值尺度职能的时候，并不需要实在的货币，只需要想象的或者观念上的货币，那是因为货币作为价值尺度只需要表现商品价值的大小。比如，超市收银台边益达木糖醇口香糖的价格标签写着"益达木糖醇无糖口香糖，￥10.00／瓶"，商品销售者并不需要把10元人民币放在口香糖旁边来表示这个商品的价格，顾客只需要通过想象，把生产这口香糖的等量劳动用货币形式表现出来。一旦顾客看上了这瓶口香糖，符合自己的意愿并想买下来，就必须使用实际的货币去与商家进行交换，即让渡货币的价值去获取口香糖的使用价值。无形之中，货币的职能就跳跃到流通手段了。

货币职能之二：流通手段

货币充当商品交换的媒介作用就是货币的流通手段职能。它是由商品的形态变化而产生的，货币流通只是商品流通的反映。何为商品流通？即以货币作为媒介，包括买和卖两个阶段的商品交换，即商品所有者把商品换成货币，再用货币去购买商品的过程，就是商品流通。商品流通过程的总公式为：商品—货币—商品（W—G—W）。商品交换过程就是在商品和货币这两个相互对立，互为补充的形态变化中完成的：从商品转化为货币，即商品所有者把商品卖出去换得货币，又从货币转化为商品，即再用获得的货币购进商品，商品所有者的这两个行为的统一就是为买而卖的过程。行使流通手段职能的货币就不能再用观念上的或者想象的货币，而必须是现实的货币。因为商品到了顾客的手里，商家必须实现它的价值，即获取货币收入，才能达到他生产和销售商品的目的。

商品流通过程分为两个阶段。第一阶段：商品—货币（W—G），即从商品形式转变成货币形式。这一形态变化是生产者最关心的，毕竟它的实现与否关系到生产者是否能够获得利润。如果这个跳跃不成功，商品生产者将会面临沉重的打击，因为他生产出来的商品必须满足别人需要的使用价值，只有这样才能通过买卖得到别人口袋里的钱，从而实现自己所生产商品的价值，也只有这样，才能顺利地为下一个阶段做好基础和准备①。

第二阶段：货币—商品（G—W），即从货币形式转变成商品形式。这一过程是比较容易实现的。因为货币是其他一切商品的等价物，可以自由支配和使用。例如，某人出售商品获得了10000元人民币收入，他对商品销售市场有信心，会再次购入商品；相反，他认为现在暂时不适合销售商品，他便不会再购入商品，而是把这笔钱用作其他用途或者贮藏起来，这说明了他对这笔钱有自由支配的权利。但与此同时，社会生产的相对过剩危机可能由此而爆发②。

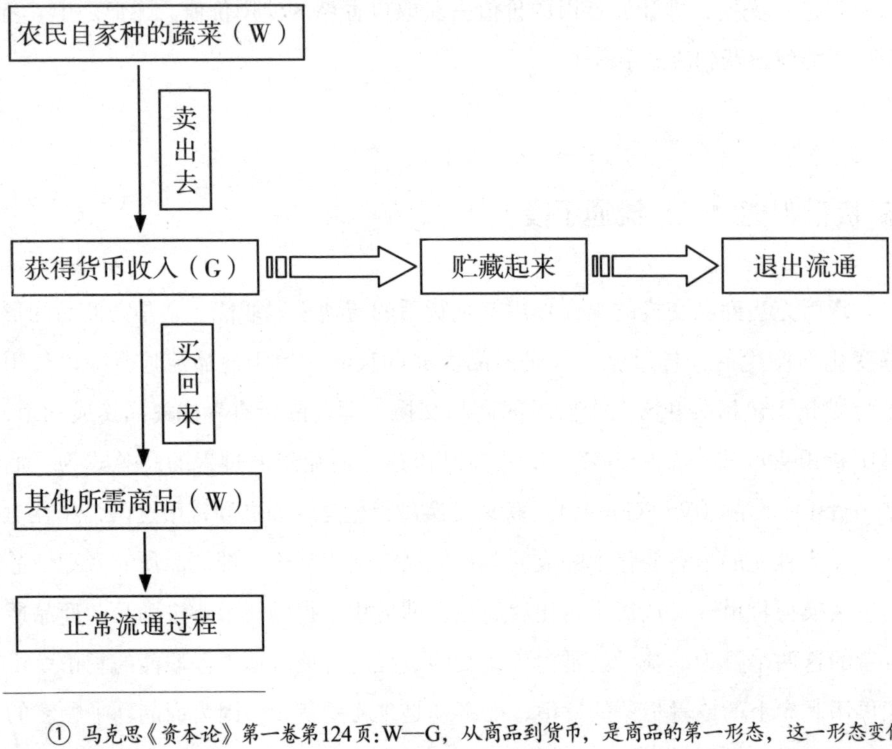

① 马克思《资本论》第一卷第124页：W—G，从商品到货币，是商品的第一形态，这一形态变化是商品的一个惊险性跳跃，如果跳跃不成功，摔坏的不一定是商品，但一定是商品所有者。

② 商品流通过程中卖和买在时间上和空间上是可以分离的。商品所有者卖出其商品后，掌握着对这笔钱的自由支配权，他可以到另一地方购进商品，也可以不做任何购买，这样，他卖而不买，必然会使另外一些商品所有者的商品卖不出去，这时社会就会产生商品相对过剩的危机，这种危机如一条食物链，牵一发而动全身，必然会对社会的其他方面产生不同程度的影响。

货币职能之三：贮藏手段

商品所有者卖出自己的商品之后获得货币收入，如果他没有用这笔钱重新购买商品，也没有做其他用途，那么，这钱哪里去了呢？货币停止流动，退出流通领域，也就成了贮藏货币，这时，商品出售者也是货币贮藏者。货币为什么具有贮藏手段的职能呢？原因有二：第一，它是一般等价物，有了货币就能买到任何商品，所以，人们就有贮藏它的欲望；第二，货币是社会财富的代表，也是区分权力等级的标准，不管什么人，谁拥有的货币量越多，谁的权力就越大。贮藏货币，除了直接贮藏金银外，人们会把这种金银加工成饰品，既有贮藏的作用又有显示佩戴者美丽和财富的功能。当然，也有拜金主义者通过不正当手段获取金银货币，例如抢劫金铺事件在世界各地层出不穷。

在金属流通的经济生活中，货币贮藏还执行着一种特别重要的作用，那就是调节货币的流通量，保证商品流通过程的顺利运行。当流通过程中不需要太多的货币量时，那么多余的货币就会退出流通领域成为贮藏货币。相反，当商品流通过程中急需大量货币时，那么贮藏的货币又会自发地加入流通过程，执行流通手段的职能。

货币职能之四：支付手段

何为支付手段？是指货币在商品赊购赊销过程中的延期支付以及用于清偿债务或支付赋税、租金、工资等职能。举个简单的例子：商品销售者甲向商品生产者乙赊购了价值为5000元的儿童玩具，此时甲并没有足够的现金给付乙，于是甲与乙签订了协议，通过一定期限，如甲把这批玩具卖到了5000元或者5000元以上的时候承诺立刻给乙支付5000元。这样，货币就起了一个支付手段的职能。另外，在这个买者与卖者签订的协议里，买者与卖者形成了一种经济关系，即债权人和债务人。

货币作为支付手段的职能既有优点也有缺点。一方面，它暂时缓解了因资金不足而使商品不能顺利流通的困境，同时减少了流通中所需要的货币量，从而有利于商品经济的发展。另一方面，债务人承担着偿还债务的压力，债权人承担着资金收回的风险，会进一步扩大商品经济的矛盾，如果商品生产者之间互为赊购赊销，形成了债务关系的链条，一旦某个债务人到期还款，其中某一个支付债务的环节突然中断，整个与此相关的生产与经营就会出现多米诺骨牌效应[①]，信用关系遭到破坏，商品生产与经营就无法继续进行，商品经济矛盾出现，如果任由其发展，便会产生经济危机。

货币的流通手段和支付手段有什么不同呢?

1. 含义不同：货币充当商品交换媒介的职能，叫作货币的流通手段职能；货币被用来清偿债务或支付赋税、租金、工资等，就是货币支付手段的职能。

2. 产生的背景不同：流通手段是在货币出现以后，货币成了商品交换的媒介；支付手段是随着赊账买卖的产生而出现的，在赊销和赊购中，货币被用来支付债务。

3. 两者购买的对象不同：作为流通手段的货币，购买的主要是实体商品；作为支付手段的货币，购买的主要是服务。

4. 两者交付的时间和空间不同：作为流通手段的货币，在购买商品时，一般都是一次性交付，即“一手交钱，一手交货”，

▶ 贝壳与兽皮

当一般等价物还没有固定在一种商品时，贝壳、兽皮等都充当过“一般等价物”。

① 多米诺骨牌效应：多米诺骨牌是一种用木制、骨制或塑料制成的长方形骨牌。玩时将骨牌按一定间距排列成行，轻轻碰倒第一枚骨牌，其余的骨牌就会产生连锁反应，依次倒下。在一个相互联系的系统中，一个很小的初始能量就可能产生一系列连锁反应，人们把这种现象称为“多米诺骨牌效应”或“多米诺效应”。

发生了商品所有权的转移。作为支付手段的货币，在购买商品或服务时，可以是分次交付的，在时间和空间上是可以分开的。或先交钱，后服务，如各种预付费业务；或先服务，后交钱，如发工资。又如买一套房子，房价为25万元，首付了10万元，剩下的15万元靠分期付款偿还，则10万元是货币执行的流通手段职能，15万元则是货币执行了支付手段职能。

货币职能之五：世界货币

世界货币，顾名思义，是指货币超越国内流通领域，在世界市场上执行一般等价物作用的职能。美国有美元，欧洲有欧元，日本有日元，中国有人民币，各国有各国的货币，那么不同国家的货币在世界上是怎么流通的呢？货币一旦离开国内流通领域，它在国内的价格标准、主币、辅币、价值符号等地方形式就会消失，它必须重新回到原来的贵金属形式上，即把各国的纸币（货币）转化为金银形式。在世界市场上，金银同时充当价值尺度，即金银充当货币。在现代世界经济发展中，纸币中少数信誉较好的如美元、欧元等在比较大的范围内流通，一定程度上也执行了世界货币的职能，但是它们依然是以其黄金储备为基础的。

世界货币也有其职能：第一，它可以作为购买手段用来购买国际商品，这种职能是在现代世界经济市场中最常见的，例如，从外国进口商品；第二，它可以作为国际支付手段用来支付国际贸易的差额，起到平衡国际贸易的作用；第三，它作为社会财富的代表，从一个国家转移到另外一个国家，如战争的赔款，在国外存款，或者输出货币资本等。

货币转化为资本

货币是资本的最初表现形式，但货币本身不是资本。它只有出现在市场上，或商品市场，或劳动市场，或货币市场，经过一定的过程，才能转化为资本。

下面先让我们探究作为商品流通的货币和作为资本的货币的区别。

作为商品流通的货币，其流通形式为：商品—货币—商品（W—G—W），即商品转化为货币，货币又转化为商品。作为资本流通的货币，其流通形式为：货币—商品—货币（G—W—G′），即货币转化为商品，商品又转化为货币。为了便于区别两者，下面采取表格的形式直观地表现两者的不同。

种类 区别	形式	内容	目的
商品—货币—商品（W—G—W）	以卖为开始，以买为结束，为买而卖	价值量相等的两种不同商品相交换	取得使用价值
货币—商品—货币（G—W—G′）	以买为开始，以卖为结束，为卖而买	用货币换更多的货币	增殖价值

要研究货币如何转化为资本，就得研究“货币—商品—货币（G—W—G′）”这一个资本流通公式，马克思称其为资本总公式。我们来假设，一个人有100元，他用这100元购进了价值为100元的学习用具，然后把这学习用具出售给学生，那他最后卖得的钱是多少才能对得起他所付出的劳动？必须大于100元。货币是同质的，用同量的货币换取同量的货币是一种既没有目的也没有意义的活动，所以，这个人购买100元的商品，把货币投入流通，是为了出卖这同一商品，再从流通中取回比原来更多的货币。所以，资本流通公式的准确表达应为“货币—商品—多于货币的货币（G—W—G′）”其实$G' = G + \Delta G$，G为原来投入的货币，ΔG为多于原来投入货币的额外货币，所以，G′为原预付货币额与增殖额的总和。这个超过原来价值的余额或增殖额就叫作剩余价值，这种能够带来剩余价值的货币就转化为资本，货币所有者也变成了资本家。货币如何转化为资本（或剩余价值是如何产生的）在以后的章节会详尽地介绍。

第二章

绝对剩余价值的生产

Capital

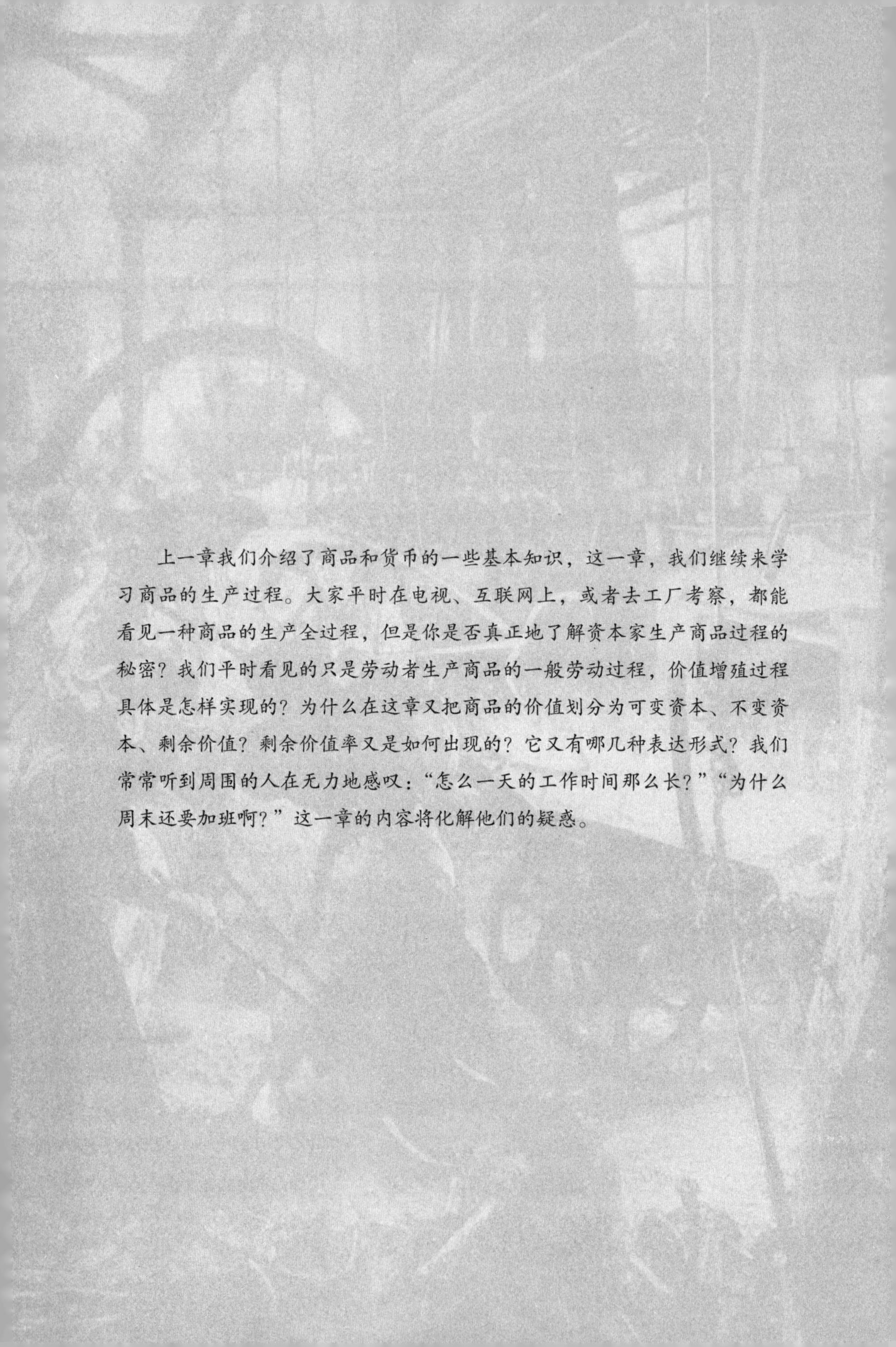

上一章我们介绍了商品和货币的一些基本知识，这一章，我们继续来学习商品的生产过程。大家平时在电视、互联网上，或者去工厂考察，都能看见一种商品的生产全过程，但是你是否真正地了解资本家生产商品过程的秘密？我们平时看见的只是劳动者生产商品的一般劳动过程，价值增殖过程具体是怎样实现的？为什么在这章又把商品的价值划分为可变资本、不变资本、剩余价值？剩余价值率又是如何出现的？它又有哪几种表达形式？我们常常听到周围的人在无力地感叹：“怎么一天的工作时间那么长？”“为什么周末还要加班啊？”这一章的内容将化解他们的疑惑。

第一节
劳动过程和价值增殖过程

导读：这一节将会介绍劳动过程的三要素及劳动过程的特点，通过价值形成过程引出价值增殖过程，揭示资本家剥削劳动力为其生产剩余价值的秘密，揭露剩余价值的真正来源。

劳动过程的三要素及其特点

劳动过程是劳动者运用劳动资料对劳动对象进行加工，创造某种使用价值的过程。例如，制衣工人用剪刀裁剪布料，然后用缝纫机缝合布料从而制成上衣，这样，工人通过对布料进行裁剪、缝合而创造了上衣满足人们穿着需要的过程，就是劳动过程了。从这里，我们也可以总结出劳动过程的三要素，即劳动者、劳动资料和劳动对象。在这个例子中，劳动者是制衣工人，劳动资料是剪刀和缝纫机，劳动对象是布料。

一　劳动者

自人类产生以来，劳动就随之产生。首先，劳动是人与其他一切动物的根本区别，劳动是人与自然的结合，通过人的自身活动，来调整和控制人与自然之间的物质变换过程。其次，人是自然界中的一分子，人自身作为一种自然力与自然物质相对立，他既改变了物质的自然形态，同时也改变着他自己。例如，工匠想做一把椅子，在森林里寻找能制成椅子的好木料，他看见一棵光滑、洁净、坚硬的已经干了的树木，然后把它砍倒，锯成木块，涂上油漆，晾干，用钉子把木块固定，花费了两天时间，做成了一把舒适、坚固、耐用的椅子。起初，工匠看见的只是一棵树，但经过他的加工，树变成了椅子，这就改变了树的自然形态；同时，通过工匠砍、锯、涂、晾、固定等动作，使他的身体器官活动起来，避免了器官的逐步退化。

人的劳动与动物的活动有什么相同之处和不同之处呢？相同之处，都是为了谋生存而进行的活动，但让人迷惑不解的是动物的某些活动与人的劳动有着令人惊奇的相同之处，例如，人们织网捕鱼和蜘蛛织网捕虫，人们建造房屋和蜜蜂建蜂房。但是，人的劳动与动物的活动有着根本的区别，人的劳动是一种有意识、有目的的活动，而蜘蛛织网、蜜蜂建蜂房则是出自本能，没有意识也没有目的。人们的劳动是按照一定的目的和预先的设计进行的，劳动过程结束时得到的结果，在劳动过程开始之前就已经在劳动者的头脑中形成了[①]。工匠在砍树木之前，椅子已经在他的头脑中形成了。

二　劳动对象

劳动对象是人的劳动作用于其上的物体。劳动对象可分为两类：第一类，是自然界与生俱来的，没有经过人类劳动开采加工的自然物，例如，原始森林、矿山、天然渔场。第二类，是经过人类劳动加工过的劳动对象，而这些劳动对象就称之为原料。例如，第一类中的自然物经过砍伐、开采、捕获而生产出的木料、矿石、生鱼等产品，这些产品就是原料。如果再将这些原料继续作为劳动对象投入下一个生产过程，如用木料制作家具，用矿石冶炼生铁，用生鱼精制鱼干，那么这些原料也称为材料，简单来说，被加工过的原始原料再进入下一个生产过程就成为材料[②]。

---

①《资本论》缩译彩图本，人民日报出版社，第40页中记载："蜜蜂建筑蜂房的本领令我们许多建筑师感到惭愧。但是，世界上最蹩脚的建筑师也比蜜蜂高明。因为，哪怕是最蹩脚的建筑师，当他用蜂蜡建筑蜂房以前，已经在头脑中把它建成了。"这段话很形象地说明了人类劳动的可贵之处。

② 马克思说："在原料中，还包括半成品。"意思是，半成品是原料，只不过它还需要经过加工成为成品，这个时候，半成品既是成品的原料，也是材料。

三　劳动资料

劳动资料就是劳动者作用于劳动对象的中介物和一切物质条件。劳动资料的内容很广泛。有最原始的劳动资料，例如人类在劳动过程中直接使用的自然物，如石块、木头、骨头、贝壳等。随着社会生产力的发展，人类不得不把最原始的劳动资料经过加工使其成为最有利于人类发展生产的劳动资料，例如，把石块打磨成锥子，把骨头打磨成骨刀等让自然物经过人类劳动而形成生产工具，提高劳动生产率。除了这些可以把劳动的作用传达到劳动对象上去的传导物——劳动资料外，那些在劳动过程中所需要的一切物质条件，都是广义的劳动资料，如厂房、道路、土地等。虽然它们没有直接地参与劳动过程，但是没有它们就不能进行或者不能完全地进行。比如说，没有厂房，工人就没有一个比较固定的安全的劳动空间为资本家生产商品从而创造利润。没有土地，农民如何耕作？厂房如何安置？

劳动资料的不同发展时期标志着社会生产力的不同发展水平和社会关系的不同发展阶段。各种经济时代的区别就在于用什么来生产，怎样生产。例如马克思指出“手工磨产生的是以封建主为首的社会，蒸汽磨产生的是以工业资本家为首的社会”，就是指手工磨的生产工具造就的是封建制生产关系和封建地主阶级，而蒸汽磨的生产工具造就的是封建制生产关系和工业资本家。①

四　劳动过程的特点

劳动过程，它是有目的的，能够创造使用价值的，对自然界进行改造以满足人们生存生活所需的过程，是一切社会所共有的过程。

在资本主义条件下，劳动过程就是资本家消费劳动力的过程。它具有两个明显的特点。第一，工人的劳动属于资本家。资本家雇佣工人，实质上是雇佣劳动力，工人已经将其劳动力出卖给了资本家，所以，劳动力的使用归资本家所有。第二，劳动产品归资本家所有。资本家购买了工人的劳动力，获得了劳动力的使用权，他只把劳动力看作与生产资料一样的生产要素，通过与生产要

---

① 马克思说：“劳动资料不仅是人类劳动力发展的测量器，而且是劳动借以进行的社会关系的指示器。”意思是，劳动资料既体现了人类劳动力发展的程度，又指示了人与人之间的社会关系。这是劳动资料的重要意义。

素之间的相互结合形成产品，从而这个产品就归资本家所有了。

■ 价值形成和价值增殖过程

一　价值形成过程

在第一章中，已经谈及商品的价值是由社会必要劳动时间决定，我们当时所认识的价值是走出了商品生产过程的，因而形成价值的劳动已经物化了，看不出商品的价值到底是怎样形成的，也没有弄懂商品价值是由哪部分构成的。只有深入商品生产的具体过程，我们才能揭示商品价值的秘密。

在资本主义生产过程中，资本家要生产满足人们某种需要的商品，即使用价值。资本家不是钟爱使用价值本身，而是因为使用价值是价值的物质承担者。资本家的商品生产只关心两个问题：第一，商品有使用价值，才能使他的商品有卖出去的可能；第二，商品要有价值，而且是大于其预付资本的价值，他才能有获利的可能。所以，资本家不仅要生产使用价值，还要生产价值；不仅要生产价值，而且要生产剩余价值。资本主义的商品生产过程，是劳动过程和价值形成过程的统一。首先我们先来探究一下价值的形成过程。

假定某个纺纱厂一个纺纱工人的劳动力日价值为 4 元，纺纱工人用 5 小时劳动就可以创造出这 4 元的价值。假如，他用这 5 小时的劳动，能把 4 公斤棉花纺成 4 公斤棉纱，棉花的价值是 10 元，磨损的机器和消费掉的纱锭等劳动资料为 3 元，那么这 4 公斤棉纱的总价值为棉花的价值加上劳动资料的耗费再加上工人的劳动力价值，即棉纱的总价值＝10+3+4 ＝ 17 元。而资本家为生产这 4 公斤的棉纱所预付的资本价值等于生产资料加上劳动力价值，即资本家的预付资本价值＝（10+3）+4 ＝ 17 元。这样，资本家卖出 4 公斤棉纱得到 17 元的收入，等于他预付的资本价值——17 元。

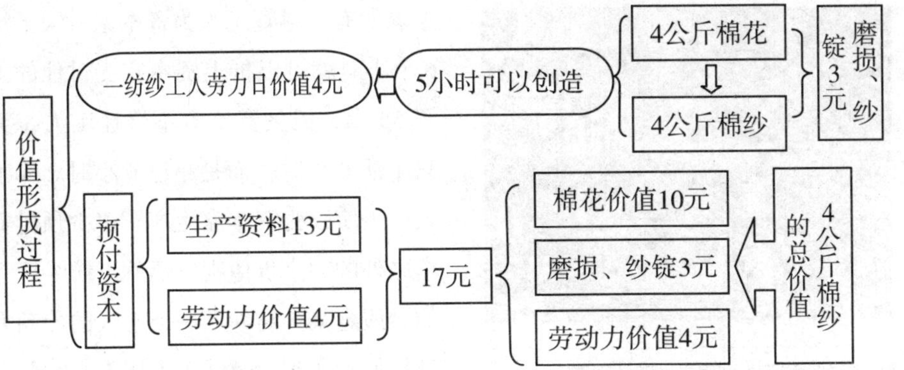

在这个价值形成过程中，资本家预付的资本没有增殖，可是资本家从来都不会干这种毫无意义的事情，他投入资本的目的，是为了“钱生钱”，这也是资本家的本性。从上面的图就可以看出，单纯的价值形成过程不会产生剩余价值。

二　价值增殖过程

既然单纯的价值形成过程不会产生剩余价值，那么价值是如何增殖的呢？价值形成过程是怎样变成价值增殖过程的呢？我们先来分析形成棉纱总价值的三个元素里边有哪些是变化的，有哪些是不以人的意志为转移的。第一，棉花价值，原来就是有的，即由种棉花的农业工人创造出来的，它的价值早就在农业工人那里得到确认，资本家无法决定棉花的价值。第二，机器的磨损，纱锭的耗费，也是确定的，不以资本家的意志为转移。那么，剩下的还有什么？

价值增殖的关键，在于资本家购买的劳动力商品具有独特的使用价值。劳动力价值和劳动力在劳动过程中所创造的价值是两回事。资本家支付给工人的工资是能够确定的，即劳动力价值是确定的。比如说，资本家给工人的日工资为 50 元，不管他干活多少，一天的工资就是 50 元。但是，劳动力在劳动过程中所创造的价值是可以变化的。工人的日工资是 50 元，这个工人 6 小时就可以创造出这 50 元的价值，然而，资本家有可能每天只让工人干活 6 小时吗？正因为劳动力价值与劳动力实际所创造的价值是两个不同的量，资本家购买劳动力，就是为了这两个量之间的差额。大家去买手机，买手机是为了获得手机的使用价值，花钱买回来以后就是自己的东西，任由自己支配和使用。资本家购买劳动力也一样，他给工人支付了日工资，那么工人一天劳动力的使用价值就归资

▶ 资本家和工人到底是谁养活了谁?

本家所有。尽管工人为资本家一天干活6个小时就可以抵上资本家支付他的工资50元，但是资本家不会让工人每天只干活6小时，而是超过6小时。那工人一天实际为资本家生产了多少预付资本之外的剩余价值呢？仍然以纺纱厂为例，假定某个纺纱厂一个工人的劳动力日价值为4元，纺纱工人用5小时劳动就可以创造出这4元的价值。假如，他用这5小时的劳动，能把4公斤棉花纺成4公斤棉纱，棉花的价值是10元，磨损的机器和消费掉的纱锭等劳动资料为3元。但他一天实际工作了10小时。那么10小时工人能够纺纱8公斤，棉花的价值变成20元，磨损的机器和消费掉的纱锭等劳动资料的价值变为6元，工人10小时创造的新价值为8元。那么这8公斤的棉纱总价值为棉花的价值加上劳动资料的耗费再加上工人的劳动力价值，即棉纱的总价值＝20+6+8＝34元。可是资本家为生产这8公斤的棉纱所预付的资本价值等于生产资料加上劳动力价值，即资本家的预付资本价值＝（20+6）+4＝30元。如按棉纱的价值卖出，资本家就能赚4元，即34－30＝4元。这4元的增值额就是剩余价值。

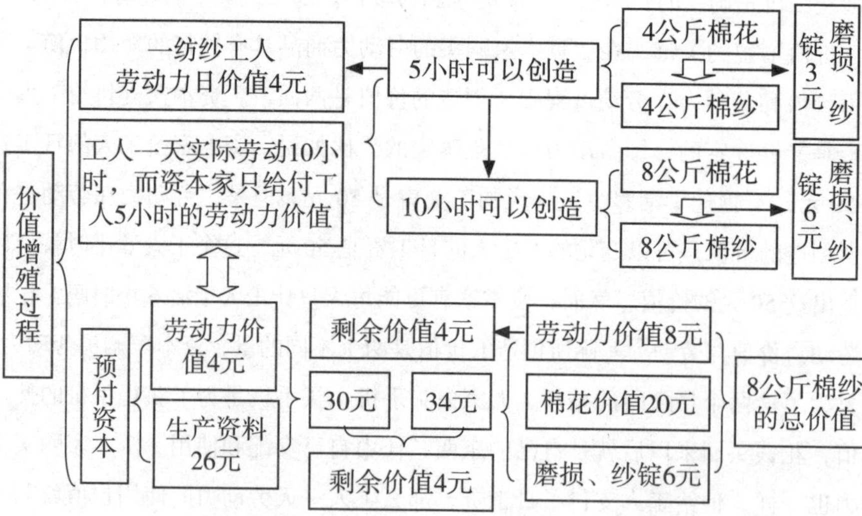

三 价值形成过程和价值增殖过程

把价值形成过程和价值增殖过程做比较，不难发现，价值增殖过程不过是超出了一定的点而延长了的价值形成过程。如果价值形成过程只持续到这一点，即资本所预付的劳动力价值与新创造的价值等同，资本家所预付 5 小时的劳动力价值（支付给工人的工资）为 4 元，而工人经过 5 小时劳动所创造的新价值也是 4 元。这就是一般的价值形成过程。如果价值形成过程超过这个一定点而延长下去，资本家所预付 5 小时的劳动力价值（支付给工人的工资）为 4 元，但是工人劳动了 10 小时，他所创造的新价值不再是 4 元了，而是 8 元。这样，资本家所预付的劳动力价值与工人新创造的价值不等同，所以，价值形成过程就变成了价值增殖过程。由此可知何为剩余价值了。所谓剩余价值，就是由雇佣工人劳动创造的被资本家无偿占有的超过劳动力价值的价值。劳动过程和价值增殖过程的统一，便是资本主义的生产过程。

第二节
不变资本和可变资本

导读：在上一节中，我们知道了资本家的预付资本可分为两部分，一部分用于购买生产资料，一部分用于购买劳动力。那么这两部分资本又如何划分成不可变资本和可变资本的呢？这一节将介绍不可变资本与可变资本，以及引起这样区别的原因。

区分不变资本与可变资本

通过对资本价值增殖过程的分析，我们可以发现，资本的不同部分在剩余价值生产中的作用有很大的不同。资本在生产过程中表现为两种形式：一部分以生产资料的形式存在的生产资本，在生产过程中只是将它原有的价值转移到产品中去，不会带来价值的增殖，因而称之为不变资本（c）；另一部分以劳动力形式存在的生产资本，在生产过程中能够带来价值的增殖，因而称之为可变资本（v）。

为什么以生产资料形式存在的生产资本只是被转移其原价值却没有带来价值增殖呢？举个例子，如工人纺纱，要把5千克棉花纺成5千克面纱，5千克棉花价值50元，消耗纱锭、机器磨损为3元，合计生产5千克棉纱所用的生产资料成本为53元。首先，以生产资料形式存在的这5千克棉花在工人用机器把棉花和纱锭结合的劳动作用下纺成棉纱，原来棉花的实物形态被耗费掉了，转换为棉花和纱相结合的存在形态，即棉纱。其次，棉花的价值、纱锭的价值以及机器的磨损只是一次或者逐渐地转移到新的产品中，没有发生量的变化，只是转移了生产资料的旧价值（53元），最终计算到5千克棉纱的生产资料成本也为53元。所以，生产资本在生产过程中没有改变自己的价值量，因此，被称为不变资本。它是客观的，生产资料丧失的只是原来的使用价值形态，新的使用价值形态则已经转移到产品中去。在这个生产过程中，变的是生产资料的使用价值，不变的是生产资料的价值。所以，生产资料的价值能够再现在产品的价值中。

然而，为什么以劳动力形式存在的生产资本能够带来价值增殖呢？劳动力资本，其实物形态是雇佣劳动者本身，资本家购买了劳动者自愿出卖的劳动力，资本家就拥有了劳动力的使用价值（劳动者的活劳动）。劳动者在生产过程中将活劳动凝结在产品中创造的新价值，不仅包括自身的价值（劳动力价值），还包括为资本家创造的剩余价值。例如，资本家购买劳动力，他给工人支付了日工资50元，那么工人一天劳动力的使用价值就归资本家所有。尽管工人为资本家一天干活6小时就可以抵上资本家支付他的50元工资，但是资本家不会让工人每天只干活6小时，而是超过6小时。所以工人的劳动力创造的新价值中，资本家给他支付的50元是他自身出卖6小时劳动力所得的价值，即自身价值；6小时之后的劳动力价值是工人无偿为资本家创造的，即剩余价值。以劳动力形式存在的这部分资本，在生产过程中发生了量的变化，使价值增殖，所以叫可变资本。它是主观的，受资本家的意志所控制，劳动者出卖了劳动力之后只能听从资本家的命令。

■ 不变资本和可变资本的区分标准

有人会问："在生产过程中既然实现了生产资料旧价值的转移、产品新价值的创造，那么工人就是在同一时间里劳动了两次？"事实并非如此。劳动过程是人的因素和物的因素（也就是劳动力因素和生产资料因素）相结合的过程，它们在产品价值的形成上起着不同的作用。在劳动过程中，工人消耗生产资料把其价值转移到新产品的价值中去，例如，棉花在工人用机器和纱锭结合的劳动作用下纺成棉纱，事实是把棉花、纱锭、机器磨损的价值转移到了棉纱的价值中去。同时，工人把自己一定量的劳动花费到劳动对象上，从而把新创造的价值加入劳动对象上。工人因创造新价值而保存了旧价值，这种旧价值的保存和新价值的创造，是工人在同一时间内的同一次劳动中达到两种完全不同的结果。这种结果的产生，是因为工人的劳动具有二重性，即具体劳动和抽象劳动的统一，具体劳动保存或者转移价值，而抽象劳动创造价值。下面图示更能体现上述过程。

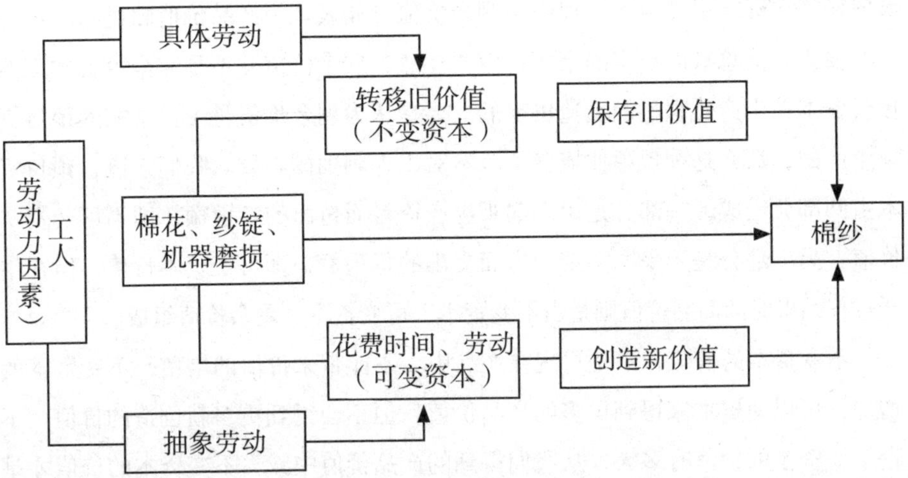

第三节
剩余价值率

导读：这一节主要是与剩余价值有关的一些内容，揭示剩余价值的真正来源。剩余价值率又是什么，它有几种计算方式？它对资本家获取剩余价值的多少有何影响？通过对剩余价值率公式的探究，资本家对工人的剥削、资本增殖的秘密在这里被淋漓尽致地表现出来。

剩余价值和剩余价值率

在上一节“价值增殖过程”里，已经涉及“剩余价值”的内容。我们可以清晰地看出，剩余价值就是可变资本的增殖额，即表现为劳动力价值这部分的增值额。在资本主义生产过程中，剩余价值首先表现为产品价值超过它的各种生产要素价值总额而形成的余额，但要注意，剩余价值并不是完全由资本家的预付资本在生产过程里面创造出来的。要是认为剩余价值是由资本家的预付资本生产的，那么这种现象便掩盖了资本对工人剥削的本质。我们知道，预付资本由两部分组成，一部分是用来购买生产资料而付出的货币额，即不可变资本价值；另一部分是用来购买劳动力而支出的货币额，即可变资本价值。但在生产过程结束时的商品价值则是由不变资本、可变资本、剩余价值组成。

不变资本的价值，只是再现在产品中，不能带来价值的增殖，不变资本的增加，可以使资本家得到更多的产品价值，但不会得到更多新创造的价值。不论不变资本的价值有多大，从我们得到的产品价值中减去不变资本的价值才是新创造的价值。可见，不管不变资本的价值如何，都不会影响价值的增殖。所以，剩余价值并不是由全部预付资本产生的，而是由预付资本中的可变资本产生的。

若要对剩余价值的产生进行直观的分析，必须把产品价值中属于不变资本价值的那一部分完全抽去，考察可变资本创造的价值增值的量，就是剩余价值的绝对量。而剩余价值的相对量，是用可变资本价值增殖的比率，即由剩余价值同可变资本的比率来表示。例如，工人创造的剩余价值为 4 元，资本家购买劳动力即可变资本为 4 元，那么，剩余价值率＝剩余价值 / 可变资本＝（4 / 4）×100%＝100%。

计算剩余价值率的各种公式

剩余价值率的公式为：剩余价值 / 可变资本＝剩余价值 / 劳动力价值＝剩余劳动 / 必要劳动。这是马克思制定的表示剥削程度的正确公式。这个公式的前两项表示的是价值的比率，后一项表示的是生产这些价值所用时间的比率。下面用例子来说明这三项公式。

先说前两项。某制衣厂工人生产上衣，资本家一天预付工人的可变资本为 60 元（也是劳动力价值，也就是工人生产自身必需生活资料的价值），工人除了生产自身生活资料价值外，还为资本家生产剩余价值 60 元，这时候剩余价值率为：剩余价值 / 可变资本＝剩余价值 / 劳动力价值＝ 60 元 / 60 元 ×100%＝100%，即剩余剥削率为 100%，也就是说，资本家投入劳动力的资本是 60 元，自己能赚到 60 元。

▶ 美国煤矿工人

剩余价值率除了可以用剩余价值与可变资本的比率来表示，还可以用剩余劳动与必要劳动的比率来表示，即第三项是用劳动时间来表示剥削率的。

在资本主义社会中，劳动者一

天的劳动分为两个部分，一是必要劳动；二是剩余劳动。

何为必要劳动？必要劳动是工人每天为生产他自己所必需的生活资料的价值而付出的劳动。这种劳动对工人来说是必要的，是维持生存所不可缺少的。同时，这种劳动对资本家和生产时间来说也是必要的。因为，工人的生存是资本家和资本主义世界存在的基础。

何为剩余劳动？剩余劳动是超出劳动者必需的生活资料而进行的劳动，也就是工人超出必要劳动的界限所做的劳动。这部分劳动时间的凝结就形成了剩余价值。工人耗费的这部分劳动，不为工人形成任何价值，只为资本家创造剩余价值。例如，资本家购买劳动力，他给工人支付了日工资 50 元，那么工人一天劳动力的使用价值就归资本家所有。尽管工人为资本家一天干活 6 小时就可以抵上资本家支付他的工资 50 元，即 6 小时是工人的必要劳动，工人必须用它来生产自身所需要的生活资料，但是资本家不会让工人每天只干活 6 小时，而是超过 6 小时。所以工人一天的劳动，6 小时的必要劳动为自己创造生活资料；6 小时之后的劳动为资本家创造剩余价值。如果资本家规定的工作日是 12 小时，那么为资本家生产剩余价值的剩余劳动时间为：12 小时－ 6 小时 ×100%＝ 6 小时，那么剩余价值率＝剩余劳动时间 / 必要劳动时间＝ 6 小时 / 6 小时＝ 100%。

为什么剩余劳动与必要劳动的比率可以作为剩余价值率的另外一种表达方式呢？首先，在剩余价值和可变资本的比率中，可变资本与劳动力价值是相等的，即资本家预付给工人的工资与工人的劳动力价值是相等的，而劳动力价值的大小决定着必要劳动时间长短。其次，剩余劳动又决定剩余价值量。所以剩余价值率＝剩余价值 / 可变资本＝剩余劳动 / 必要劳动。剩余价值率的这两个比率是把同一种关系表现在两种不同的形式上：剩余价值 / 可变资本是用物化劳动形式表示的剩余价值率，而剩余劳动 / 必要劳动是用活劳动形式表示的剩余价值率。剩余价值率是工人受资本家剥削程度的准确表现。

资产阶级古典政治经济学提出的另一套公式为：剩余劳动 / 工作日＝剩余价值 / 产品价值＝剩余产品 / 总产品。

第一个比率是表现在劳动量的关系上，第二个比率是表现在劳动量借以体现的价值关系上，第三个比率是表现在这些价值借以存在的产品关系上。但是，这个公式是错误的，这体现在以下几个方面：

第一，在公式中，首先工作日分为必要劳动和剩余劳动，产品价值是劳动力价值和剩余价值的总和。其次，代替工作日的不应该是产品价值（不变资本、可变资本和剩余价值总和）和总产品，而是工人新创造价值（可变资本与剩余价值之和），所以不包括生产资料（不变资本）的消耗。

第二，缩小了剥削的程度。举例来说，还是制衣厂工人生产上衣，工人一天劳动 12 小时，其中 6 小时为自己生产生活资料，是必要劳动时间，另外 6 小时为资本家生产剩余价值，是剩余劳动时间。按照马克思的公式计算，实际剥削程度为：剩余劳动 / 必要劳动＝ 6 小时 / 6 小时 ×100%＝100%，也就是说剥削率为 100%。而按照古典政治经济学列出的公式计算，剩余价值率为：剩余劳动 / 工作日＝剩余价值 / 产品价值＝ 6 小时 / 12 小时＝ 6 元 / 12 元 ×100%＝50%。通过计算，可以很明显地看出，按照政治经济学列出的公式计算出来的剩余价值率比马克思的公式所计算的剩余价值率要小很多，这也说明了古典政治经济学的计算剩余价值率的公式体现的是对工人剥削程度的降低，而实际的剥削程度被虚假地表现出来。

第三，在古典政治经济学的公式里，把工作日分为必要劳动和剩余劳动，把产品价值分为劳动力价值和剩余价值，这不是表示剥削率，而是只表示在一个工作日内生产的产品价值按怎样的比例在资本家和工人之间进行分配。这种公式形成一种假象，好像工人出了劳动力，所以能够分得成果的一部分；资本家出了资本，所以能够分得成果的另一部分。这样一来，工人与资本家表现为协作关系，而不是实质的剥削与被剥削的关系。

当然，如果知道工作日长度和剩余劳动时间，我们都可以将古典政治经济学的公式转换为马克思的剩余价值率公式。例如，假如工人一天工作 12 小时，他为资本家生产剩余价值为 6 小时。所以剩余价值率＝剩余劳动 /（工作日－剩余劳动）＝ 6 小时 / 6 小时 ×100%＝100%。

第一个公式又可以表现为以下的公式：剩余价值 / 劳动力价值＝剩余劳动 / 必要劳动＝无酬劳动 / 有酬劳动。我们把最后一项比率和前面两项比率联系起来看，很容易发现，后一项比率是前面一项比率“剩余劳动 / 必要劳动”的通俗表现。资本家购买了劳动力这种商品，就拥有了使用劳动力的支配权。他购买了工人一天的劳动力，便把这种劳动力的利用分为必要劳动和剩余劳动两个时期。在必要劳动期间内，工人生产的是劳动力价格的等价物；在剩余劳动期间，工人创造出无须资本家付出任何代价的价值，即剩余价值。资本家无偿地获得了这种劳动力的使用，因此，剩余劳动又可称为无酬劳动。例如，在12小时工作日的前6小时，工人生产出6元的产品价值，即自己劳动力价值的等价物，资本家此时已经收回成本，这6小时称为“有酬劳动”；在工作日其余的6小时，工人又生产出6元的产品价值，与前面的6元不同，这次的6元资本家是没有支付代价而白得的，所以，生产这6元的6小时劳动是“无酬劳动”。

一切的剩余价值（利润、地租、利息或其他）都是由无酬劳动转化成的，资本增殖的秘密在于资本家对工人的一定数量的无酬劳动的支配和占有。

第四节
工作日

导读：我们知道工人每天都在工厂里面工作，但是我们真正了解工作日的具体内涵吗？别以为工作了一整天，都是为自己的生计而劳作。这一节，让我们来了解工作日的真实构成。

工作日的概念及其构成

▶ 伏尔加河上的纤夫

工作日，也叫劳动日，是劳动者一天内的劳动时间，是工人劳动时间的绝对量。工作日是由两部分构成的：一部分是必要劳动时间；另一部分是剩余劳动时间，是工人必要劳动时间以外的为资本家创造剩余价值的时间，剩余劳动时间由资本家确定，可以是 1 小时、2 小时甚至 6 小时。资本家为获取更多的剩余价值，会想方设法地延长工人的剩余劳动时间。

为什么说工作日是确定的又是不确定的

首先，工作日是确定的，是从它的组成因素一定而确定的。任何工作日都是由必要劳动时间和剩余劳动时间组成的。然而工作日也是一个可变量。首先来看必要劳动时间，其长短是由劳动力价值的大小来决定，而劳动力价值的大小由生产工人所必需的生活资料的价值决定。虽然说生活资料的价值会随着劳动生产率的变动而变动，但是，在一定的国家一定的时期，必要生活资料的平均范围是一定的。也就是说，劳动力价值总是一个一定的量，由劳动力价值决定的必要劳动时间也是一个一定的量，因而必要劳动时间是一个不变量。

其次，工作日又是不确定的。组成工作日的两个因素中，必要劳动时间是一个不变量，那么剩余劳动时间是可变量还是不变量？资本家购买了劳动力这种商品，就拥有了对劳动力的使用价值。工人在劳动日内，除了用必要劳动时间来生产自己所需的生产和生活资料，还需要花费一定的剩余劳动时间为资本家生产剩余价值。但究竟用多少时间来为资本家生产剩余价值呢？这是不能确定的，可以是 1 小时、2 小时、6 小时，甚至更多。假如同样是 6 小时的必要劳动时间，由于剩余劳动时间不同，所以组成工作日的时间就会是 7 小时、8 小时、12 小时等。在必要劳动时间已经确定的情况下，工作日会因为剩余劳动时间的改变而改变，因而工作日又是不确定的。因此，马克思说：“工作日可以是确定的，但是它本身是不确定的。”意思是说，工作日是由必要劳动时间和剩余劳动时间组成是确定的，但是由于剩余劳动时间是一个可变量，因此，工作日本身的总的长度又是不确定的。

工作日的最低界限与最高界限

尽管工作日不是固定的，是变动的，但它也只能在一定的范围内变动。首先，工作日的最低界限是无法确定的。假设必要劳动时间为 6 小时，剩余劳动时间为 0 小时，也不能成为工作日的最低界限。原因主要有两个：第一，在资本主义生产条件下，工人每天只需要生产自己的必要生活资料，这是不可能的，毕竟资本家雇佣工人就是看中了工人的劳动力能够为他生产剩余价值，所以，资本家不可能只让工人工作 6 小时。在资本主义经济关系里面，必要劳动时间只是工作日的一部分，如果将必要劳动时间作为工作日的最低界限，那就意味着剩余劳动时间为零，就否定了资本主义经济关系。第二，即使是在社会主义社会条件下，工作日也不可能低到必要劳动时间这个最低界限，也就是说，不可能只保持原有的生活资料水平，劳动者还要有一定的时间为社会生产出更多的产品，以保证进一步增加本身对物质和文化的需要，保证积累的需要。比如，现在国家衡量一个公民是否有幸福感，大多数人都是以自身物质和文化需要作为衡量标准的。也就是说，劳动者的劳动除了要满足自身的生活资料所需，还要满足其他需要，如娱乐需要、发展需要等。所以，在社会主义制度下，工作日的最低界限也是要超过必要劳动时间的。

▶ 伊曼努尔·康德

伊曼努尔·康德（1724 ～ 1804 年），著名德意志哲学家，德国古典哲学创始人，有其自成一派的思想系统，代表作品有《纯粹理性批判》《实践理性批判》《判断力批判》。

其次，工作日的最高界限也是无法确定的。工作日的最高界限取决于两方面。第一，劳动者的身体界限，或者叫生理界限。人在一天 24 小时内只能支出一定的生命力，工人每天必须有一定的时间用来休息、吃饭、睡觉、穿衣等。资本家对工人的这部分时间虽然也有侵占，但是他不能完全地占有工人24小时的劳动，总有一个限度。第二是道德界限，或者叫社会界限。一天24小时内，工人必须有一定的时间用于学习文化、照顾家庭、娱乐身心以及参加社会交往，以满足自身精神需要和社会需要。例如，现在很多公司、企业、工厂内部会组织一些技能素质培训活动和文体娱乐活动来满足工人的精神生活需要。但是，决定工作日的最高界限的这两点会有很大的伸缩性和变动余地。例如，现在一般提倡8小时工作日，但有些是9小时、10小时、12小时等，它的长度是多种多样的。下图就是表示工作日最低界限与最高界限的伸缩性。

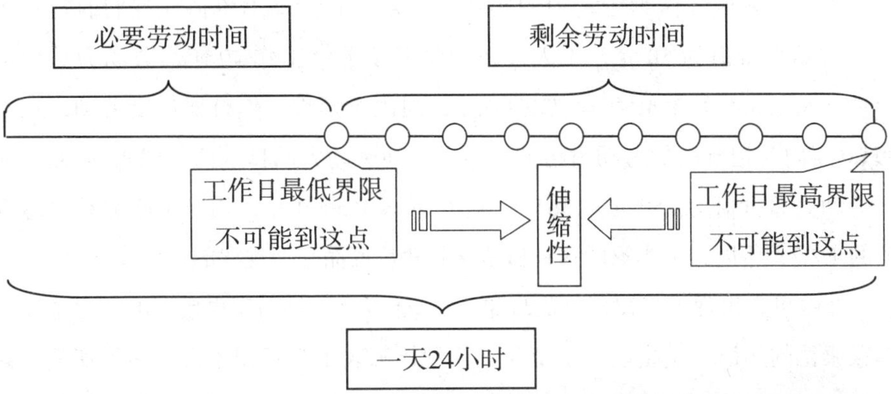

劳动力也是一种商品，资本家购买了劳动者的劳动力，也就拥有了劳动力的使用价值。假如资本家购买了劳动力的日价值，他就有权消费他购买的劳动力，也就是强迫工人在一日之内为他工作。马克思说："资本家是人格化的资本，资本家的灵魂就是资本的灵魂。资本是死的，它就像一个吸血鬼，只有吮吸工人的活劳动才有生命。资本吮吸的活劳动越多，它的生命就越旺盛。"这句话很形象地说明了资本或资本家的本质：购买劳动力为其生产剩余价值。在工作日长度上，资

▶ 19世纪初美国南部奴隶拍卖市场

美国从19世纪初期起，大量资金投放于工商业，资本主义工业生产得到发展。在大力引进西欧科学技术的同时，鼓励创造和发明。50年代，工业化迅速推进。但是奴隶制作为资本主义机体上的赘瘤而发展着。

本家总是希望能够尽可能地把工作日延长到最高界限，而工人则要求将工作日减到合理界限或者最低界限。这两种相反的要求是同一个商品交换规律下发生的两种相反的作用。

对资本家来说，他购买了劳动力就拥有了劳动力的无限使用权，消费劳动力是他的权利。正因为工作日长度的界限弹性很大，而且它本身没有规定工作日的任何界限，也没有规定剩余劳动的界限，所以资本家总是最大限度地延长工作日，以便使工人能够为他生产尽可能多的剩余价值。资本家消耗货币购买劳动力商品就获得劳动力商品的使用权，这是符合商品交换规律的。

对工人来说，作为劳动力的卖者，必须得到劳动力价值。我们假定一个劳动力的日价值为50元，工人在正常情况下能够工作40年，劳动力总价值为：50元 ×365天 ×40年＝730000元，但由于延长工作日而过度劳动，工人在20年内就把自己的劳动力给消耗尽了，而劳动力的日价值仍然为50元，那么劳动力总价值为：50元 ×365天 ×20年＝365000元，相当于原劳动力总价值的1/2，所以，资本家的这种做法又是违反商品交换规律的。

在这里，出现了二律背反的现象。“二律背反”是马克思借用的唯心主义哲学家康德的用语，是指同一个商品交换规律却表现为互相矛盾的两种现象。买者的权利与卖者的权利相对抗，而两者的权利都为商品交换规律所承认。所以，在研究资本主义生产的历史中，工作日的正常化过程，便表现为工人阶级反对资产阶级延长工作日而进行的斗争。这是整个资产阶级和整个工人阶级之间的长期的斗争。

第五节
剩余价值率和剩余价值量

导读：在第三节里面，我们了解了剩余价值率，知道了剩余价值率其实就是剩余价值与可变资本的比率。这一节，我们来考察与剩余价值率密切相关的一个概念——剩余价值量。

决定剩余价值量的第一个规律

第一个规律是：工人所生产的剩余价值量，等于预付的可变资本量乘以剩余价值率，或者等于一个工人生产的剩余价值乘以同一个资本家同时剥削的劳动力的总数，或者等于一个劳动力的价值乘以劳动力受剥削的程度再乘以劳动力的人数。举例来说，纺纱厂资本家用 50 元购买一个劳动力的日价值，工人除了为自己生产了 50 元的生活资料之外，还为资本家创造 50 元的剩余价值，资本家雇佣了 100 个工人。那么在这一天里面，全部工人为资本家创造了多少的剩余价值量呢？首先，资本家在这天预付的可变资本量为单个工人劳动力日价值乘以雇佣工人的数量，即 50 元 ×100 人＝ 5000 元。其次，剩余价值率为剩余劳动量除以可变资本，即 50 元 / 50 元 ×100%＝ 100%。所以这些工人一天为资本家创造的剩余价值量为：5000 元 ×100%＝ 5000 元。或者用第二种方法计算，即一个工人生产的剩余价值乘以同一个资本家同时剥削的劳动力人数，所以剩余价值量为：50 元 ×100 人＝ 5000 元。或者用第三种方法计算，即一个劳动力的价值乘以劳动力受剥削的程度再乘以劳动力的人数，在这里，劳动力受剥削程度为 100%，所以，剩余价值量为：50 元 ×100% ×100 ＝ 5000 元。

从这个规律可以得出，决定剩余价值量的因素有两个，一是工人人数的多少（可变资本量的多少），二是剩余价值率的高低。当一个因素减少时，可以通过另一个因素的增加来补偿。上例中，工人人数变为 50 人，剩余价值率变为 200%，其他因素不变，则资本家预付的可变资本为：50 元 ×50 人＝ 2500 元，所以剩余价值量为：2500 元 ×200%＝ 5000 元。因此，可变资本的减少，可以用提高劳动力受剥削程度的比例来补偿（此例中把剩余价值率从 100%提高到 200%）。或者说，雇佣工人人数的减少可以通过延长工作日的方式来补偿。所以，在一定范围内，资本所能榨取的剩余价值，并不完全取决于劳动力人数的多少。反之，如果剩余价值率降低了，可以通过增加可变资本的数量（增加工人的人数）来补偿，那么所产生的剩余价值仍然不变。仍然以上述例子来说明，假如剩余价值率变为 50%，工人人数变为 200 人，其他因素不变，则资本家预付的可变资本数量为：50 元 ×200 人＝ 10000 元，所以剩余价值量为：10000 元 ×50%＝ 5000 元。

■ 决定剩余价值量的第二个规律

第二个规律是：工作日的最高界限是可变资本的减少可以由剩余价值率的提高来补偿的绝对界限。根据前面的内容我们可以知道，决定剩余价值量的因素有两个，一是工人人数（可变资本量），二是剩余价值率的高低，并且一个因素的减少可以由另外一个因素的增加来补偿。但是，工作日有一个最高界限，这个界限是不能突破的，所以通过延长工作日来提高剩余价值率来补偿可变资本的减少是有一定限度的。工人一天的劳动时间不可能是 24 小时，并且工人的劳动不可能是完全的剩余劳动。上例中，我们假定，工人生产 50 元生活资料的必要劳动时间是 6 小时，在工作日是 12 小时的情况下，100 个工人每天可以带来 5000 元的剩余价值量。如果工人减少一半，由此减少的剩余价值还可以通过延长 6 小时工作日，即 18 小时工作日来补偿，即在此时剩余价值量可以维持不变：100 元 ×50 人＝ 5000 元。但这种补偿是有限度的，假如工人从 100 人减少到 25 人，即使将工作日延长到最大限度 24 小时，这时的剩余价值量为：150 元 ×25 人＝ 3750 元，比原来 5000 元的剩余价值量还少 1250 元。所以，即使将工作日延长到最大限度，也无法补偿由于工人的过度减少而引起的剩余价值的减少。换言之，在一个工作日内，从一个工人身上榨取的剩余价值量，总有一个不能超越的最高界限，所以要使剩余价值在一定的量上继续增加，就只能增加工人的人数，增加可变资本的数量。

决定剩余价值量的第三个规律

第三个规律是：在剩余价值率和劳动力价值已定的情况下，剩余价值总量同预付的可变资本量成正比。剩余价值率已定，劳动力价值已定，那么，预付的可变资本量越大，剩余价值总量就会越大。在不同的生产部门或者同一生产部门的不同时期，可变资本在预付总资本中所占的比例是不同的，但不论可变资本与不可变资本的比例如何，对这一规律不会产生影响。因为不变资本的价值只会再现在产品价值中，它并不会形成产品的新价值。

从剩余价值量的变化规律中可以得出这样的结论：雇佣工人的人数是决定剩余价值量的一个重要因素，而雇佣一定数量的工人就必须预付一定量的资本。剩余价值率的高低会影响剩余价值量的多少，而剩余价值率的提高会被工作日的最高界限所限制。资本家就在决定剩余价值量的这两个因素中徘徊，绞尽脑汁，以寻求预付可变资本和剩余价值率之间的最佳组合方式，来为其生产最多的剩余价值。

第三章

相对剩余价值生产的三个阶段

Capital

相对剩余价值是什么？相对剩余价值的生产是通过提高生产力来实现的，资本主义提高劳动生产力经历三个历史阶段，分别为协助阶段、分工和工场手工业阶段、机器大工业阶段。然而各阶段生产方式又是怎样的呢？本章将详尽介绍这些内容。

第一节
相对剩余价值

导读：相对剩余价值是与绝对剩余价值相对立的一个概念，虽然它们同是资本家生产剩余价值的两种方式，但这两种方式有着本质的区别。相对剩余价值的生产主要是通过什么途径来实现的？在相对剩余价值生产的过程中为什么会出现超额剩余价值？超额剩余价值与相对剩余价值又是什么关系？现在大量工厂为什么会不惜重金购买先进的生产机器或者花钱加强工人劳动技能的培训？学习这一节，就可以知道答案。

什么是相对剩余价值

通过缩短必要劳动时间相应延长剩余劳动时间而生产的剩余价值叫作相对剩余价值。如果在 12 小时的工作日中，工人本来的必要劳动时间为 7 小时，剩余劳动时间为 5 小时，现在将必要劳动时间缩短为 6 小时，那么剩余劳动就相应地延长到 6 小时。这样一来，在 12 小时的工作日总长度不变的情况下，工人为自己生产生活资料的时间是 6 小时，为资本家生产剩余价值的时间是 6 小时。必要劳动时间的缩短和剩余劳动时间的延长是相对应的，它改变的不是整个工作日的长度，而是工作日中必要劳动和剩余劳动的界限。

相对剩余价值和绝对剩余价值的简单联系和区别

相对剩余价值和绝对剩余价值的生产是生产剩余价值的两种方法。绝对剩余价值，是通过延长工作日，增加剩余劳动时间，产生更多的剩余价值的方法。相对剩余价值，是指不改变工作日长度的情况下通过缩短必要劳动时间，增加剩余劳动时间，产生更多的剩余价值的方法。下面用图示来区分这两种方法。

1. 假如一般的生产劳动，工作日为 12 小时，必要劳动时间为 6 小时，剩余劳动时间为 6 小时，则必要劳动时间和剩余劳动时间在一段工作日里面表现为：

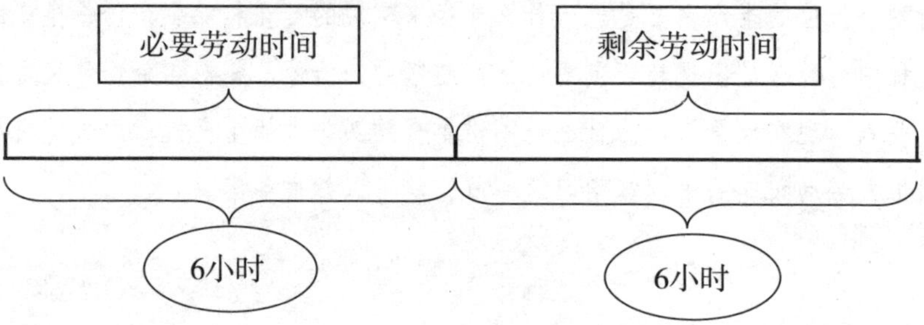

2. 绝对剩余价值的生产是在必要劳动时间不变的情况下，通过延长工作日来增加剩余劳动时间而产生的。那么上图就会变为：

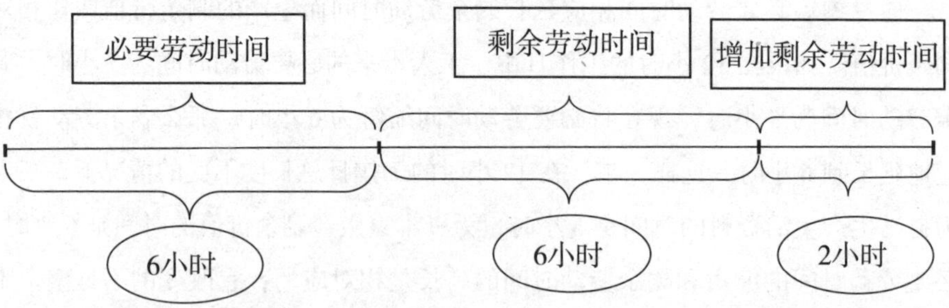

所以，由上图可以看出，在必要劳动时间 6 小时不变的情况下，增加了 2 小时的剩余劳动时间，那么总的剩余劳动时间由原来的 6 小时变为 8 小时，同时，工作日由 12 小时延长到了 14 小时。

3. 绝对剩余价值是剩余价值生产的基础。但是资本家为了获得更多的剩余价值，在延长工作日的同时，也竭力缩短必要劳动时间。在工作日不变的情况下，缩短必要劳动时间，增加剩余劳动时间，则上图就会变为：

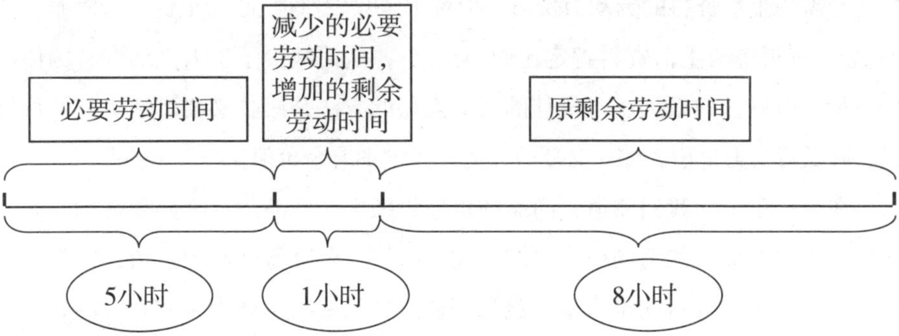

由上图可以看出，在工作日总长度14小时不变的情况下，必要劳动时间由原来的6小时缩短为5小时，那么剩余劳动时间由原来的8小时就变成了9小时。

如何缩短必要劳动时间

相对剩余价值的生产，是通过缩短必要劳动时间来实现的。必要劳动时间是维持劳动者及其家属生存所需要的劳动时间。必要劳动时间是由劳动力价值决定的，在生产过程中，要缩短必要劳动时间，就需要降低劳动力价值。工人的劳动力价值是由劳动力再生产所必需的生活资料价值决定的。要降低劳动力价值，就需要降低必要生活资料的价值。所以，知道了生活资料的价值也就可以知道工人劳动力的价值。资本家可以采用把工人的工资压到劳动力价值以下的方法来扩大剩余劳动的范围。但这种方法是不可取的。这种方法只是侵占了劳动者的必要劳动时间，减少了劳动者生活资料的使用价值量，带来的后果是劳动力的萎缩。例如，一个制衣厂的工人每天劳动12小时，6小

▶ 工人罢工

1936年，通用汽车遭遇了长达44天的罢工示威，并成为汽车业第一个被美国汽车工人联合会“试刀”后就范的对象，并由此确立为汽车工人的利益代表。

时为生产自身生活必需的生活资料的时间，另外 6 小时为资本家生产剩余价值的时间。资本家给予他 60 元的日工资，这 60 元工资是他在 6 小时为生产自身生活必需的生活资料的劳动力价值。但资本家只发给他 50 元工资，这时候，他用 50 元所买得的生活资料肯定比 60 元要少，从而减少了工人生活资料的使用价值量。所以，归根到底，最佳的而又隐秘的方法是减少必要生活资料的价值量，降低劳动力价值，缩短必要劳动时间来增加剩余价值。

在第一章中，我们知道，商品的价值量跟生产商品的社会必要劳动时间成正比，跟生产商品的劳动生产率成反比。所以，要降低劳动力价值，即降低劳动力的必要生活资料的价值量，就只能通过提高劳动生产力来实现。例如，制衣工人同量的必要生活资料 60 元，以前用 6 个小时才能生产出来，现在提高了劳动生产力，用 5 小时就可以生产出来。必要生活资料的价值因而降低了 10 元，劳动力价值随之降低 10 元。这时，必要劳动时间从 6 小时缩短到 5 小时，剩余劳动时间增加了 1 小时。

劳动生产力的提高，是指劳动过程的一种变化，这种变化能够缩短生产某种商品所需要的社会必要劳动时间，从而用较少的劳动量获得较大的使用价值。要提高劳动生产力，就必须改变生产条件（生产方式），即变革劳动过程中的技术条件和社会条件。只有提高了劳动生产力，才能降低商品价值（劳动力价值），只有降低商品价值（劳动力价值），才能缩短生产商品的社会必要劳动时间。下面用图来表示劳动生产力的提高如何使生产商品的社会必要劳动时间缩短。

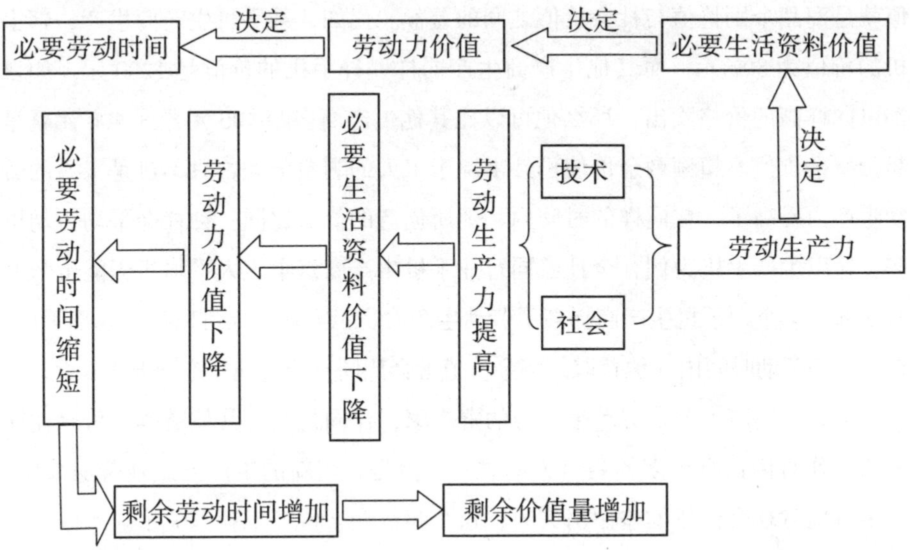

并不是少数几个企业提高劳动生产力就能够降低劳动力价值的。要降低劳动力的价值，必须提高那些制造或者提供必要生活资料的产业部门的劳动生产力。另外，商品的价值不仅包含着凝结人类劳动的新价值，还包含着原来生产这商品的人类劳动，即旧价值。例如，棉纱的价值不仅取决于纺纱工人的劳动，还取决于纺纱所需的棉花、纱锭等材料的价值。所以，那些为生活资料提供不变资本物质要素的产业部门劳动生产力的提高，以及相关原料价值的便宜，都会降低劳动力的价值。但是有一些特殊的生产部门，劳动生产力的提高并不会引起劳动力价值的下降。例如生产奢侈品、制造军火的生产部门，因为这些部门并不是提供必要生活资料的部门，同时也不是为制造生活资料而提供生产资料的部门，所以它们不会影响劳动力的价值。

什么是超额剩余价值

单个资本家提高了劳动生产力，他生产商品的个别劳动时间少于社会必要劳动时间，商品的个别价值低于社会价值，他如果按照社会价值出售他的商品，就能够比其他资本家获得更多的剩余价值，即获得超额剩余价值。超额剩余价值就是商品个别价值与社会价值之间的差额。比如，某手机生产商生产一部手机的价值为 800 元，而其他生产商生产同样一种手机的价值是 1200 元，如果都以同样高的价格卖出，那么他可以比其他生产商多赚 400 元，这 400 元就是超额剩余价值。超额剩余价值仍然来源于工人的剩余劳动，只不过是工人的劳动生产力提高了，在同样的时间内，他所创造的价值比同一种社会平均劳动更多。又以生产手机为例，全社会同行业手机生产商每个工人平均每天能生产手机 3 部，某个别手机生产商提高了劳动生产力，工人在一天可以生产 5 部手机。在同样的劳动时间内，他获取的剩余价值就会比同行业其他生产商要多得多。

可见，提高了个别劳动生产力的资本家，比同行业的其他资本家可以在同一个工作日内占有更多的剩余劳动时间。但是，当新的生产方式被普遍采用，个别价值和社会价值的差额消失时，这个超额剩余价值也就消失了。所以，在资本主义生产过程中，相对剩余价值的生产过程，是从个别到一般的过程，即从个别资本家追逐超额剩余价值到所有的资本家普遍获得剩余价值的过程。

在第一章里面，我们知道，商品的价值与劳动生产力成反比。因为劳动力的价值由商品价值所决定，所以，劳动力价值与劳动生产力也成反比。与之相反的是，相对剩余价值与劳动生产力成正比。劳动生产力越高，资本家获取的剩余价值也就越多；劳动生产力越低，资本家获取的剩余价值也就越少。例如，纺纱厂资本家支付工人每天 60 元的劳动力价值，工人每天为生产自身生活必要资料需要付出必要劳动 6 小时，为资本家劳动 6 小时，生产剩余价值也是 60 元。生产力提高了，工人每天的劳动力价值和生活资料价值降低到 50 元，那么剩余价值就会从 60 元增加到 70 元。另外，再生产劳动力的价值，从前需要 6 小时，现在需要 5 小时，那么剩余劳动就变成了 7 小时。所以，通过提高劳动生产力来使商品便宜，从而使工人本身的劳动力价值便宜。这是资本内在的冲动和必然的趋势。

相对剩余价值的形成过程，一共经历了两个阶段。第一个阶段，少数企业提高劳动生产力，使这些企业商品的个别价值低于社会价值，从而获得超额剩余价值。

第二个阶段，多数企业都提高了劳动生产力，降低了生活资料和劳动力价值，从而获得剩余价值。下面用图示来表示相对剩余价值的形成过程。

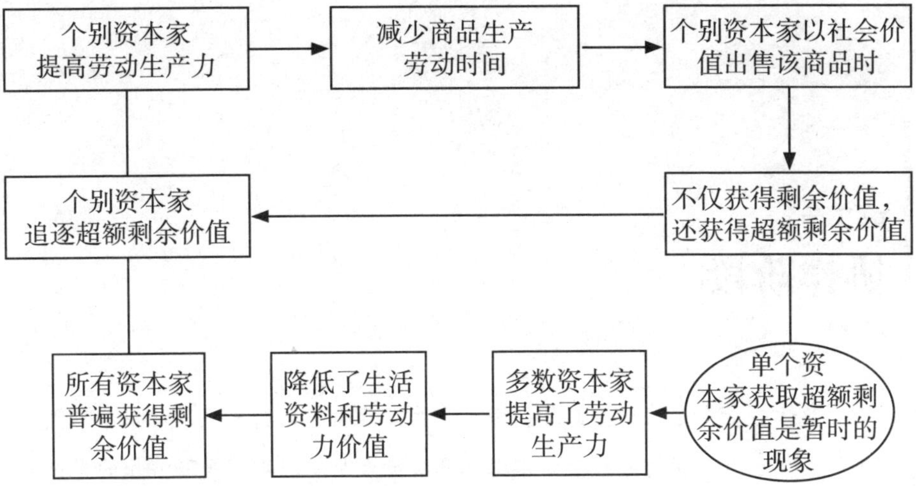

超额剩余价值与相对剩余价值的简单比较

超额剩余价值和相对剩余价值一样，都是在工作日长度不变的情况下，通过提高劳动生产力，减少工人必要劳动时间，相应地延长剩余劳动时间而产生的。从上图中我们可以看到，无论是个别资本家还是多数资本家，都是通过提高劳动生产力的方式来获取剩余价值。只不过个别资本家提高劳动生产力表现为超额剩余价值，多数资本家提高生产力表现为相对剩余价值。下面我们用表格来简单地比较超额剩余价值和相对剩余价值。

区别 类别	超额剩余价值	相对剩余价值
产生时间	先产生	后产生
保存时间	暂时的，难以持久	保存下来，而且不断积累
产生条件	同类生产部门的少数企业提高劳动生产力，使个别价值小于社会价值	同类生产部门的多数企业提高劳动生产力，降低劳动力价值
获得范围	少数企业获得，而且与相对剩余价值一并获得	多数企业获得

第二节
协作阶段

导读：什么是协作？为什么资本家的商品生产最初要采取协作的形式呢？它与小生产者的分散劳动相比有哪些优点？当资本家采取协作的生产模式后，协作的规模又取决于哪些因素？这是本节的重点内容。

何为协作

什么是协作呢？许多人在同一生产过程中，或者在不同的但相互联系的生产过程中，有计划地一起协同劳动，这种劳动形式叫作协作。它产生于新航路开辟前，存在于 14 世纪到 15 世纪。协作有简单协作和复杂协作之分，它们的主要区别点即在从事协作劳动的时候，劳动者之间是否进行了分工。如果劳动者之间没有进行分工，那就是简单协作。

▶ 协作劳动

图为 18 世纪初期中国广州茶叶作坊里的协作劳动。

本节要研究的是资本主义简单协作，它是资本主义生产历史的起点：许多工人在同一劳动场所，在同一时间，在同一个资本家的指挥下生产同一种商品。初期的资本主义生产，与中世纪的行会手工业除雇佣工人的人数不同之外，几乎没有质的区别。有的只是纯粹的量的区别。工人人数多与少并不会改变剩余价值率或者劳动力的剥削程度。例如，如果一个 12 小时工作日实现剩余价值为 60 元，那么 100 个工作日就实现为 60 元 ×100 = 6000 元。100 个工人在单独劳动时所产生的价值同集合在同一资本家的指挥下所生产的价值相等。

不过初期的资本主义生产和行业手工业相比较在一定限度内还是发生变化的。因为物化为价值的劳动，是社会平均劳动，也就是平均劳动力的表现。平均量始终只是同种的许多不同的个别量的平均数。所以每个独立的工人都同这个平均量多少会有偏离的，也就是说，与平均量有误差。但这种偏离因把较多的工人聚集在一起互相抵消而归于消失。这好比某科老师出学生该科的成绩单，总会涉及平均成绩，即把这一班所有的学生的该科的成绩加起来再除以该班学生人数，得出一个平均值，每一个学生与这个平均数都有误差，或多于这个平均数，或少于这个平均数。多于平均数的，就说明该学生有多于平均数的那部分分数分摊给了那些实际分数没有达到平均成绩的学生；相反，少于平均数的，就说明该学生要接收那些高于平均分学生的分数分摊才能够达到平均值。最终的结果是学生成绩的偏离因为互相抵消而归于消失。事实上，许多工人的总工作日数除以工人人数，本身就是一天的社会平均劳动。假如一个工人的工作日为 12 小时，同时雇佣 100 个工人的总工作日就构成了 1200 个小时。虽然说，每个工人的劳动或多或少地会偏离社会平均劳动，每个工人做同一件工作所用的时间也会有多有少，但作为 1200 小时的 1 / 100，每个工人的工作日都有平均性质。对于资本家来说，不管这 100 个工人是协同地劳动，还是各自独立地劳动，每个工人的工作日都是总工作日中的一个组成部分。

但是，100 个工人的单独劳动跟集合劳动是不同的。如果把 100 个工人分散为 10 个小业主雇用，那么每个业主带着 10 个工人能否实现一般剩余价值率，则是纯粹的偶然的事情。如果一个工人生产一种商品的个别劳动时间多于社会必要劳动时间或平均劳动时间，那么他的单个劳动力就不能当作平均劳动力，所以这样的劳动力只会产生两种后果：一是根本卖不出去；二是就算卖出去了，也只能以低于劳动力的平均价值卖出。因此，要达到平均劳动力水平，必须要有最低限度的劳动熟练程度作为前提，不过这个最低限度也会偏离平均水平。因此，在 10 个小业主当中，有人赚到的会高于一般剩余价值率，有人赚到的会低于一般剩余价值率。就整个社会来说，这些差别会互相抵消。因此，对于集体地使用劳动力从而推动社会平均劳动的资本家来说，价值规律才能得到充分的实现。

在协作的劳动过程中，物质条件会引起变化。如原来两个人同时做工的厂房，会因为劳动力人数的增加而扩大；原来储存少量资料的仓库，会因为劳动力的增加、生产商品总量的增加而扩大或者增多；原来只供一个人生产使用的工具、容器等，会因为劳动力的增加而供多人使用或者交替使用。生产资料不会因为它们的使用价值的更有效利用或者更大规模的使用而增加它们的交换价值。

协作的作用

协作的作用有以下几点：

第一，协作不仅提高了个人生产力，协作还产生了一种比单个劳动者力量的机械总和强大得多的集体力，也就是说，协作促进合作，劳动者之间凝结成一股强大的力量。中国谚语说："人心齐，泰山移"；美国的韦伯斯特也说："人们在一起可以做出单独一个人所不能做出的事业，智慧、双手、力量三者结合在一起，几乎是万能的。"这些都说明了协作产生的巨大的能量。单个劳动者力量的机械的总和与很多人联合在一起所发挥的社会力量是有本质的区别的。举个形象的例子，搬一块500斤的石头，10个人同时出力就很容易把这块石头搬起来，如果同样是这10个人，每个人分别去抬，用力总和可能更多，但最终没人能把这石头抬起来。这就是协作所产生的积极的效果。通过协作，提高了生产力，更创造了生产力[①]。

---

① 在这里，大家可能会产生疑问："现在有的生产部门单个工人可以使用机器把一个重物提起来，不用协作就可以完成了，不能说明单个劳动力所产生的力量不强大啊！"需要说明的是，这里讨论的是简单的协作形式。在比较发达的协作形式中，由于有了较强的技术设备，单个工人的操作就可以完成过去无数工人都难以完成的任务。单个工人可以使用机器把重物简单地提起来，这是比较发达的协作形式。但是，正如马克思所说："这种最简单的共同劳动的形式即使在最发达的协作形态中也起着重要的作用。"简单协作总有它的不可替代之处。

第二，协作使许多劳动者一起劳动，协作发生的社会接触能够激发他们的竞争心和振奋精神，从而提高他们的工作效率。例如，一个纺纱工人在12小时工作日之内能纺成30斤棉纱，但当12个工人在同一时间同一地点共同纺纱12小时，由此而产生的工作总量即纺成的棉纱斤数必定会大于单个工人分开创造的总和360斤。从心理学角度讲，协作劳动不失为一种很好的激励机制，激发劳动者一起劳动一起合作一起完成任务的积极性，加强人际沟通，从而也能间接地满足劳动者精神的需要。

第三，协作能使许多人同时完成同一或者同种工作，可以缩短制造总产品所需要的必要劳动时间。以建筑中的运砖为例，许多人站成一行把砖从脚手架的下面传送到上面，虽然每个人做的动作是一样的，但这些单个的操作组成了总操作的连续部分，他们就像一条传送带，把砖源源不断地传递到目的地，这比他们一个个单独的劳动者用双手把砖从脚手架下面传送到上面要快得多。这既节约了单个人来来回回的拥挤空间又节约了工人往返的时间，从而从一定程度上缩短了搬砖的必要劳动时间。

第四，协作能在紧急时间内完成紧急的任务。中国南方的水稻收割，经常会采用协作的方式。中国南方水稻的种植一般来说是一年两熟，在7月份必须抢收，因为7月份雨水多，而且热量足，进入收割期的水稻如果不及时收割，谷粒便容易发芽变质。所以，一到收割期，农民必须在短短的收割期时间内集中大量的劳动力，完成紧急的收割任务，以免受到重大的经济损失。同时，7月份也是抢种的季节，第二季熟的水稻也必须在特定的时节里播种，这个时候也需要集中人力在短时间内完成播种任务，为秋季的收获打下基础。在紧急时期内集中大量劳动力所取得的效果，是单个劳动者付出更多的劳动所无法比拟的。

第五，协作还可以利用集体的力量，扩大劳动的空间范围。一些大型的工程如修筑运河、修建大堤坝、建设轨道、开路修路等，都需要通过协作去完成。我国在古代修筑的现在还在发挥作用的京杭运河，还有至今名扬四海的长城，都是通过征发大量的人力一起协作并扩大劳动空间范围而完成的世界奇迹。

第六，协作可以在较小的空间投入大量的劳动，从而减少非生产费用。如我国古代小农经济的耕作模式，在有限的农田里通过农民的精耕细作以获取更多的粮食。

总之，工人的协作劳动所产生的工作总量与单个工人的单独劳动从而合计起来的工作总量来比，协作可以产生更多的使用价值，因而可以减少生产商品的必要劳动时间。

协作规模的大小取决于什么

首先，协作规模的大小取决于单个资本家能够支付多大资本量来购买劳动力商品。也就是说，要有一定的可变资本。比如说，某个皮鞋生产商，他有越多的资本，就能够雇佣越多的工人为他劳动。假如他原来只有 50 万元，能够雇佣 100 个工人为他劳动一个月；但是经过一段时间的资本积累之后，现在拥有 100 万元，所以，能够雇佣 200 个工人为他劳动一个月。因此，支付劳动力价值的资本增加会促进劳动力数量的增加，从而促进协作规模的增大。

其次，协作规模大小取决于单个资本家积聚生产资料的程度，简单来说，就是有多少给工人使用的机器还有原料。也可以说是要有一定的不变资本。它成为雇佣工人进行协作的物质条件。即使资本家雇佣了再多的工人，如果没有足够的机器和原料给工人加工或者生产，也就谈不上协作了。

总的来说，不管是用来购买劳动力商品的资本，还是资本家自身拥有的生产资料，这些都取决于货币资本。货币所有者必须拥有一定量的货币才能成为资本家的条件，使得许多分散的独立的劳动过程转变成一个结合的社会劳动过程。协作加强了资本对劳动的指挥。

第三节

分工和工场手工业阶段

导读：工场手工业阶段是资本主义生产方式中比协作更先进更复杂的一种形式。工场手工业内部的分工与社会分工有异同点，同时我们可以从中揭示出工场手工业的资本主义性质。那么它与协作相比有哪些先进之处？它有哪两种产生方式及基本形式？有什么优劣之处呢？

协作的发展产生了工场手工业，工场手工业是以分工为基础的协作，它是资本主义生产过程的特殊形式，存在于16世纪中叶到18世纪末。

工场手工业的二重起源

工场手工业的产生有两种方式。

第一种方式是由资本家把社会上的不同专业而又各自独立的手工业工人组织在一个工场里，在资本家的指挥下，每一种手工业者做一局部的操作共同完成某种产品的生产。例如，一架马车的生产，资本家会把裁缝、钳工、旋工、画匠、木匠、油漆匠等手工业者联合起来，组合成马车工场手工业，整架马车就是通过这些人的分工后联合劳动而完成的。又如一件上衣的生产，资本家会把棉花分类工、纺纱、裁缝、绣工等独立的

▶ 古代马车模型

手工业者联合起来，组成制衣工场手工业，整件上衣的生产就是通过这些人的分工后联合劳动而完成的。这种方式有一个局限性，这些原本独立的手工业者会渐渐地失去全面地从事他们的手工业的习惯和能力，局限于一种特殊活动的技能。例如，原来的独立的手工业工人如油漆匠，不仅能够加入马车的生产，也能加入木质门的生产或者金属器具的生产。而现在只能生产马车需要的漆木，或者颜料等，失去了他们原有的全面生产的能力。

第二种方式是由资本家把许多从事同一类工作或者同一行业的手工业者集中在一个工场里，对制造某种商品的劳动进行分工，即把制造某种商品的各种操作分开并且分配给每一个手工业者进行，最后共同完成一种产品。造纸、制针、铸字等工场手工业就是通过这种方式产生的。以制针为例，把制针分成20种操作，每种操作分给每个特殊的工人，一个工人切断针条，另一个工人制作针头，第三个工人磨针尖……直至第20个工人把第20种操作完成。这种方式产生的工场手工业的特点是：它一开始实行的完全是简单协作，每个人都制造整个产品，都要按顺序地完成制造这一个产品所需要的各种操作。但是后来由于外部结合的原因促使人们按照另一种方式去进行劳动，即各种操作不再由同一个手工业者按照时间的先后顺序完成整个产品的生产，而是把各种操作分离开来，孤立起来，在空间上并列起来，把每一种操作分给一个手工业者，全部操作由协作工人同时进行。这种偶然分工，逐渐固定为系统的分工，产品变成社会产品。下面用图来表示这两种方式。

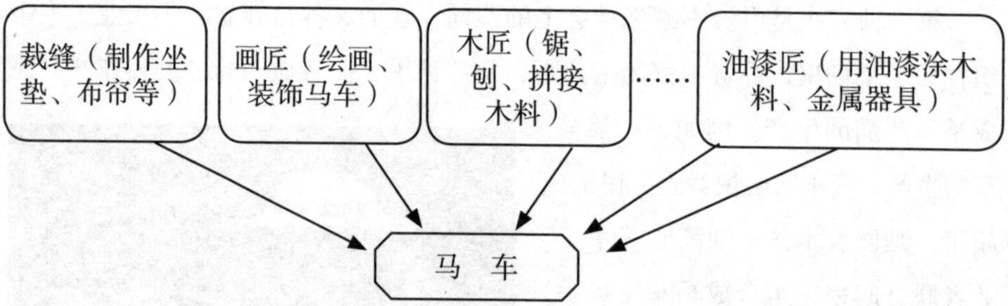

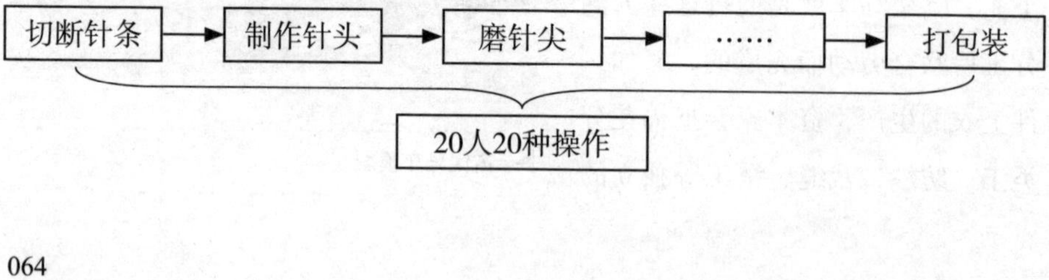

工场手工业的产生方式是二重的，第一种方式是以不同专业的独立的手工业者的结合为出发点。第二种方式是以同种手工业者的协作为出发点。不管它的出发点如何，最终的形态都是一样的：一个以人为器官的生产机构。

工场手工业生产的优势

这种工场手工业提高了劳动生产率。一方面，由于局部工人在一天内都是从事同一种操作，与独立的手工工人相比有一个优点，他可以避免因为变更位置、调换工具而造成时间的浪费，工作日的空隙就会缩小甚至趋于消失。这也是减少了劳动力的非生产耗费从而增加劳动力的生产耗费的具体体现。另一方面，随着局部操作的分化和专门化，劳动工具也开始分化和专门化。劳动工具的分化和专门化，是工场手工业的重要特征。由于工场手工业将劳动过程的不同操作进行了分解和分离，这也使劳动工具按照不同的操作要求进行分解分化，同时，每一种特殊的工具只有在专门的工人手中才能发挥作用。例如，在汽车组装生产中，固定大型号的螺母就需要用大型号的与之配套的螺丝刀，固定小型号的螺母就需要用小型号的与之配套的螺丝刀，一旦劳动工具不符合组装的操作过程，或大或小，或不配套，那么整个生产过程就因此而停滞。劳动工具的这种简化、改进和多样化，为机器的发明和使用创造了物质条件。

工场手工业的两种基本形式

工场手工业的组织形式由于制品本身的性质不同，按部件的分工和按工序的分工大体上可以分为两种基本形式：一种是混成的工场手工业；另一种是有机的工场手工业。混成的工场手工业是指由各个独立的局部产品通过纯粹机械的组装而成。以钟表生产为例，资本家把发条工、字盘工、游丝工、钻石工、指针工、表壳工、螺丝工、齿轮工等分散的独立的手工工人集中在一起，统一指挥他们的生产。这就成了混成的工场手工业。马车的生产也是混成的工场手工业。这种工场手工业的特点是不同的生产阶段没有什么连续性，只有在最终的装配阶段才组合在一起。由于局部劳动本身又可以作为彼此独立的手工业进行，因而制造产品的某些独立的工序如制作针盘、发条、表壳等可以交给在家里劳动的手工业者去完成，这样一来，资本家又可以省下厂房等费用。

而有机的工场手工业是指依次经过一系列相互联系的操作过程而取得完成的形态。以烧砖为例，它是依次经过选择黏土、和泥、用模具制作成形、晒干、垒到砖窑、用大火持续烧制 6 道连续工序后制成的。上面提到的制针也是有机的工场手工业。有机的工场手工业是工场手工业的完成形式。由于这种工场手工业把原来分散的手工业结合在一起，使各种操作在进行转换时，不仅缩短了空间距离，也缩短了时间距离，从而间接地减少了用于转换的时间和费用，也就是说，减少了这种非生产性劳动，提高了劳动生产率。另外，在有机的工场手工业中，不同的生产阶段在时间上是顺序进行的，在空间上是并存的。例如，在传统的烧砖过程中，当一组人在和泥时，另一组人在选择适合烧砖的黏土，还有一组人在用模具把砖泥制作成形，其结果是在同一时间内可以提供更多的产品。

对工场手工业分工的评价

首先，工场手工业的分工是建立在手工业生产的基础之上，它仍然属于手工业性质。工场手工业生产的局限性在于，它取决于工人使用工具的力量、速度和手工操作的熟练程度。手工业性质的技术基础是一种狭隘的技术基础，它不能使生产过程得到科学的分解，从而使产品经过的每一个局部的过程都必须作为局部的手工劳动来完成。

其次，工场手工业的工人得不到全面的发展，因为每个工人一辈子都只从事于他熟练的局部的手工劳动，使他成为整个生产机构的一个器官，终身从事这种局部的职能。例如，在马车工场手工业的裁缝工人会感叹：“以前我还会做衣服，做布垫子，现在只会做车篷了。”木匠工人则会感叹：“过去我会做家具，做木门，现在我只会锯木料。”工场手工业的分工，由于各种操作有的比较简单，有的比较复杂，因此固定在不同操作上的劳动力也有比较简单和比较复杂之分，从而劳动力价值也有了高低之分。这样，工场手工业就出现了劳动力的等级制度，与之相适应的是工资等级制度。与此同时，每一个生产过程都有一些比较简单的，无须经过技术培训，任何人都能胜任的操作，实行这类操作的工人被称为非熟练工人。例如，制衣厂里面那些专门负责剪线头的工人就属于这类工人。而有些操作是要求工人必须有一定的技术基础才能胜任的，这类工人被称为熟练工人。例如，马车手工工场里面的木匠，他必须拥有一定的锯木、刨木、拼木相融合的技术才能够制造出马车的基本框架和造型。所以，在等级制度的阶梯旁边，工人被简单地分为非熟练工人和熟练工人。非熟练工人不需要专门培训和学习，因而不需要付出学习费用，但是他的劳动力价值会很低；熟练工人尽管需要培训学习，要付出较大的费用，但是他的劳动力价值比非熟练工人高得多。下面用图表示工场手工业分工的这个过程。

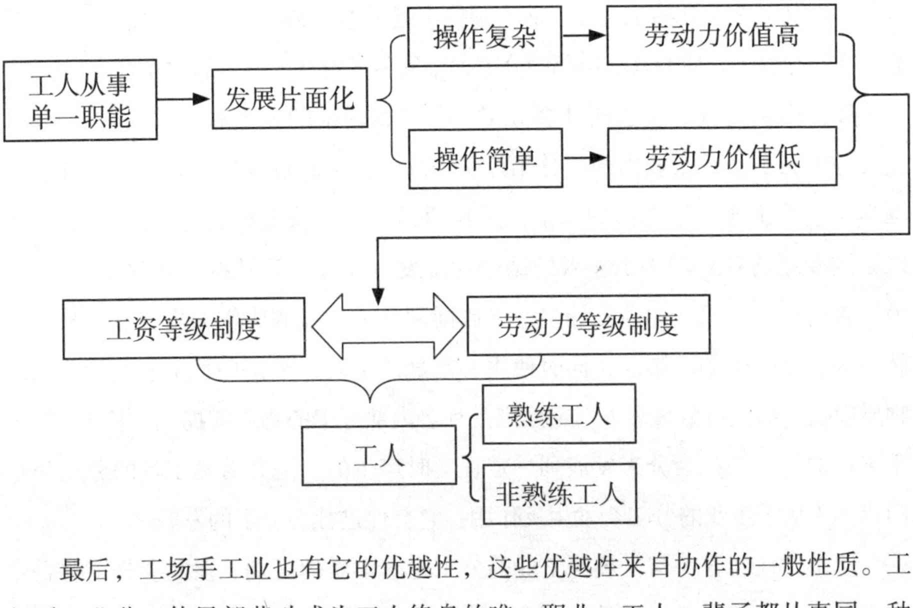

最后，工场手工业也有它的优越性，这些优越性来自协作的一般性质。工场手工业分工使局部劳动成为工人终身的唯一职业。工人一辈子都从事同一种专门的简单操作，使自己成为一个专门操作一种技能、自动化的一种机器。这样一来，使工人花费在这一操作的时间的总和比一个工人循序渐进地进行整个系列操作的时间总和要少得多，从而，使用协作分工方式的工场手工业比独立的手工业在同样的时间内生产出更多的产品，即劳动生产力提高了。另外，这种工场手工业有利于经验的交流与推广。当工人专门操作一种技能时，经常重复一种动作，使他注意力集中在这一操作上，这样比较容易使他在实际工作中总结和积累经验，从而使他学会耗费最少的劳动量达到最好的预期效果。由于好几代工人都劳动、生活在同一个工场里面，手工业者的诀窍就能积累并流传下去。

工场手工业内部的分工和社会内部分工

就劳动本身来说，分工可以分为三种：一般分工、特殊分工、个别分工。一般分工是将社会的生产分为农业、工业、商业等大类。特殊分工则是将一般分工里面的类别再细分，例如，将工业划分为轻工业和重工业，轻工业再划分为纺织工业、制鞋工业、食品工业等。而个别分工则是指工场手工业内部的分工。一般分工和特殊分工合称为社会内部的分工，个别分工则是工场内部的分工。

社会内部的分工（也叫社会分工）与工场内部的分工有相似之处。第一，社会分工和工场手工业内部的分工是从相反的两个起点发展起来的，即社会分工与工场手工业产生方式的二重性是相通的。一种情况是起源于独立的生产，以不同专业的独立的手工业者的结合为出发点，分工后转换为非独立的生产。另一种情况是起源于非独立的生产，以同种手工业者的协作为出发点，分工后转换为独立的生产。第二，同时使用一定量的工人，是工场手工业内部分工的物质前提，而人口数量和人口密度则是社会内部分工的物质前提①。第三，工场手工业的分工是社会分工发展到一定程度时产生的；随着劳动工具的分化和专门化，工场手工业的分工会发生反作用，它会促进社会分工的发展。

但是，社会分工与工场手工业的分工有着本质的区别。在社会分工的生产中，各个独立劳动者的产品是商品；他们可以进行商品买卖；生产者和生产资

① 人口密度是指一定时期一定单位面积土地上的平均人口数目。其计算方式是总人口数除以总面积。一般使用的单位是每平方公里人数或者每平方米所居住的人口数。人口密度是一个相对的概念，在考察一个国家或者一个地区的人口密度时，不能单纯地统计每平方公里的人口，还要考虑到交通发达程度这一因素。

料分配在不同的部门；它在事后作为一种内在的、无声的自然必然性起着作用；独立的不同部门的生产者相互对立，只承认竞争的权威。与之相反，在工场手工业的生产中，局部工人生产出来的只是产品，不是商品，变成商品的只是局部工人生产的共同的产品；生产资料只集中在同一个资本家手中；每一个资本家经过实践后能够自觉地、有计划地安排工人的数量和生产资料的数量；工人把他们的劳动力出卖给资本家，而资本家就对劳动力这种商品拥有使用权，即拥有对人的绝对权威。

工场手工业的资本主义性质

工场手工业分工的资本主义性质主要体现在以下几个方面：

第一，要得到进一步分工的利益，资本家必须按倍数增加工人的人数，并相应地增加不变资本，因此，资本家手中的资本最低限额会越来越增加，越来越多的生活资料和生产资料转化为资本。

第二，在工场手工业的分工中，工人只从事单一的工作职能，使其成为局部工人，片面发展，同时成为资本家工场的附属物。

第三，工场手工业的劳动力等级制度和工资等级制度，以及把工人分成熟练工人和非熟练工人的类别，使得工人在工人间造成等级的划分。

▶ 工场手工业是资本雇佣劳动者的生产形式

第四，工人在单一的操作中，慢慢地变得迟钝，麻木无知。简单而呆板的操作，使工人变得呆板而没有活力，失去精神奋进以及劳动的兴趣，甚至使工人处在压抑崩溃的精神状态，结果选择轻生去逃避痛苦。

第五，在工场手工业中，集体劳动者在社会生产力的富有是以劳动者个人生产力的贫乏为条件的，它只是一种靠牺牲工人来加强资本自行增殖的特殊方法。“无知是迷信之母，也是工业之母。”

第四节
机器大工业阶段

导读：机器大工业是资本主义发展的成熟形式或者典型形式，工业革命开始，机器大工业的产生和发展也就开始了。那么，机器大工业阶段与前面两个阶段相比发生了什么样的重大变化？机器与手工工具有什么区别？作为生产资料不变资本的机器的价值是如何转移到产品上的？机器生产给工人、资本家带来了什么样的影响？

机器与手工工具

▶ 瓦特改良的蒸汽机

机器大工业是资本发展生产力的第三个阶段，是资本主义生产方式进入成熟阶段的标志。从18世纪60年代开始，在英国的新兴行业——棉纺织业中出现了一系列重要发明。机器生产逐步取代了手工劳动，后来又扩张到其他行业。这场发生在工业、科学、技术等方面的重大变革叫作工业革命。一种新的动力机器——蒸汽机[①]的发明和应用，将人类带入了新时代——蒸汽时代。在上一节工场手工业阶段的内容中，我们可以发现，工场手工业是从劳动力入手，由简单协作到分工协作来变革生产方式。那么在大工业中，是通过什么来变革生产方式的呢？大工业是从劳动资料入手，变手工业工具为机器来变革生产方式的。机器的发明和使用，并不是为工人减轻劳动力强度，让其工作更轻松而着想的。相反，资本主义使用机器的目的是为了降低商品的价值，从而降低劳动力价值，即缩短生产工人自身劳动力价值必要的劳动时间，相对延长剩余劳动时间，为资本家生产出更多剩余价值。然而，劳动资料是怎样从工具转化为机器的？机器与手工工具有什么区别？

▶ **布莱纳文工业遗址**

布莱纳文镇始建于1787年，位于南威尔士东北部的产煤区，是英国19世纪重要的钢铁和煤炭产地。该工业区是早期工业革命留下的最重要的遗址。

“工具是简单的机器，机器是复杂的工具”这种说法正确吗？这种说法没有看到两者之间的本质区别，是错误的。因为工具有简单与复杂之分，机器也有简单与复杂之分。另外，这种说法还忽略了历史的因素，复杂的工具在历史上早已存在，但这种复杂的工具并不是机器。例如，我国古代织布用的工具斜织机、立机子、华机子、罗机子、花楼等，它们都是一种很复杂的织布工具，但它们并不是机器。还有些人说：“以人为动力的是工具，以自然力为动力的是机器。”这种说法也是不全面的，是一种非本质、非历史的划分方法。例如，我国古代用牛拉犁来耕作就已经算使用机器了，古时候人们使用竹筒从山上引水到农家，使用的是自然的重力，但竹筒仍然是工具。

---

① 詹姆斯·瓦特吸收前人的成果，在1776年制造出世界上第一台具有真正实用价值的蒸汽机。他发明的蒸汽机，用煤和木炭作燃料，效率高，不受季节和地理位置的限制，成为工业生产的动力机器，并且逐步在纺织、冶铁、采煤等领域推广开来。

▶ 詹姆斯·瓦特

詹姆斯·瓦特是英国著名的发明家，是第一次工业革命时的重要人物。他在1776年发明了第一台具有实用价值的蒸汽机，从此人类进入了“蒸汽时代”。

下面我们来探讨一下机器到底是怎样工作的。所有的机器都是由三个本质不同的部分组成的：发动机、传动机构、工具机（也叫工作机）。发动机是整个机构的动力部分，提供运转的动力。这种动力要么由发动机自身产生，如蒸汽机、柴油机、汽油机、电磁机等；要么接受外部的现成的自然力的推动，如水车受水位落差的推动进而把水引流到远处；风磨受风力的推动因而省了人力。传动机构，由飞轮、转轴、齿轮、涡轮、杆、绳索、皮带、联结装置以及各种附件组成。它把发动机提供的动力传导给工具机，起着一个中介的作用。另外，在传导过程中它可以调节运动，在必要时改变运动的形式，如把垂直运动变为圆周运动；它还可以把运动分配并传送到工具机上，或者将劳动对象从一个工具机位置转移到另一个工具机位置。例如，现在的瓶装饮料生产过程，一般是将瓶子做安全检验，再灌入饮料，最后压盖并成批量的包装，在这个环节中，传导机构是将瓶子从验瓶处传到灌水机再传到压盖机，最后到包装处。工具机是直接作用于劳动对象的机构，它从传动机构那里接到传送来的动力以后，对劳动对象进行开采、冶炼、锻锤、锯切、压缩等操作，按照一定的目的来改变劳动对象。它用自己的工具来完成过去工人用类似的工具所完成的那些操作。如果仔细观察工具机，你会发现它们身上装的大多数是手工业或工场手工业时期工人所使用的那些机器和工具。如我们平时看见的油锯上的锯子，织袜机上的针，切碎机上的刀，纺纱机上的锭子等，

▶ 手摇纺车模型

▶ **阿克莱特和水力纺纱机**

英国钟表匠阿克莱特发明了水力纺纱机。这种水力纺纱机有四对卷轴，以水力作为动力，纺出的纱坚韧结实，但比较粗糙。一旦天气干旱，河流枯竭就不能运转了。

它们本来就是工场手工业时期工人的“老相识”。唯一不同的是，它们已经不是人的工具，而是一个机械工具了。

18世纪的产业革命，是从工具机代替手工工具开始的。工具机与手工工具的区别，不在于工具形式，也不在于动力，而是在于操作。手工工具是用手直接进行操作的，工具机则是安装了原来的手工工具借助一定的动力通过传动装置进行操作，此时工人要做的工作是用肉眼看管机器以及用手纠正机器的错误。产业革命开始于工具机，具体的说，开始于纺纱机。在工场手工业当中，工人使用手摇纺车，一只手摇纺车，另一只手引纱和捻纱。但是，在这个劳动过程中，工人能够同时使用的工具的数量受到他自己身体器官数量的限制。后来，哈格利夫发明了珍妮纺纱机，接着阿克莱特发明了水力纺纱机，后来又出现了集珍妮机和水力机优点于一体的螺机。自工具机出现之后，由于工具机的使用要消耗大量的动力，这才使得蒸汽机的革命成为必要。因此，只有从制造工具机开始，资本主义生产才能从工场手工业过渡到机器大工业。

▶ **19世纪的英国**

英国工业革命后，人类进入了蒸汽时代和电气时代，但是工业迅猛发展的代价是同时也把人类卷入了雾霾时代。

作为工业革命起点的机器，是用一个机构代替一个个单独使用工具的工人，使用许多同样的或同种工具一起工作，并由一个单一的动力来推动。随着工具机规模的扩大以及工具机上同时作业的工具数量的增加，还需要较大的发动机构来提供动力。原先作为动力的人力、马力、风力、水力等已经不能适应工具机的发展了。第一，人力受体力的限制，不能产生整齐划一运动和连续运动，且每天工作的时间是有限的；第二，马力虽然是较大的动力，但作为牲畜的马也有自己的意志，它不会完全听从工具机的支配和驾驭，且养马的成本很高，在工厂内部使用的范围是有限的；第三，风力不稳定，不易控制，而且它很容易受地域和季节的限制；第四，水力跟风力差不多，水源不稳定，也受地域和季节的限制。因此，工具机要求有强大的动力，并且产生整齐划一和连续的运动，只有当瓦特在已有的机器基础上发明了双向蒸汽机，才算找到适合工具机用的原动机。瓦特发明的双向蒸汽机的特点，在于它能够源源不断地提供强大的动力，是一种与大工业普遍适用的发动机。它克服了上述动力的缺点，它消耗煤和水后自行产生强大的动力，它既可以随时调控也可以随意移动，能够在各个领域里广泛使用。炼铁厂用来开鼓风机；矿产采掘用来排水；纺纱厂用它作动力把棉花纺成棉纱。瓦特的双向蒸汽机解决了大工业的动力问题，对工业革命的纵深发展产生了深远的影响，也把人类带进蒸汽时代，继而进入电气时代，再到电子时代。

机器的价值向产品转移

▶ 美国福特汽车装配流水线

由协作和分工产生的生产力即社会劳动的自然力，如同来自自然界的风力、水力一样，是不需要耗费资本分文的。但是要利用这些风力、水力等自然力，就需要有各种设备。例如，要利用水的动力，就要有水车；要利用蒸汽的压力，就需要用蒸汽机。机器大工业把巨大的自然力和自然科学引入生产过程中，毫无疑问，大工业生产中特有的劳动资料，在价值上比手工业生产和工场手工业生产的劳动资料增加许多，但是商品的价值量却大大降低了，这是为什么呢？

机器属于不变资本部分，它也像不变资本的其他部分（如原料等）一样不创造价值，它只是把自己的价值随着磨损的程度转移到产品上去，这时候，机器的价值也得到了体现。机器虽然是全部地进入了劳动过程，但是只是部分地进入了价值形成过程，即在每一次生产过程中，机器的价值只是消耗和转移了一部分。机器的利用量比工具大得多，但是，磨损量却比工具少得多。使用和磨损之间差距越大，产品中从磨损转移来的价值就越少，产品则相应的便宜。另外，同一机器在同一劳动过程中反复应用的时间越长，上述差距就会越大。举个例子，某工厂每年使用工具生产 100 件产品，工具寿命 1 年，成本 100 元，则每件产品由工具造成的成本为 1 元；某工厂用机器生产产品，每年可生产 50000 件产品，工具寿命 10 年，成本 10000 元，则每件产品由工具造成的成本为 0.5 元。这说明了机器的寿命比工具长得多，生产的产品也比工具多，从而单位产品的成本也就少了。另外也说明了机器的价值虽然很大，但每年消耗量所占比重较工具少；机器的生产范围比工具的生产范围更广，它除了每天的平均消耗和辅助材料的消费而加到产品上的那部分价值之外，机器几乎像自然力那样无偿地发挥作用。

我们在研究协作和工场手工业的时候，可以发现，无论是协作还是工场手工业，它们都有一个共同特点，那就是共同消费某些共同的生产条件（如厂房、照明、运输），比单个人分散消费这些生产条件要节约得多，因而能使产品的成本降低。而机器生产也不例外，一个工作机的许多工具可以共同消费同一个工作机，而且许多工作机共同消费同一个发动机，或者共同消费同一个发动机的某一部分传动机构。这些都可以大大减少成本，使产品更便宜。

当劳动资料价值的转移部分已定，这个转移部分使产品增殖的程度就取决于产品的数量。产品的数量越多，相应地转移到每个产品上的价值越少①。如果

① 据 1857 年的一份资料显示，一实际马力可以推动 450 个自动走锭精纺机纱锭，或推动 200 个环锭精纺机纱锭，或推动 15 台织布机。在第一种情况下，一蒸汽马力每天的费用和机器的损耗，分配在 450 个走锭精纺机纱锭的日产品上。如果在第二种情况下，则分配在 200 个环锭精纺纱锭的日产品上。如果在第三种情况下，则分配在 15 台织布机的日产品上。

工作机的作用范围已定，即工作机的工具数量或者工具规模已定，那么产品的数量就取决于工作机工作的速度。工作机工作的速度越快，它提供的产品的数量就会越多。如大蒸汽锤每分钟锤击 70 次，而专利锻造机锻造纱锭时，每分钟可锤击 700 次，所以，能够得出一个结论：转移到每个产品上的价值同机器的运转速度成反比。

机器本身的价值因机器制造机器而下降。如果在每年价值转移部分占机器价值的比率已定的情况下，那么这个产品价值的大小就取决于机器本身价值的大小。如果机器本身包含的劳动越少，它转移到产品上的价值就会越少，它的生产效率也就越高，其服务也就越接近自然力的服务。

机器生产的产品与手工生产的产品相比，机器造成的产品成本绝对量减少了，但在产品价值中占的比重增大了。下面举个例子计算一下手工生产的产品跟机器生产的产品两者的成本比较。

生产方式	产量	产品价格／元				单位产品价格／元				劳动资料价值在单位产品中所占比重
		不变资本	可变资本	剩余价值	总计	不变资本	可变资本	剩余价值	总计	
手工生产（一天）	50件	100	100	100	300	2	2	2	6	33%
机器生产（一天）	1万件	1000	500	500	2000	0.1	0.05	0.05	0.2	50%

由上表可以看出：在机器生产的产品中，由劳动资料转移而来的价值组成部分相对地增大了（表中机器生产方式劳动资料价值在单位产品中所占比重为 50%，而手工生产为 33%），但绝对量减少了（表中机器生产方式的单位产品价格为 0.2 元，而手工生产的为 6 元）。换句话说，转移部分价值的绝对量减少了，但在产品总价值中所占的比重增大了。

机器的生产率，是由它所费的劳动和它所节省的劳动之间的差额来表示的（也可以用它代替人力的程度来衡量）。过去印制花布采用的是木板印制或者手工印制，现在采用印花机器后，一个工人看管机器 1 小时印制的花布数量相当于过去 200 个工人用手工印制方法印制的总和。

如果只把使用机器看作一种使产品便宜的手段，那么只要生产机器所费的劳动少于使用机器所代替的劳动，就应该使用机器。这也是使用机器的一个界限，是使用机器的一般原则。资本主义使用机器的界限比这个更窄，原因在于资本支付的不是使用的劳动，而是所使用的劳动力的价值。所以对资本来说，只有在机器的价值和它所代替的劳动力价值之间存在差额的情况下，机器才会被使用。也就是说，购买机器的支出必须少于由于使用机器而减少的雇佣工人的工资支出。所以，我们可以理解一些荒谬的现象了。本来机器生产出来了，可以节省大量的劳动，但是有些资本家却不运用机器去生产。例如，英国不采用砸石机，因为手工砸石子的农业工人的劳动报酬极低。又如，英国发明的机器只拿到北美去使用[①]。

机器生产的影响

资本主义机器生产，加强了对工人阶级的剥削。机器生产对工人的影响是多方面的。

机器生产使身体瘦弱的妇女和身体还没发育成熟的儿童参加劳动。由此产生了一系列悲惨的结果：第一，机器的产生一方面代替了重体力的劳动，另一方面也使虽然身体瘦弱但四肢灵活的妇女和儿童参加劳动，资本家大大扩大了它的剥削范围。原来只是男工参加劳动，现在男工一家人男男女女、老老少少都得参加劳动，受到资本家的直接

▶ 雇佣童工

① 马克思说："恰恰是英国这个机器国家，比任何地方都更无耻地为了卑鄙的目的而浪费人力。"

▶ “二战”期间英国郎达谷矿区的童工

资本家不仅逼迫成年男工和女工创造剩余价值，而且还间接逼迫幼童创造剩余价值。

剥削。这样一来，资本家强制工人的劳动，不仅夺去了儿童的游戏时间，而且夺去了工人一家在家庭劳动范围内的自由劳动时间。第二，机器的使用本来是减轻工人劳动负担的一种手段，现在看来，不仅没有减轻工人的劳动负担，反而提高了资本的剥削程度。原来一个成年男工劳动就可以养活自己和家人，现在却要一家所有人一起参加劳动才能养活全家。很显然，工人的劳动力价值降低了。虽然说资本家购买工人全家劳动力所花费的资本比购买一个男工多得多，但是，现在一家人的工作日代替了原来的一个工作日，即一家人要维持生活，就必须一家人都给资本家提供劳动和剩余劳动。可见，机器生产提高了资本的剥削程度。第三，以前工人在劳动市场上是作为自由人跟资本家对立的，一方是劳动力商品所有者，另一方是资本和生产资料所有者。但是，现在为了自己和家人的生存和生活，除了出卖自己的劳动力，还要像贩卖奴隶一样出卖妻儿的劳动力。第四，机器生产雇佣女工和童工，使他们身体和精神受到极大的摧残。由于母亲外出就业，无暇顾及自己的子女，便残忍地给自己的子女喂鸦片，故意虐待、毒死、饿死子女，由此而引起的婴儿死亡率高得惊人！另外，未成年人变成单纯制造剩余价值的机器，就人为地造成了智力的荒废。第五，由于机器生产雇佣了妇女和儿童，打破了男工在工场手工业时期凭借手艺和体力的优势对资本家专制的反抗，由于妇女和儿童参加竞争，

▶《摩登时代》里面的卓别林

故事发生在20世纪20年代美国经济萧条时期，卓别林饰演工业社会中一名不幸的工人——查理，他在工厂干活、发疯，这一切都与当时的经济危机给人们带来的生存危机有着密切的联系。

于是男工再也不敢轻易地反抗资本家的统治。

机器生产延长了工作日。本来应用机器生产可以提高劳动生产率，缩短生产商品的必要劳动时间，从而缩短工作日，但在资本主义条件下却成为延长劳动时间的武器。机器既创造了延长工作日的新条件，又创造了延长工作日的新动机。在手工劳动时期，人的体力有限，工人劳动时间长了，自然会疲惫，所以只好停工休息。但采用机器生产后，机器可以脱离工人而不停地运转，而且机器的劳动操作简单，这使得资本家能够最大限度地延长工作日，他所遇到的工人的反抗也就减少了。

机器生产提高了劳动强度。随着机器的发展和工人本身经验的积累，劳动的速度和强度自然也会增加。政府出台限制工作日的措施时，资本家总会想出办法去弥补工作日限制后所损失的剩余价值①，即通过增加劳动强度来弥补。用什么方法可以增加劳动强度呢？从劳动的主观方面来说，提高劳动强度的方法是增加劳动的紧张度，使工作填满劳动时间的空隙，加强劳动的规则性、纪律性、秩序性等。毫无疑问，实现计件工资制是从这方面提高工人工作积极性，提高劳动强度的方法。从劳动的客观方面来说，资本家手中的机器则是提高劳动强度，获得更多剩余价值的一种有力武器，这可以通过两种方式达到：一是提高机器运转速度；二是增加一个工人看管机器的数量，即扩大工人的劳动范围。

---

① 据一份资料统计，英国在1833年实行限制工作日以前的半个世纪内，工作日的延长和劳动强度的加重是并进的。由于人本身的生理界限，所以劳动的长度和强度是相互排斥的，因而工作日的延长和劳动强度的加重必须在一定范围之内。1833 年英国实行 12 小时工作日制，从此以后，资本家千方百计以改进机器和增加劳动强度的方法来弥补工作日长度的损失。后来人们惊讶地发现，在 1833 ～ 1847 年实行 12 小时工作日期间，英国工业的发展和利润的增加大大超过了工作日不受限制时期。这说明了资本家固有的“上有政策，下有对策”的狡猾本性。

第四章

绝对剩余价值和相对剩余价值的生产

Capital

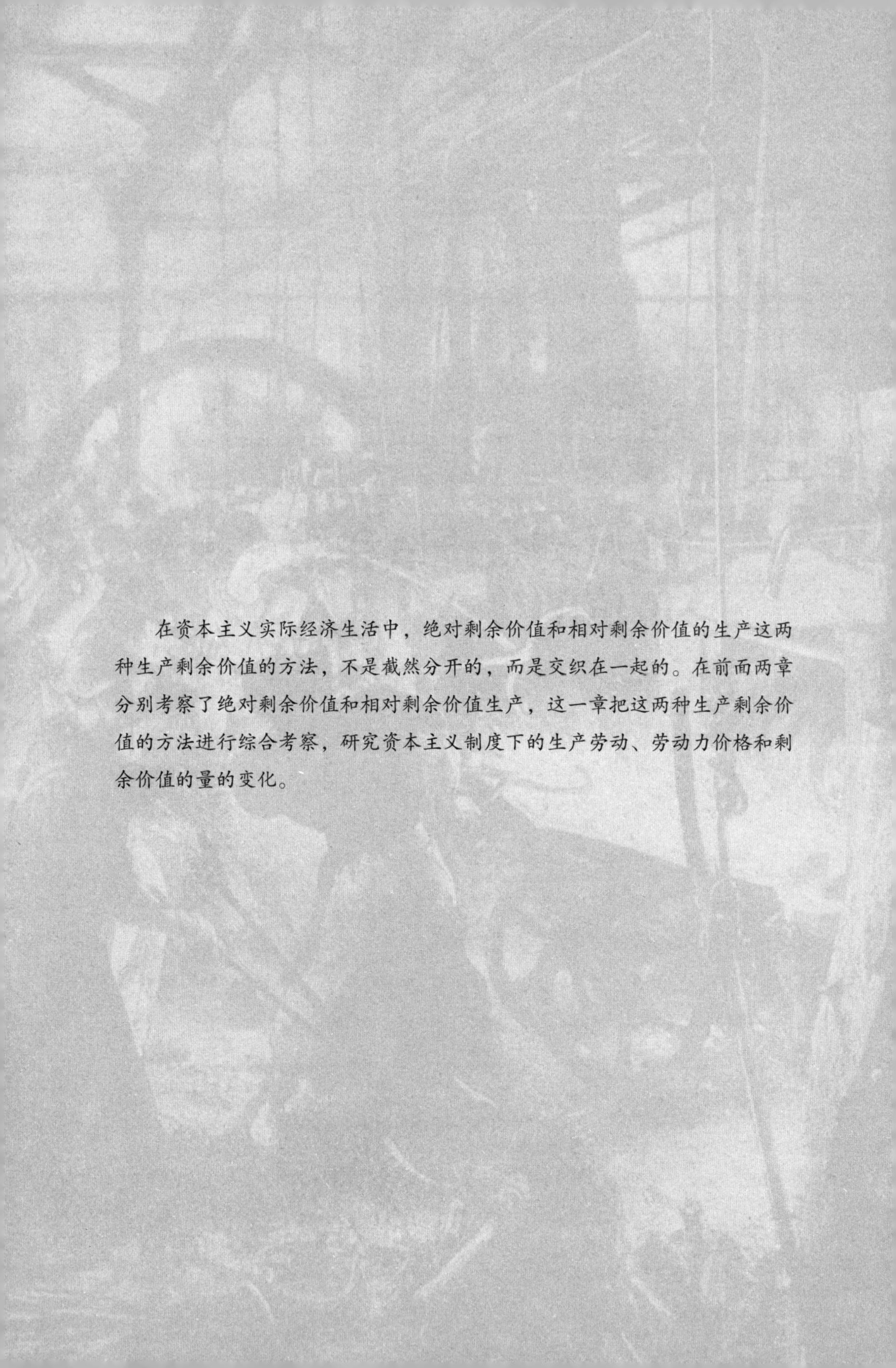

在资本主义实际经济生活中，绝对剩余价值和相对剩余价值的生产这两种生产剩余价值的方法，不是截然分开的，而是交织在一起的。在前面两章分别考察了绝对剩余价值和相对剩余价值生产，这一章把这两种生产剩余价值的方法进行综合考察，研究资本主义制度下的生产劳动、劳动力价格和剩余价值的量的变化。

第一节
绝对剩余价值与相对剩余价值

导读：生产剩余价值有两种方法，一种是绝对剩余价值的生产；另一种是相对剩余价值的生产。这一节的主要内容是阐述生产劳动的概念，并详细分析绝对剩余价值和相对剩余价值两者之间的联系与区别。资本家的本性是购买劳动力商品生产绝对剩余价值和相对剩余价值以实现价值增殖的目的。

■ 生产劳动的概念

什么是生产劳动呢？从一般的简单的劳动过程出发，从产品的角度加以考察，劳动资料和劳动对象二者表现为生产资料，劳动本身则表现为生产劳动。马克思在经济学手稿中也说过："如果我们把劳动能力本身撇开不谈，生产劳动就可以归结为生产商品、生产物质产品的劳动。"也就是说，生产劳动是劳动者借助劳动资料，使自己的劳动作用于劳动对象，按照预定目的生产某种产品的活动。例如，木匠要生产一把椅子，他必须借助锯子、刀、刨具等劳动工具，使自己的劳动作用于木块上，在要生产理想中的椅子的目标指导下生产椅子。简单来说，生产劳动是生产物质产品的劳动。这是从物质规定性方面给生产劳动下的定义，构成了一切人类社会生产劳动的物质内容，对于一切人类社会都适用。但对资本主义社会来说，这个定义是不够的。

随着分工和协作的发展，尤其是在考察资本主义劳动过程的发展史中，我们发现，生产劳动的物质规定性发生了两个方面的变化：第一，原来劳动者独立完成生产活动的一系列操作，生产出来的是个人产品、直接产品。现在这一系列操作分给了不同的工人去完成，每个工人只完成生产整个产品的一部分，因而单个劳动者的产品就转化为了总体工人的共同产品，转化为社会产品。第二，脑力劳动和体力劳动逐渐分离。原来，一个工人独立完成某种产品的生产，即工人独立完成产品生产的一系列操作，这时候，工人既是体力劳动者，又是脑力劳动者。但随着资本主义生产方式的建立与发展，劳动过程的分工与协作，使得工人的劳动产生分离，即把工人分成体力劳动者和脑力劳动者。

以上两个方面的变化表明，资本主义生产劳动的概念扩大了。过去独立完成产品生产的劳动是生产劳动，现在不独立完成产品的生产，而只是完成整个产品生产过程的某一部分操作，也是生产劳动；过去单个工人脑力劳动与体力劳动相结合的生产过程是生产劳动，现在一个工人不管他从事的是体力劳动还是脑力劳动，一样是生产劳动。

但是单纯的物质生产并不是资本主义制度下生产劳动的特征。资本主义的生产不仅仅是商品生产，它在本质上是剩余价值的生产。工人出卖劳动力，资本家购买劳动力商品，看中了这种劳动力商品的优越性——能为他生产除了工人自身生活资料价值之外的剩余价值。只有为资本家生产剩余价值的工人才是生产工人，只有为资本家生产剩余价值的劳动才是生产劳动。因此，生产劳动的概念缩小了。生产劳动的概念，不只包含生产者与产品之间的关系，而且还包含了一种特殊社会的生产关系——使劳动成为资本增殖的直接工具，使工人成为生产剩余价值的直接手段。在资本主义社会里，生产剩余价值是生产工人的本质特征，生产劳动是生产工人生产剩余价值的劳动。

绝对剩余价值生产与相对剩余价值生产的关系

在第三章第一节的内容里面，我们大概了解了绝对剩余价值和相对剩余价值的简单联系与区别，绝对剩余价值和相对剩余价值是资本家榨取剩余价值的两种不同的方式。下面详细地探讨这两者的联系与区别。

第一，绝对剩余价值的生产是相对剩余价值生产的起点。因为绝对剩余价值的生产，是把工作日延长到超出工人只生产自己劳动力价值的等价物的那个点，由此得到的剩余劳动全部提供给资本家。绝对剩余价值的生产构成资本主义体系的一般基础。而相对剩余价值的生产，则是保持工作日不变，通过各种方法缩短必要劳动时间来相对延长剩余劳动时间。在相对剩余价值生产以前，工作日已经分为必要劳动时间和剩余劳动时间，如果事先没有这个划分，则谈不上缩短必要劳动时间和相对延长剩余劳动时间的问题。同时，绝对剩余价值的生产只与工作日的长度有关，而相对剩余价值的生产则使劳动技术和社会劳动组织发生根本变化，相对剩余价值随着资本主义生产方式的发展而发展。所以，绝对剩余价值生产是相对剩余价值生产的基础。

绝对剩余价值的生产使劳动在形式上从属于资本，相对剩余价值的生产则使劳动在实际上从属于资本。什么是劳动对资本的形式上的从属和实际上的从属呢？马克思说："我把以绝对剩余价值为基础的那种形式称为劳动对资本的形式上的从属，因为它只是在形式上不同于以前的、作为它的直接产生的基础的生产方式；资本主义生产方式一经产生，劳动对资本的实际上的从属就发生了。"在资本主义发展初期，生产方式的基础是手工劳动，工人都有一定的生产经验和技术基础，他离开资本家之后仍然可以独立谋生。这时候，劳动在形式上从属于资本，旧有的生产方式没有改变，只是经济关系发生了变化，出现了资本与雇佣劳动。但是，当资本主义发展到机器大工业时期，资本与劳动的关系发生了很大的变化。过去由工人使用手工工具独立完成生产产品的活动，现在工人专门从事机器生产的某一种操作，成为了机器的附属物。工人一旦离开机器和工厂，就无法独立完成生产活动。这时候，劳动从形式上从属于资本发展到了实际上从属于资本。

第二，生产相对剩余价值的方法同时也是生产绝对剩余价值的方法。使用机器生产剩余价值会产生这样一个矛盾：一方面，可以提高剩余价值率，使剩余价值总量增加；另一方面，使用机器生产使雇佣工人人数减少，从而会引起一定量资本所提供的剩余价值量的减少。这就自然地推动资本家竭力延长工作日，使其不仅增加了延长使用机器作业的时间而产生的相对剩余价值，而且增加了由延长单纯的劳动时间而产生的绝对剩余价值。因此，作为缩短工作日的最有力手段的机器，在资本主义制度下，却成为延长工作日的最可靠的手段。

第三，绝对剩余价值与相对剩余价值两者是对立统一的关系。首先，绝对剩余价值与相对剩余价值存在着表面上的同一性：一方面，绝对剩余价值是相对的，它以劳动生产率的发展为条件，从而把必要劳动时间限制为一个工作日的一个部分作为前提；另一方面，相对剩余价值是绝对的，因为它以工作日绝对延长到超过工人的必要劳动时间为前提。其次，绝对剩余价值和相对剩余价值的表面上的同一性是会消失的。在资本主义生产方式一旦确立并成为普遍的生产方式的情况下，如果研究剩余价值率的提高，绝对剩余价值和相对剩余价值的区别就会表现出来。假定劳动力按其价值支付，在劳动生产力和劳动强度已经确定的情况下，剩余价值率的提高只能通过延长工作日的手段去获得；假定工作日长度已定，剩余价值率的提高就只能通过缩短必要劳动时间来相对地延长剩余劳动时间的手段去获得。而这种手段也是以工资不降到劳动力价值以下，通过提高劳动生产率和劳动强度为前提的。

资本家一方面延长工人的工作日榨取剩余价值；另一方面缩短工人的必要劳动时间而相应地延长剩余劳动时间来榨取剩余价值。因而资本家的本性就是无偿地占有工人的劳动并使资本实现价值增殖。

第二节
劳动力价格和剩余价值的量的变化

导读：这一节考察劳动力价格和剩余价值的量的变化。在考察这个内容之前，先要了解劳动力价格和剩余价值的相对量变化取决于哪些因素，然后再对这些因素进行不同的组合来发现劳动力价格和剩余价值的量的变化的规律性。从中我们能够发现，资本家都用什么方法来榨取更多的剩余价值。

劳动力价格和剩余价值的相对量变化取决因素

计算剩余价值率的公式为：剩余价值 / 可变资本。剩余价值率由两个因素决定，一是剩余价值量；二是可变资本量。可变资本取决于劳动力价值或价格。

从上一节的内容可以知道：在绝对剩余价值生产中，在劳动力价值已定的情况下，剩余价值量的大小取决于工作日的长度；而在相对剩余价值生产中，在工作日长度已定的情况下，剩余价值量的大小取决于劳动力价值的大小，而劳动力价值的大小又取决于劳动生产力和劳动强度。

剩余价值生产体现着雇佣劳动和资本的对立关系，这个关系的量的表现为劳动力价格和剩余价值量的对比。我们假定：商品的价格与商品的价值相一致并且劳动力的价格不低于它的价值（或高于它的价值，或等于它的价值），在这种情况下，劳动力价格和剩余价值的相对量变化取决于三个因素：工作日的长度、正常的劳动强度、劳动生产力。这三个因素各自发生不同的变动，发生多种多样的组合，每种组合又可能有不同的规律。下面只考察几种主要的组合情况。

三因素之间的组合及其规律

一、工作日的长度和劳动强度不变，劳动生产力可变。按照这一假定，劳动生产力对劳动力价值和剩余价值量的决定作用表现为以下三个规律：

第一，不论劳动生产率如何变化，也不论产品量和单个商品的价格变化，一定长度的工作日总表现为相同的价值产品。例如，制衣工人在一个 12 小时的工作日可生产上衣 50 件，每件价值 50 元，总价值为 2500 元。如果劳动生产率提高一倍，则工人在一个 12 小时的工作日可生产上衣 100 件，每件上衣的价值下降为 25 元，总价值仍然为 2500 元；如果劳动生产率下降一半，则工人在一个 12 小时的工作日可生产上衣 25 件，每件上衣的价值提高为 100 元，总价值仍然为 2500 元。这就说明了一个工作日生产的总价值不变，但产品量随劳动生产率发生变化，单个产品的价值也相应地发生变化。

第二，劳动生产力与劳动力价值成反比，与剩余价值成正比。也就是说，如果劳动生产力提高了，劳动力价值就下降，剩余价值就提高。反之，如果劳动生产力下降了，劳动力价值就提高，剩余价值就下降。例如，工人在12小时内的工作日生产120件产品，创造出120元的价值，其中60元付给工人，另外60元归资本家所有。如果劳动生产率提高一倍，生产240件产品，每件价值为0.5元，那么付给工人30元，资本家获得90元；如果劳动生产率下降一半，生产60件产品，每件产品价值2元，那么付给工人120元，而资本家此时就没有钱可赚了。可见，劳动生产率提高，劳动力价值就会降低，资本家获取的剩余价值就会增加；劳动生产率下降，劳动力价值就会提高，而资本家获取的剩余价值就会减少甚至变为零。

第三，在工作日长度已定和新创造的价值不变的情况下，劳动力价值增加决定剩余价值的减少，或劳动力价值的减少决定剩余价值的增加。例如，在一个确定的12小时的工作日里工人创造了12元的价值，工人为自己劳动6小时，得到6元的劳动力价值，为资本家劳动6小时，资本家得到6元的剩余价值。现在，如果工人为自己劳动7小时，得到7元的劳动力价值，为资本家劳动5小时，则资本家得到5元的剩余价值；如果工人为自己劳动5小时，得到5元的劳动力价值，为资本家劳动7小时，则资本家得到7元的剩余价值。所以，在劳动力价值和剩余价值的反向变化中，劳动力价值起着决定性的作用。

以上三个规律表明：不论劳动生产率怎样变化，同一劳动在同样的时间内创造的价值总量总是相同的。但劳动生产力的变化，必然引起劳动力价值的变化，并使剩余价值量相对发生变化。因此，我们可以得出结论：劳动力价值变化是剩余价值量变化的根本原因。

二、工作日和劳动生产力不变，劳动强度可变。为了了解提高劳动强度对劳动力价值和剩余价值量的影响，我们先来研究一下提高劳动强度对产品价值量的影响。

在上一条规律中，我们已经知道了当提高劳动生产力时，在同一个工作日内会生产出更多的产品，但不会产出更多的价值总量。因为生产产品所需的劳动时间减少了，单个商品的价值量也就减少了。然而，提高劳动强度，在相同的时间内，劳动强度大的工作日比劳动强度小的工作日会提供更多的产品，生产出更多的价值，单个商品的价值仍然和以前一样。因为提高劳动强度在一定时间内生产产品要比过去耗费更多的劳动。所以劳动增加，产品数量增加，价格不会下降。也就是说，在工作日长度不变的情况下，提高劳动强度，会生产出更多的产品，在货币价值不变的情况下，自然能获取更多的货币。

由于提高劳动强度，一个工作日内的价值量就增多了，而这个产品价值的两个部分——劳动力价值部分和剩余价值部分则可以按照相同的或不同的程度增加。但要注意的是，劳动力价格的提高不一定就超过劳动力价值。当劳动力价格的提高不能补偿由于劳动强度的提高而使劳动力过度消耗时，劳动力价格还有可能降到劳动力的价值以下。

三、劳动生产力和劳动强度不变，工作日可变。工作日长度对劳动力价值和剩余价值量的影响体现在以下两个方面。

在缩短工作日的情况下，对劳动力价值和剩余价值量的影响。假定劳动生产力和劳动强度不变，工作日的缩短不会使劳动力的价值和必要劳动时间发生变化，但它会减少剩余价值的绝对量，并由此降低剩余价值的相对量。资本家为了避免损失，只能将劳动力价格压到劳动力价值以下。不过这个假定在现实生活中是不成立的，实际上，在资本主义社会，工作日的缩短必然会引起劳动生产力和劳动强度的提高。

在延长工作日的情况下，对劳动力价值和剩余价值量的影响有三种情况：第一，假定劳动力价值的绝对量没有变，延长工作日就会增加剩余价值的绝对量和相对量，劳动力价值的相对量因而减少。第二，由于延长了工作日而增加了价值产品（价值总量），它会像由于提高劳动强度而使一个工作日的价值量增多一样，劳动力价值部分和剩余价值部分可以按照相同的或不同的程度增加。第三，随着工作日的延长，劳动力的价格不变或者有所提高了，劳动力的价格也是有可能降低到劳动力价值以下的。这里需要说明的是，劳动力的消耗不能超过一定的限度。在这个限度以内，由于延长工作日而增加的劳动消耗，可以通过相应提高劳动报酬来补偿，但是如果工作日的延长超出了这个限度，就不能用任何的劳动报酬来补偿了。例如，工作日从 12 小时延长到 14 小时，再从 14 小时延长到 16 小时，虽然两个过程都是延长了 2 个小时，但是对于工人的损耗，后 2 个小时比前 2 个小时大得多。所以，超过一定的限度延长工作日破坏了工人正常的生存条件，加重了对工人的剥削。

四、劳动的持续时间、劳动生产力和劳动强度同时变化。把前面三种组合方式与第四种作比较，我们不难发现，前面三种组合方式的共同点是假定三个因素中，其中两个因素保持不变，一个因素变化而产生的情况。而三个因素同时变化将会发生怎样的情况呢？下面我们来探讨第四种组合方式的两种重要的情况。

第一种情况：降低劳动生产率，延长工作日。

在决定劳动力价值的有关生产部门劳动生产力下降和工作日不变或同时延长的情况下，对剩余价值绝对量和相对量的影响，通过下面表格的分析便一目了然。

<table>
<tr><th colspan="2" rowspan="2">劳动生产力</th><th rowspan="2">工作日（小时／元）</th><th colspan="2">绝对量</th><th colspan="3">相对量</th></tr>
<tr><th>劳动力价值（小时／元）</th><th>剩余价值（小时／元）</th><th>劳动力价值占产品价值（%）</th><th>剩余价值占产品价值（%）</th><th>剩余价值率（%）</th></tr>
<tr><td colspan="2">劳动生产力降低之前</td><td>12小时
6元</td><td>6小时
3元</td><td>6小时
3元</td><td>50</td><td>50</td><td>100</td></tr>
<tr><td rowspan="4">劳动生产力降低之后</td><td>工作日不变</td><td>12小时
6元</td><td>8小时
4元</td><td>4小时
2元</td><td>67</td><td>33</td><td>50</td></tr>
<tr><td>延长2小时</td><td>14小时
7元</td><td>8小时
4元</td><td>6小时
3元</td><td>57</td><td>43</td><td>75</td></tr>
<tr><td>延长4小时</td><td>16小时
8元</td><td>8小时
4元</td><td>8小时
4元</td><td>50</td><td>50</td><td>100</td></tr>
<tr><td>延长6小时</td><td>18小时
9元</td><td>8小时
4元</td><td>10小时
5元</td><td>44</td><td>56</td><td>125</td></tr>
</table>

观察上面的表格可以发现，在决定劳动力价值的有关生产部门劳动生产力下降和工作日不变或同时延长的情况下，对剩余价值绝对量和相对量的影响主

要体现在以下四个方面：

第一，由劳动生产力下降引起的剩余价值的减少可以通过劳动时间的延长来补偿。例如，劳动生产力下降后而工作日不变时，劳动力价值由 3 元提高到 4 元，而剩余价值由 3 元减少到 2 元；当劳动生产力下降后且工作日延长了 2 小时，这时劳动力价值仍然是 4 元，但是剩余价值会因为工作日的延长而增加到 3 元，同理，工作日延长了 4 小时，劳动力价值仍然是 4 元，但是剩余价值就增加到 4 元了。

第二，劳动生产力下降引起劳动力价值上升，在工作日长度不变的情况下，会引起剩余价值的绝对量和相对量的减少。例如当劳动生产力下降后而工作日不变时，剩余价值的绝对量由 3 元减少到 2 元，而剩余价值的相对量（剩余价值率）也由 100%减少到 50%。

第三，如果工作日的延长量等于剩余劳动时间的减少量，即使剩余价值的绝对量不变，但相对量仍然是减少的。例如，工作日延长了 2 小时后（等于劳动生产力降低之后原来工作日不变时剩余劳动的减少量），剩余价值的绝对量为 3 元，与劳动生产力降低之前相等，但是其相对量 75%仍然比劳动生产力降低之前的 100%要少。

第四，如果把工作日延长到一定程度时，剩余价值的绝对量和相对量都会增加。

第二种情况：提高劳动生产力和劳动强度，缩短工作日。

劳动生产力和劳动强度越提高，一定时间内提供的商品价值量越多，因此，都能够缩短工人维持自己生活的必要劳动时间。但是，工作日有一个绝对最低界限[①]。在资本主义社会，不可能将工作日缩短到由不断减少的必要劳动时间确定的最低界限。如果把整个工作日缩小到这个最低界限，那么剩余劳动就消失了，资本主义也就不复存在了。因此，把工作日限制在必要劳动之上是在消灭了资本主义生产方式的基础上才能实现的。值得注意的是，在资本主义社会，

---

① 工作日的绝对最低界限——这是针对工人而言的。如果低于这个界限，就会侵犯必要劳动时间，导致工人不能维持正常的生活。对资本家而言，资本家不会让工作日低于这个界限；相反，要让工作日超过必要劳动时间从而获得剩余劳动时间来生产他的剩余价值。因此，工作日的最低界限必须在必要劳动时间以上。

必要劳动量只限于雇佣劳动阶级的生活费用，在未来社会中，剩余劳动中的一部分（为社会创造准备基金和积累基金的劳动）将被视为必要劳动。

劳动生产力越是提高，工作日就越能缩短，而工作日越是缩短，劳动强度就越能增加。劳动生产力提高了，必要劳动时间减少了，从而工作日缩短了；工作日缩短了，工人增加了休息时间而增强了体力和精力，为提高劳动强度打下基础。

在劳动生产力和劳动强度已定的时候，劳动在社会成员间分配得越均匀，社会必须用于物质生产的时间就越短，每个人自由发展的时间就会越多。在未来社会，工作日缩短的最后界限就是体力劳动的普遍化。

第五章

工　资

Capital

资本主义工资有两种基本形式，一种是计时工资，一种是计件工资，似乎这两种工资形式的概念在工人的头脑中已经根深蒂固了。在工人看来，无论是计时工资还是计件工资，都是他们获得生存、生活的依靠；但对资本家来说，这两种形式是他们获得剩余价值的隐蔽的手段和方法。不同国家工人的工资是有差异的，我们该如何去看待这种差异性？在这个过程中，我们可以发现一些秘密——资本主义国家工人名义工资高的秘密。

第一节
资本主义工资的本质

导读：在资本主义社会，工人为资本家工作，资本家付给工人工资，那工人卖给资本家的是劳动，或者说资本家付给工人的工资是“劳动的报酬”或者“劳动的价值或价格”，这样的说法是不是合理呢？这一节，我们将学习工资是由什么转化来的，怎么转化的以及这种转化的必然性，从中了解工资是如何掩盖资本剥削关系的。

工资是劳动力价值或价格的转化形式

工资是劳动力价值或价格的表现形式。可是在表面上，工资却表现为劳动的价格。这似乎是合乎道理的一种说法。工人劳动了一段时间后，资本家根据这一段时间的劳动量给予一定的工资，所以工资便表现为劳动的价值或价格。但是这种表面现象是错觉，是一种假象。工资不可能是劳动的价值或价格表现形式，因为劳动不是商品，从而也就没有价值和价格之分。

说工资是劳动的价值或价格，其不合理的原因有以下几个方面：

第一，商品的价值是由凝结在商品中的无差别的人类劳动形成的，用由生产商品所耗费的劳动量来计算。比如说，生产上衣这种商品，上衣的价值是由生产上衣所耗费的劳动量决定的。那么如果说劳动是商品，它有价值，那么，一个 12 小时的工作日价值是由什么决定的呢？按照上面的例子回答，那就是“一个 12 小时劳动的价值是由生产劳动的耗费（即 12 小时劳动）决定的”。这只是同义语反复，这种说法毫无意义，是不成立的。

第二，如果劳动是商品，它必须在出卖以前是一个已经独立存在的物质实体并出现在市场上。劳动不是这种物质实体，而只是劳动力的使用。只有劳动力才是这种物质实体，才是商品。“劳动是劳动力发挥的职能，就像机器的运行是机器发挥的职能一样，只能说机器是商品，有价值或价格，但机器的运行不是商品。”

第三，如果说劳动是商品，会消灭在资本主义生产基础上形成的价值规律[①]，或者消灭以雇佣劳动为基础的剩余价值生产。货币是物化劳动，劳动是活劳动，可以说成是用物化劳动来交换活劳动。如果是等价交换，那么活劳动没有给购买者带来剩余价值，这样就消灭了资本主义生产的基础；如果不实行等价交换，即用较少量的物化劳动去换较多量的活劳动，则又违背了价值规律。

实际上，在商品市场上同资本家相对立的是工人，而不是劳动。工人出卖的是他的劳动力而不是劳动。工人出卖劳动力以后开始劳动时，劳动已经不再属于工人支配，所以工人也不可能再出卖自己的劳动。资本家对劳动力的使用，就如同他购买来的机器一样的使用。

劳动力的价值或价格是怎样转化为工资的

工资是劳动的价值或价格的提法虽然不合道理，但在资本主义的现实生活中，作为劳动力价值的工资在形式上表现为劳动的价值或价格。当劳动力的价值或价格表现为劳动的价格或价值时，劳动力的价值或价格就表现为工资。那么，劳动力的价值或价格是怎样转化为工资的?

假定工作日为 12 小时，劳动力的日价值是 6 元，工人用 6 小时就可以创造出来，资本家用 6 元购买的劳动力在 12 小时内创造了 12 元，但工人得到了 6 元，也就得到了在 12 小时内执行职能的劳动力价值。这样一来，6 元就表现为 12 小时劳动的价值。所以劳动力的日价值就表现为一日劳动的价值。

---

① 价值规律：商品的价值量由生产该商品的社会必要劳动时间决定，商品交换以价值量实行等价交换。商品价格受供求关系的影响，价格围绕价值上下波动。

另外，6 元的工资不是表现为 6 小时的劳动力价值，而是 12 小时的劳动价值，产生了两个后果：第一，缩小了劳动创造的价值，创造了 12 元价值的 12 小时劳动，现在只生产了 6 元的价值，这是荒谬的；第二，劳动力价值表现为工资的形式，掩盖了资本对劳动的剥削关系。一个劳动力在 12 小时的工作日中获得 6 元价值，其中既包括 6 小时的有酬劳动，也包括 6 小时的无酬劳动。劳动力价值采取工资的形式，工资表现为工人全天劳动的报酬，这样就掩盖了工作日分为必要劳动和剩余劳动、有酬劳动和无酬劳动的一切痕迹，使全部劳动都表现为有酬劳动。

工资形式表现为全部劳动都得到了报酬，这种表现形式最具有欺骗性。如果同资本主义社会以前的各种剥削形式相比，它的欺骗性就更清楚了。在奴隶制社会，奴隶没有人身自由，奴隶的全部劳动都表现为无酬劳动；在封建社会的徭役制度下，农民为自己的劳动和为地主的劳动在时间上和空间上都是明显分开的；而在资本主义雇佣劳动中，剩余劳动或无酬劳动都表现为有酬劳动，即用货币掩盖了雇佣工人的无偿劳动。

在资本主义生产下，劳动力的价值或价格转化为工资的形式，掩盖了资本家剥削工人的本质。资本家支付工人一天的工资，工人为资本家工作一天，看起来，这是公平的等价交换，是“平等的、合理的、人道的生产方式”。可见，这些观念、资本主义生产方式的所有神秘性、资本家的辩护理论等，都是以“工资表面形式具有的等价交换”为依据的。

劳动力的价值或价格转化为劳动的价值或价格的必然性

第一，从交换关系方面看，资本与劳动的交换，跟平常人与人之间的商品交换一样，没有令人感到不合理的地方。这种交换在形式上完全符合等价交换的法律条文[①]。

第二，工资一般是在劳动之后支付的，看起来仿佛支付的是工人整个的工作日的劳动。然而具体劳动创造使用价值，抽象劳动创造新的价值。人们认为工资购买的是这种具体劳动，看不到劳动的另一方面具有创造价值的属性。

第三，无论是工人还是资本家，都把工资当成是劳动的价值或价格。从工人角度看，他劳动了 12 小时得到了 6 元工资，不认为这 6 元只是他自己必要劳动的等价物，而是认为这 6 元是他劳动了 12 小时的成果。从资本家角度看，他希望用更少的货币换取更多的劳动，他实际关心的是劳动力的价格和劳动力执行职能所创造的价值之间的差额。

第四，在工资的实际运动中，工资随工作日长度的变化而变化。例如，工人一天劳动 12 小时能够得到 6 元的工资，如果他这一天只劳动 6 小时，那么他只能够得到 3 元的工资。这就好比按时间来租赁自行车，和租赁半天的费用比租赁一天的费用少一半是一样的道理。另外，执行同一职能的不同工人，其工资也存在着差别，即劳动力等级制度。熟练工人得到的工资高，非熟练工人得到的工资低。

第二节
资本主义工资的两种基本形式

导读：计时工资和计件工资是同时存在于资本主义经济中的两种基本工资形式。计时工资的概念是什么？它有哪几种形式和哪几个特点？相比

① 罗马法规定：我给，为了你给；我给，为了你做；我做，为了你给；我做，为了你做。第一分句体现了商品所有者平等交换的关系；第二分句体现的是“工人做”“资本家给”的劳动与资本交换的关系；第三分句体现的是“资本家给”“工人做”的资本与劳动的交换关系；第四分句体现的是平等的劳动交换的关系。

之下，计件工资的概念又是什么？它有几个特点？既然工资的两种基本形式都是资本家剥削工人的隐蔽手段，那么哪一种形式更适合资本家剥削工人？

计时工资

计时工资是工资的最基本形式，它是按一定的时间单位来支付的、劳动力价值或价格的转化形式。通俗地说，按照劳动时间的长短来支付的工资就是计时工资。计时工资有很多种形式，如月工资、周工资、日工资等。正因为工资是劳动力价值的转化形式，所以月工资、周工资、日工资都是劳动力月价值、周价值、日价值的转化形式。计时工资按劳动时间的长短给付不同的工资，更加掩盖了工资是劳动力价值的实质。

工资又包含有名义工资和实际工资两种。名义工资是指工人按一定时期出卖劳动力所得的货币额，而实际工资则是指工人按一定时期出卖劳动力后所得货币额转化成的生活资料量。在假定货币本身的价值不变的情况下，名义工资和实际工资是相一致的。但是，名义工资和实际工资有时候是相脱离的，名义工资提高了，实际工资不一定提高，甚至有可能下降。例如，以前工人日收入为6元，能买6斤米供一家人一天的生活。但是物价上涨了，日收入6元只能够买到4斤米；或者，日收入提高到7元，但7元也只能够买到5斤米。这种名义工资和实际工资的分离性，在经济全球化的今天表现得尤为突出，很多人感叹和调侃道："米价涨了，菜价涨了，油价涨了，可工资不见涨！"这说的就是

▶ 英国19世纪中后期的钟表

工人计时工资的多少就靠它作为计时工具计算出来。

工人可支配的实际购买力下降了。

计时工资的计量单位是劳动价格，所谓劳动价格，就是工人出卖一小时的劳动力所获得的报酬，即工人每劳动一小时的价格。其公式是：劳动力的日价值（日工资）/工作日长度（小时数）。举个简单的例子：某制衣厂工人的日工资为60元，每天工作10小时，所以，工人的劳动价格为6元/小时。相反，如果知道劳动价格和工作日的长度，就可以知道日工资数。其公式是：日工资=劳动价格 × 工作日长度。例如，某制衣厂工人的劳动力价格为每小时6元，工人一天正常劳动10小时，则他的日工资为 $6 \times 10 = 60$ 元。从这里可以看出，决定工资变动规律的因素有三个，分别是：工资总额（日工资、周工资）、劳动价格（以每小时多少工资作为单位尺度）和工作日长度。三者的关系有以下几种情况：

第一，日工资、周工资不变，工作日延长，劳动力价格就会下降。例如，一个普通工作日是10小时，日工资为70元，那么，一小时的劳动价格为7元；现在，如果把工作日延长到14小时，日工资仍然为70元，那么，一小时的劳动力价格为5元。相反，在劳动力价格不变的情况下，工作日延长，日工资和周工资可以提高。例如，一个普通工作日是10小时，日工资为70元，那么一小时的劳动价格为7元；现在如果把工作日延长到12小时，一小时的劳动价格仍然为7元，那么工人的日工资就会增加到84元。所以，计时工资的一般规律是：如果工作日长度已定，工资总额就决定于劳动价格，而劳动价格本身是随着劳动力的价值而变化。反之，如果劳动力价格已定，工资总额就决定于工作日长度。

第二，在增加总工资额的情况下同时延长工作日，那么劳动价格只能保持原来的水平。例如，日工资原来是70元，劳动时间为10小时，劳动价格为每小时7元；现在工资提高到了84元，劳动时间也延长到12小时，劳动价格仍然是每小时7元。这说明，资本家延长工人的工作日，也提高了工人的工资，但是劳动价格依然没改变。也就是说，工人受剥削的程度没有减轻。

第三，在增加总工资额的情况下同时延长工作日，劳动力价格还会降低到它的正常水平以下。例如，日工资是70元，劳动时间为10小时，劳动价格是每小时7元；现在日工资增加到72元，劳动时间为12小时，那么劳动价格只能下降到6元。这说明，即使提高了工人的日工资，但延长工作日超过了一定的界限，劳动价格不但不会提高反而会下降。

计时工资的特点

计时工资是资本家加强剥削的手段。它有以下五个特点。

第一，日工资是按小时算的，资本家可以按照自己的方便和利益需要，缩短工作日，甚至在就业不足时只按实际工作小时支付工资。

第二，资本家可以在支付“正常的劳动价格”的借口之下无限度地延长工作日，而且按“正常的劳动价格”支付超过正常限度的工作日的工资。

第三，劳动价格越低，工人为了保证得到平均水平的工资而付出的劳动量也必然越大，即工作日必然延长。资本家通过压低劳动价格来延长工作日。

第四，资本家利用工人之间的竞争来延长工作日。工人要求提高工资时，资本家就会解雇一部分工人。而工人“现在失业工人很多，如果我们不愿加班，自有别人愿意加班”的自述让资本家更有底气压低劳动价格或者延长工作日。

第五，资本家用压低劳动价格和延长工作日来获得超过社会平均水平的无酬劳动，降低产品出售价格，以扩大销路，从而获取更多的剩余价值。

计件工资

计件工资是工资的另一种形式，计件工资是按照工人在一定时间内生产的产品件数来支付报酬的工资形式。工人生产的产品件数越多，所得工资会越多。这会造成一种假象，工人出卖的不是他的劳动力，而是已经物化在产品中的劳动，同时这种物化劳动的价格也不像计时工资那样由劳动价格来决定，而是由劳动者的工作能力和工作效率来决定。从表面上看来，计时工资和计件工资是截然不同的两种工资形式，计时工资是由直接的持续劳动时间来计量，计件工资则是由一定时间内生产出来的产品数量来计量。但实际上，计件工资是计时工资的转化形式。在实行计时工资时，它是根据工人一日平均所能生产的产品件数和工人一日工资的平均额来计算的。计件工资是如何由计时工资转化而来的？举个例子：玩具厂工人一个工作日为12小时，平均可生产儿童玩具60件，即每小时生产玩具5件，日工资是60元，则每件玩具的工价为1元。所以，“日工资＝工价 × 一天的产品件数”是“日工资＝劳动价格 × 工作日长度”的转化形式。这两种工资形式在同一行业甚至在同一企业中同时并存，两者之间并没有本质的区别。

计件工资的特点

第一，劳动产品的质量由产品本身控制，工人生产出来的产品必须具有平均的质量，符合一个统一的标准才能够得到计件工资，如果产品不符合资本家认为的质量要求，工人的工资就会被克扣。这样，原来符合质量要求的劳动被资本家占有了。所以，计件工资成为资本家克扣工人工资和欺诈的有力手段。

第二，计件工资为资本家提供了一个计算劳动强度的标准尺度。资本家根据平日经验算出一个工人一天生产的产品数量，规定工人达到这个数量才算是合格工人，意在迫使每个工人每天要完成一定数量的产品，否则会因“不合格”而被解雇。

第三，劳动的质量和劳动的强度是由工资形式本身来控制，那么，对劳动过程的监督大部分是多余的。因此，计件工资成为现代家庭劳动的基础和由中间人介入的层层剥削制度和压迫制度的基础。

第四，实行计件工资，多劳多得，少劳少得，所以，工人们都愿意为获得更多的报酬而拼命工作。这使资本家顺其自然地达到提高劳动强度和延长工作日的目的，从而降低劳动价格。

第五，在工价一定的情况下，工人的工资由合格的产品数量决定，每个工人的收入会因技能、体力、精力、耐力等程度的不同而有很大的差别。每个工人力求自己的工资超过平均水平，但是这样一来又会使这个平均水平降低。

第六，计件工资是计时工资的支柱，当计件工资长期固定下来的时候，工人不愿降低计件工资的工价时，资本家就把计件工资改为计时工资；而当工作日受到法律的限制时，资本家又将计时工资改为计件工资。

通过以上对计件工资的特点的分析，可以得出这样一个结论：计件工资是最适合资本家剥削工人的工资形式。

第三节 工资的国民差异

导读：在一国市场中，同一生产行业的不同工人的工资有差异。那么，在世界市场中，国与国之间同一生产行业的工人的工资也有差异吗？比较资本主义各国的工资，必须考虑决定劳动力价值变化的一切因素。在综合看待各国工资差异时，要注意价值规律在国际市场上的应用，考虑劳动强度和劳动生产率对价值规律在国际上应用的影响。通过对发达国家、发展中国家、发展落后国家工人工资水平的比较，可以揭示发达国家名义工资高的秘密——资本主义越发展，资本对劳动的剥削程度越大，工人受剥削越重。

考察各国工资水平应该考虑的因素

工资是劳动力价值或价格的转化形式。国与国之间工资的差别也是由劳动力价值或价格的差别引起的。在考察各国的工资水平时，应该考虑这些因素：第一，由于自然条件和历史条件不同而形成的劳动者的生活必需品的价格和范围。由于各国之间自然条件和历史发展的差别，对生活资料需求的种类和数量很不相同，需求的种类和数量少、产品价格低的国家，劳动力价值或价格就低。反之，需求的种类和数量多、产品价格高的国家，劳动力价值或价格就高。第二，工人受教育的费用。国家教育费用开支越大，劳动力价值或价格就越高；国家教育费用开支越小，劳动力价值或价格就越低。第三，妇女和儿童参加劳动所产生的费用。妇女和儿童就业多的国家，劳动力价值或价格就低；反之，妇女和儿童就业少的国家，劳动力价值或价格就高。第四，劳动生产率的发展状况。劳动生产率高的国家，用较少的时间生产出较多的产品缩减了必要劳动时间，劳动力价值或价格反而会小于劳动生产率低的国家。第五，劳动的外延量和内涵量。劳动的外延量是指工人工作日的长度，内涵量是指工人的劳动强度。假设两个国家工人的工资总额相同，工作日长度和劳动强度不同，那么工作日长的和劳动强度大的国家劳动力价值或价格就低；工作日短的和劳动强度小的国家劳动力价值或价格就高。

在比较各个国家的工资差异时，必须把不同国家同一行业的平均日工资转化为长度相等的工作日，然后把计时工资转化为计件工资。为什么要把计时工资转化成计件工资呢？因为只有计件工资才是计算劳动生产率和劳动强度的尺度。假定用制衣业进行比较，发达国家平均一个工人 6 小时能生产 12 件上衣，发展中国家平均一个工人 10 小时能生产 10 件上衣，发展落后国家 12 小时能生产 6 件上衣。因为这些国家是不同时间生产不同数量的上衣，所以，必须把三个发展水平不同的国家的不同劳动时间折合成相同的劳动时间再比较它们各自生产的上衣数量，用表格展示便一目了然。

国家类别	实际劳动时间	生产上衣件数	每小时生产件数	折合成相同的劳动时间	生产上衣件数
发达国家	6小时	12件	2件	12小时	24件
发展中国家	10小时	10件	1件	12小时	12件
发展落后国家	12小时	6件	0.5件	12小时	6件

价值规律在国际上的应用受哪些因素的影响

各国的商品价值量都是以各国的中等劳动强度作为计量单位，国家不同，中等劳动强度的标准也就不同，有的高，有的低。假定中等劳动强度国家的工人生产1件上衣的国民劳动为1小时，劳动强度高出1倍的国家的工人生产1件上衣的国民劳动为0.5小时，社会价值各不相同。但是，国际市场上商品的价值是以世界中等劳动强度的平均数作为计算尺度的。假定中等劳动强度的国家的工人生产每件上衣的时间为1小时，每件上衣的国际价值为20元，于是在同一时间如10小时内，中等劳动强度国家的工人生产出10件上衣，国际价值总额为200元，劳动强度高出1倍的国家的工人生产出20件上衣，国际价值总额为400元。因此，在同一时间内，劳动强度大的国民劳动将比劳动强度小的国民劳动生产出更多的价值，表现为获得更多的货币。同时由于价值规律在国际市场上的应用，生产率比世界平均生产率高的国民劳动在世界市场上也被算作强度较大的劳动。

资本主义发达国家工人的名义工资高的秘密

一个国家越发达，它的国民劳动强度和生产率就越超出国际水平。所以不同的国家在相同的劳动时间内生产不同量的同种商品，有不同的国际价值，可以表现为不同的价格，即表现为按各自的国际价值而变化的不同的货币额。如下表所示：

国家类别	实际劳动时间	生产上衣件数	每小时生产件数	折合成相同的劳动时间	生产上衣件数	每件国际价值	全部产品国际价值	货币的相对价值
发达国家	6小时	12件	2件	12小时	24件	20元	480元	0.5小时
发展中国家	10小时	10件	1件	12小时	12件	20元	240元	1小时
发展落后国家	12小时	6件	0.5件	12小时	6件	20元	120元	2小时

何为货币的相对价值？货币的相对价值是指同一单位货币购得的商品中所包含的劳动量。例如上表中的货币的相对价值是20元购得的商品中所包含的劳动量，发达国家为0.5小时，发展中国家为1小时，发展落后国家为2小时。这里说明了两个问题，第一，同一劳动时间生产的商品，发达国家可以表现为更多的货币，而非发达国家只能表现为更少的货币；第二，货币的相对价值，发达国家比非发达国家要少。由此可以进一步得出结论：名义工资，即表现为货币的劳动力的等价物，发达国家比非发达国家要高，但绝不是说，实际工资，即供工人支配的生活资料，发达国家也比非发达国家要高。在资本主义社会，实际工资可能高，也有可能不高。资本主义发达国家的劳动强度和劳动生产率较高，工人的工资总额比非发达国家要高，但是，劳动价格，即同剩余价值和产品价值相比较的劳动价格却比较低。也就是说，资本家占有的剩余价值越多，对工人的剥削程度也就越高。

第六章

资本的积累过程

Capital

资本积累理论是马克思经济理论的重要组成部分。资本积累理论在剩余价值理论基础上进一步揭露了资本主义基本矛盾的发展和尖锐化。这一章，我们主要学习资本积累的条件、与积累密切相关的再生产、资本积累的实质、资本主义积累的一般规律、资本主义基本矛盾的发展以及资本主义积累的历史发展趋势。了解这些内容，对于认识资本主义生产方式的运动规律，具有极其重要的意义。

第一节
资本积累的两个假定条件

导读：在资本积累的分析上，马克思做了两个假定：第一，资本家按照正常条件出卖他的商品，实现了商品的价值。至于资本采取的形式和商品实现的条件暂且不论。第二，把资本主义的生产者（资本家）看成全部剩余价值的所有者，或者说，全部剩余价值所有者的代表。至于剩余价值的分割问题，也暂且不论。

资本家卖掉自己的商品并完成货币到资本的转化

资本积累的第一个条件是假设资本家都卖掉了自己的商品，并把通过卖掉商品得来的大部分货币再转化为资本。资本家所得的货币执行资本的职能，要经历三个阶段，这三个阶段用总公式可以简单表示为：G（货币资本）—P（生产资本）—W（商品资本）—G′（货币资本）。第一阶段：G（货币资本）—P（生产资本），货币资本转化为生产资本，即从流通领域内用货币购买生产资料和劳动力。第二阶段：P（生产资本）—W（商品资本），生产资本转化为商品资本，即生产资料和劳动力转化为生产资本后进入生产领域，生产出包含预付资本和剩余价值的商品，转化为商品资本。第三阶段：W（商品资本）—G′（货币资本），商品资本转化为货币资本，即商品进入流通领域后，资本家通过出售商品然后获得货币收入，这些货币又重新转化为资本。这样，货币资本又进入新一轮的相同的循环过程中，这种周而复始的不断循环就形成了资本流通。

资本家是剩余价值的所有者

资本积累的第二个条件是占有工人全部无酬劳动的资本家是剩余价值的所有者。产业资本家购买了劳动力后，工人除了生产自身所需生活资料的价值以外还要为资本家生产剩余价值。把剩余价值固定在商品上的产业资本家是剩余价值的第一个占有者，但绝对不是剩余价值的最后占有者。因为这份剩余价值，并不是由产业资本家独自占有，他还要和执行其他职能的资本家，如商业资本家、借贷资本家、土地所有者共同瓜分这份剩余价值。因此，剩余价值要分为各种不同的形式，如利润、利息、租金等，不同的形式归不同的人所有，如利润归产业资本家、利息归借贷资本家、租金归土地所有者。虽然剩余价值分为各种不同的形式，但丝毫不会改变剩余价值的性质和资本积累的条件。不管产业资本家、商业资本家、借贷资本家、土地所有者瓜分剩余价值所获得的比例如何，产业资本家总是最先占有剩余价值。

▶ 资本家在品酒闲谈

资本家永远体会不到工人为他们创造财富的艰苦，他们的任何奢侈的享受都散发着剥削工人的血腥味。

我们为了说明资本积累而做的两个假定条件，其实也是资本在积累过程中实际发生的情况。不过我们做了这样的假定之后，就可以抽象地考察资本积累，从而揭示资本积累的本质。

第二节
简单再生产

导读：这一节讨论简单再生产。资本主义再生产的典型特征为扩大再生产，那么，马克思为什么从简单再生产开始研究？这是因为，第一，简单再生产是扩大再生产的现实基础和出发点；第二，从简单再生产开始分析，符合由抽象上升到具体的方法要求，以具体为起点是思维逻辑过程的起点。简单再生产过程是怎样的？包括哪几类的再生产？

何为再生产过程

任何一个社会，都不能停止消费，同样也不能停止生产。物质资料的生产，是人类社会存在和发展的前提和基础。这种周而复始、不断更新的生产过程，就是再生产过程。生产的条件决定着再生产的条件。要进行生产就要有生产资料和劳动力，再生产也需要生产资料和劳动力。生产过程按照原有的规模重复就是简单再生产，如果规模扩大了，就是扩大再生产。

要使生产过程继续成为再生产过程，在生产过程结束后就必须持续地将一部分产品从年产品总量中分离出来，转化为生产资料或新的生产要素然后投入下一个生产过程。以农业为例，某农民每年播种 3 亩土地，收获粮食 2500 斤。粮食收获后，他必须留下一部分粮食作为来年耕作的种子，这就是“生产资料”，为下一年的农业生产做准备。剩下的一大部分用来食用，这就是“生活资料”，每年没有粮食剩余，不能扩大播种面积，农民一年又一年地在原有的规模上生产粮食，这就是“简单再生产”。由此可以看出，简单再生产的条件是：每年生产出来的新产品中一部分作为生产资料重新投入生产过程，以补偿已经消耗掉的生产资料；另一部分新产品作为生活资料，供人们消费，此外再也没有剩余。所以，生产出来的生产资料和生活资料既是生产过程的结果，也是再生产过程的条件。

在资本主义社会，生产是资本主义性质的生产，同理，再生产也是资本主义性质的再生产。在资本主义生产中劳动过程表现为价值增殖过程的一种手段，同样，资本主义再生产过程也表现为把资本作为增殖价值的价值再生产出来的一种手段。

何为资本主义的简单再生产呢？首先我们来了解三个概念，分别是不变资本、可变资本、剩余价值。生产的客观条件（表现在生产资料的这部分资本）在工人的劳动作用下其实物形态被耗费掉或转换存在形态，其价值只是一次地或逐渐地转移到新的产品中，不会发生量的变化，所以叫作不变资本。生产的主观条件（表现在劳动力上的这部分资本），其实物形态为雇佣劳动者本身，劳动力在生产过程中创造新价值，以劳动力形式存在的这部分资本，在生产过程中发生了量的变化，使价值增殖，所以叫作可变资本。资本家购买劳动力以后工人所生产的产品价值中除去生产资料价值和劳动力价值剩下的就叫作剩余价值。如果工人在生产过程中创造出来的剩余价值全部被资本家消费掉，没有剩余投入扩大再生产，只是按照原来的规模重复进行，这就是资本主义的简单再生产。

资本的再生产

一　可变资本的再生产

虽然简单再生产是生产过程在原有生产规模上的重复，但是从这种重复和连续性来看，可以揭示出资本的某些特征。资本家在开始生产前雇佣工人，支付可变资本，从表面上看，这种可变资本是由资本家预付的。但从再生产过程来看，这种可变资本实际上是由工人自己生产出来的。只不过资本家这个月用来雇佣工人的工资是上个月生产出来的，同样，这个月工人生产的产品又为下一个月资本家雇佣工人提供可变资本。通俗来说，资本家不是将自己的资本作为工资预付给工人，而是资本家将上一个生产过程工人自己的物化劳动转化为货币后预付给工人。举个例子，农场主把工人生产的粮食全部归为己有，再把其中的一部分作为“可变资本”支付给工人，表面上看，这部分“可变资本”是农场主自己预付的，但实际上也是工人自己生产的，只不过是上一个生产过程的工人生产，但总的来说，还是工人自己生产的。资本家很会用生产过程与再生产过程的工人的不同来为他的“预付资本”狡辩，但工人如果追溯这个“可变资本”的真正来源，资本家自己也难以自圆其说。

二　全部资本的再生产

从再生产过程来看，不仅资本家的可变资本是工人生产的，而且资本家的全部资本都是工人生产的。在生产过程开始前，资本家先出预付资本购买劳动力和生产资料（包括机器、厂房、原料等），表面上看起来这些预付资本都是资本家自己掏钱的。但是，实际上，这些资本家所谓的自己预付的资本也是工人生产出来的。举个例子，假定资本家投资 10000 元建一个小玩具厂，每年能带来剩余价值 5000 元，资本家每年的生活费为 5000 元。如果不办玩具厂，资本家 2 年就把 10000 元的资本消费掉了，现存的 10000 元资本全部都已经是雇佣工人创造的剩余价值的转化形式。从物质形式上看，资本家用原来资本建造的厂房和购买的机器设备这些不变资本仍然存在，但是从价值上看，它们不过是以资本形式存在的剩余价值。现在工厂还能维持生产和运作，那是因为他的资本都是从工人身上剥削而来的。

三　资本主义生产关系的再生产

从再生产过程来看，资本主义的再生产还把资本主义的生产关系再生产出来。资本主义生产的前提是：一方是资本家，生产资料和生活资料的所有者；另一方是雇佣劳动者，他们除了自己的劳动力之外一无所有。劳动产品和劳动本身过程的分离是资本主义生产的基础或起点。而资本主义再生产则把这种关系重新生产出来，使雇佣关系永久化。在生产过程结束后，工人只得到够生活的工资，而资本家却拥有全部产品；工人没有生产资料，再生产过程还是要出卖自己的劳动力，而资本家还是生产资料的所有者。从孤立的单个生产过程来看，工人的个人消费是工人自己的事，与资本主义生产无关；但是从再生产过程来看，雇佣工人的个人消费成为资本主义生产环节中不可或缺的一个条件，因为工人获得工资后要去购买自己生产的但被资本家占有的消费品。消费之后，工人变得一无所有，不得不继续出卖自己的劳动力作为雇佣工人去为掌握着生产资料的资本家生产剩余价值。所以，再生产过程实质上也是资本主义生产关系的再生产，是雇佣关系的延续。

第三节
剩余价值转化为资本

导读：上一节研究了作为积累或者扩大再生产的基础和出发点的简单再生产，这节将进入对积累和扩大再生产的研究。积累是剩余价值转化为资本。资本家把剩余价值转化为资本后进行扩大再生产，要符合哪些条件？资本积累为什么使商品生产所有权规律转变为资本主义占有规律？剩余价值分为资本和收入的时候，两者的分割比例对资本积累量产生什么样的影响呢？当剩余价值中资本与收入的比例一定的时候，哪些因素又会对积累量产生较大的影响？了解这些，将会明白资本家自己所说的“节欲”是多么虚伪。

资本积累和资本主义扩大再生产

何为资本积累？资本家并不完全消费掉工人为他生产的剩余价值，而是将剩余价值的一部分重新转化为资本，然后作为追加资本补充到原有的预付资本中去，这就是资本积累。扩大再生产，简单来说，就是规模扩大的再生产。资本家将剩余价值的一部分转化为资本投入再生产过程中去引起的再生产规模的扩大。所以，资本积累也就是资本主义扩大再生产。要了解资本主义扩大再生产的条件，需要分别考察单个资本扩大再生产的过程和社会总资本扩大再生产的过程。

一　单个资本的扩大再生产过程

假定某个资本家有预付资本 10000 元，其中 8000 元作为不变资本购买机器和原料，另外 2000 元作为可变资本用来支付工人的工资。假如剩余价值率是 100%，剩余价值就是 2000 元，生产资料价值在一年之内全部转移到新产品中去，则第一年的年产值是：

8000 元＋2000 元＋2000 元＝ 12000 元。

若在第一年中获得的 2000 元剩余价值中拿出一半即 1000 元转化为资本（其中的 800 元并入原来的 8000 元作为不变资本购买机器和原料，其中的 200 元并入原来的 2000 元作为可变资本用来支付工人的工资）重新投入下一年的生产过程，假设资本构成和剩余价值率均不变，第二年的年产值将会是：

（8000 元＋800 元）＋（2000 元＋200 元）＋（2000 元＋200 元）＝ 13200 元。

观察第二年的生产，无论从规模上还是产值上看，都是扩大再生产。扩大的原因和条件是资本家将一部分剩余价值转化为资本，作为追加资本进行积累。例子中资本家将 2000 元的剩余价值拿出一半即 1000 元转化为资本继续投入原来规模的生产是资本家能够扩大再生产的原因和条件。这里提出了再生产的两条基本原理：资本积累是资本主义扩大再生产的源泉，剩余价值又是资本积累的源泉。资本家将一部分剩余价值转化为资本后扩大了企业的生产规模，以便获得更多的剩余价值。所以，资本积累就是把剩余价值转化为资本。

二　社会资本的再生产过程

要进行扩大再生产，仅仅将剩余价值转化为资本是不够的。首先，资本家生产的产品能够卖得出去是他要获得用于资本积累的剩余价值的前提条件。其次，年产品中的一部分必须用来补偿一年中已经消耗掉的生产资料和生活资料，扣除这一部分后，剩下的就是年剩余产品。如果这些年剩余产品全部用于资本家的个人消费，那么剩余价值就全部被消耗掉，所以这时候资本家也就只能进行简单再生产了。因此，要进行积累，就必须把一部分剩余价值通过追加生产资料和生活资料的方式转化为资本。同时，因为剩余价值转化为资本时剩余产品中已经包含了新资本的物质组成部分，资本家还需要追加劳动来使新资本的物质组成部分真正执行资本的职能。

所以，资本家把剩余价值转化为资本后进行扩大再生产，要符合以下三个条件：

第一，年生产里面必须提供用来补偿一年中已经耗费掉的生产资料和生活资料的物品。也就是说，要使总产品中预付资本价值部分能够购买到原来生产过程中已经消耗掉的生产资料和生活中消耗掉的生活资料。用上面例子来说，就是把原来生产过程中的 10000 元继续并入第二年的生产。只有这样才能保持简单再生产，然后在这一基础上再进行扩大再生产。

第二，年剩余产品的一部分必须用于追加生产资料和生活资料，换句话说，年剩余产品中包含了新资本的物质组成部分。上面例子中用剩余价值 2000 元的一部分即 1000 元追加 800 元的生产资料和 200 元的生活资料，也就是说 1000 元包含了新资本的物质组成部分。

第三，还需要追加劳动，即追加雇佣的劳动力。要使追加的生产资料执行资本的职能，还必须追加劳动。如果资本家不能从劳动的外延方面（即延长工作日）和内涵方面（即增加劳动强度）追加劳动，那就必须追加劳动力。资本主义生产方式中原来的劳动力价值中已经包含了养育家属的费用，所以它为劳动力的追加提供了条件，资本家只要把用追加的剩余价值购买的生产资料和劳动力结合起来，剩余价值就转化为资本了。在上面的例子中，资本家用原有的资本 10000 元获得了 2000 元的剩余价值，如果将这 2000 元的剩余价值全部转化为资本，那么在其他条件不变的情况下，他必须从这 2000 元中抽出 1600 元购买生产资料，另外 400 元用来购买劳动力，这样剩余价值就转化为资本继续投入下一轮的生产过程。

资本积累是一种资本不断扩大的过程，具体来说就是资本的规模不断扩大的再生产过程。剩余价值转化为追加资本，追加资本又随着原来的资本一起创造新的剩余价值，新的剩余价值又转化为新的追加资本，这样不断地循环不断地积累形成了一个螺旋式的上升过程，资本就如滚雪球一样，越滚越大。例如，上例中的资本家把2000元的剩余价值转化为追加资本，新的2000元又能带来400元的剩余价值。这400元的剩余价值又转化为第二个追加资本，又能带来80元的剩余价值，依此类推，利滚利形成巨大的资本积累。

商品生产所有权规律转变为资本主义占有规律

追加资本的来源是资本化了的剩余价值，从一开始它就没有一个价值原子不是由他人的无酬劳动产生的。资本家购买劳动力以后，工人以无酬劳动为他生产剩余价值。然后资本家将工人生产的剩余价值转化为资本，为扩大再生产而追加生产资料和生活资料，而这些为扩大再生产而追加的生产资料和生活资料都是从剩余产品中来的。这里出现了一个很荒唐的交易，那就是：用从被剥削者那里掠夺而来的货币去购买被剥削者的商品。事实上，资本家总是拿上一年的工人为其生产的无偿资本来雇佣工人从而占有工人更多的无酬劳动，而工人阶级总是用他们这一年的剩余劳动创造下一年的追加资本。这就是“资本生资本”“利滚利”。所以，结果是：对过去无酬劳动的所有权，成为了扩大生产规模的唯一条件。资本家积累得越多，他以后就能更多地积累。这就是资本主义占有规律。

那商品生产所有权规律是怎样的呢？马克思在这里所指的商品生产是简单商品生产，简单商品生产中生产资料的所有权与劳动者结合在一起，生产资料的所有者也是使用这一生产资料的劳动者，所有权是以自己的劳动为基础，买卖双方都是权利平等的商品所有者，以自己生产的劳动产品去交换别人生产的劳动产品。资本主义占有规律则与此相反，生产资料的所有权与劳动者是分离的，生产资料的所有者并不是这一生产资料的劳动者，占有生产资料的不劳动，劳动者却不占有生产资料。资本家就是凭借生产资料的所有权占有工人的剩余劳动，并且用工人剩余劳动生产的剩余价值去购买商品。

由此我们发现，原来资本家和工人是一种货币所有者和商品所有者的关系，最初在劳动力买卖上表现出来的等价交换原则，已经变得徒具形式。资本家购买劳动力虽然符合等价交换规律，但是实际上却不是这样的，这种等价交换只是外表上的交换，是一种表面形式。原因：第一，用来交换劳动力的那一部分追加资本，它本身就是用不等价交换而占有的工人劳动产品的一部分；第二，这部分资本不仅需要由它的生产者即工人来补偿，而且在补偿中还要追加新的剩余价值。由于资本主义交换关系在性质上已经发生了根本的变化，所以商品生产所有权规律不可避免地转变为资本主义占有规律。

这种规律转变的关键是劳动力成为商品。资本家购买了劳动力这种商品，就拥有了对这种劳动力的绝对使用权，正如我们购买了一种商品一样，一旦购买了就能够任意支配和使用。资本家使用劳动力生产出超过劳动力自身价值之外的剩余价值。正是因为劳动力这种特殊的商品才使等价交换规律转变成对无酬劳动的资本主义占有规律。所有权和劳动权的分离，是资本主义生产发展的必然结果。

资本家是靠“节欲”积累资本的?

剩余价值不仅是资本家个人的消费基金，而且也是积累基金。资本积累取决于两个因素：一是剩余价值总量，剩余价值总量越多，作为其中一部分的资本积累量也就越多。二是指消费基金和积累基金分割的比例（也可以说是剩余价值中收入和资本分割的比例）。在一定量的剩余价值中，消费基金和积累基金会出现这样的关系：用于积累基金的部分越大，那么用于消费基金的部分就会越少；反之，用于消费基金的部分越大，那么用于积累基金的部分就会越少。在其他一切条件不变的情况下，这种分割的比例决定着积累量。然而这种分割的比例又是由什么决定的呢？表面上看起来是由

▶ 《荣光与原罪》

美国金融市场一部翔实而又别开生面的金融史著作，讲述了100个“一半是天使，一半是魔鬼”的玩弄亿万资本于股掌之中，为击败对手而不择手段的金融资本家财富积累的过程。

剩余价值的所有者资本家决定的，确切地来说是由资本家的意志决定的。他对剩余价值如何分割，正如我们对自己的合法财产如何自由支配一样。这就给我们造成一种错觉，按照资本家的说法，资本积累是他省吃俭用的结果。其实不然，资本家的意志也是由经济关系决定的，因为社会存在决定社会意识。所以，剩余价值分割的比例，也不是由单纯的个人意志决定的，而是由资本主义生产的客观经济规律决定的。

资本家节欲的目的是为了更大的贪欲。首先，资本家是人格化的资本，所以他的意志不过是资本本性的反映。他的动机，不是为了使用价值和享受，而是为了交换价值和交换价值的增殖。资本家绝对的致富欲，追求价值的增殖，减少个人的开支，驱使着资本家去积累并发展了社会生产力。其次，“竞争使资本主义生产方式的内在规律作为外在的强制规律支配着每个资本家。竞争迫使每个资本家不断扩大自己的资本来维持自己的资本，而他扩大资本只能靠积累”。所以，只有资本积累，才能使资本家不丧失剩余价值以及不损失自己的资本。

随着资本主义生产方式、积累和财富的发展，资本家不但要积累，而且要享受。在资本主义生产方式的初期阶段，致富欲作为“绝对的欲望”占统治地位，为了积累就不得不限制享受。当资本主义生产方式发展起来以后，享受欲与积累欲就发生了冲突，享受也就没有了积累。这时资本家不仅仅是资本的化身，他不但有积累欲而且还有享受欲。为什么会有这样的转变呢？

▶ 漫画《垄断资本家控制下的美国》

这是美国画家约瑟夫·克普勒于1890年前后作的一幅漫画，原名《参议院的老板们》，这幅漫画描绘了美国参议院在辩论反托拉斯法时的场面，说明因为垄断资本已经控制了国家的政治生活，参议院不可能作出对垄断资本家真正不利的决议。

随着资本主义生产的进步和资本剥削范围的进一步扩大，资本创造了一个新的享乐世界；随着投机和信用事业的发展，资本开辟了千百个突然致富的源泉；在一定的发展阶段，挥霍和享受就成了炫耀财富从而取得信用的手段，成了营业上的必要，奢侈也被列入了资本的交际费用；资本家财富的增长，并不是因为资本家的节约而增长，而是因为他榨取工人剩余劳动的多少和工人生活享受的减少而增长的。因此，随着资本主义生产的发展和财富的增加，积累和享受之间的冲突就自然而然地解决了：他积累得越多就越能享受，因为积累是享受的物质前提；相反，他越是能享受，就越能积累，因为享受是积累的捷径，为积累提供方法。资本家的挥霍和积累一同进行，一方并不妨碍另一方。资本家的享受欲是随着资本主义生产方式的建立而发展起来的。马克思引用的英国艾金医生对资本家节约和挥霍的叙述更明了地说明这一点。

曼彻斯特的工业可分为四个时期：

第一个时期，工厂主为了维持生活，不得不辛勤劳动。这个时期，工厂主主要是靠剥削学徒而大发横财，那些学徒的父母付给工厂主高额学费，而学徒们却忍饥挨饿。当时，平均利润很低，要积累就得大大节俭，因此，当时的工厂主过着像货币贮藏者一样的生活，他们甚至连资本的利息也不肯消费。

第二个时期，工厂主开始赚钱，虽然赚到了少量的财产，但他们还像过去一样辛勤地劳动，因为他们知道，对劳动的直接剥削是要花费劳动的，这个时候，他们过着和过去一样俭朴的生活。

第三个时期，资本家的奢侈生活开始了，各企业通过派骑马的推销员到王国各商业城市去兜揽生意而扩大了经营。在1690年以前，能在工业企业中赚到3000～4000镑资本的人是非常少见的，但在稍后的时期，随着货币积累的不断增加，资本家开始建造石头房子来代替过去居住的木棚或者土房。18世纪初，如果曼彻斯特的一个工厂主用一品脱外国葡萄酒来款待自己的客人，那他一定会遭到邻居的议论和非难。在机器大生产出现以前，工厂主们在酒店聚会时的开销，一般不会超过6便士一杯的果汁酒和1便士一包的烟。但到1758年，资本家的生活出现了划时代的变化，人们第一次看见一个商业经营者可以坐上自己的马车。

第四个时期，即18世纪末期，这是一个穷奢极欲、大肆挥霍的时期，这种挥霍是靠扩大营业来维持的。

通过艾金医生的这段叙述，能很清楚地了解到资本家享受欲的巨大变化。

决定剩余价值积累量的几种情况

假定剩余价值分为资本和收入的比例已定，资本积累量的大小取决于剩余价值绝对量的大小，那么，决定剩余价值量的一切因素，都会影响积累。与剩余价值分为资本和收入的比例无关但是决定积累量的几种情况是：劳动力的剥削程度、劳动生产力、所使用的资本和所消费资本之间差额的扩大、预付资本的量。通过对这些因素的分析，进一步了解“节欲论”。

一　劳动力的剥削程度

我们知道，剩余价值率首先取决于劳动力的剥削程度。在前面论述剩余价值生产的时候，我们总是假定工资和劳动力的价值相等，即资本家按照劳动力价值购买劳动力。但是在实际生活中，由于人口的相对过剩，资本家经常将工资压低到劳动力价值以下，这在资本的运动中起着极其重要的作用。在一定的限度内将工资压到劳动力价值以下，就把劳动力价值转化为剩余价值进行积累。这实际上也是把工人的必要的消费资金转化为资本的积累资金。

▶ 美国榨取伊拉克石油

资本家的内在倾向，就是尽力压低工人的工资。并且只要有可能，就把它压到接近于零的地步。但永远不可能为零，假如工人仅靠空气能生存，那么用任何价格也不能购买他们了。

在加强劳动力的剥削程度时，资本家广泛采用的方法，就是延长工作日和提高劳动强度。通过这些方法提高劳动力的剥削程度，不仅可以不用追加可变资本，而且不用增加相应不变资本，甚至不用增加不变资本。马克思分别从采掘业、农业、加工工业中举例子来说明这个问题。

在采掘业中，如采矿、采油、采气等行业，原料矿石、石油、天然气等都是大自然无偿赠予的。这里的不变资本几乎都是由劳动资料组成，因而资本家在其他条件不变的情况下只要增加劳动量就能够增加产品数量和价值，也就是说，资本家收获的价值与他所使用的劳动量成正比。所以无论通过怎样的方式延长工作日或者提高劳动强度，也可以不用追加不变资本就能实现剩余价值。

在农业中，只要原有数量的农业工人付出的劳动量比之前更多，即使不追加劳动资料和肥料，也可以增加农产品的产量。这种耕作方法犹如中国古代农业的精耕细作，使农民在有限的土地内收获更多的粮食，这就是人对自然的直接作用。资本家不投入新的资本，从而也能让他扩大积累。

在加工工业中，只要延长劳动时间和提高劳动强度，就会相应增加消耗和资本的支出，但不一定要追加劳动资料的消耗。因为，加工工业所用的原料和劳动资料都来自采掘工业和农业。所以，农业和采掘工业可以在不追加资本的情况下，工人直接作用于自然，向加工工业提供原料。这对加工工业是非常有利的。

二　社会的劳动生产率水平

随着劳动生产力的提高，体现一定量价值和剩余价值的产品量也会增加，使资本积累量增加。首先，产品量的增加从而使商品变得便宜，这样，资本家在不减少甚至增加他个人的消费的情况下，仍然可以增加资本的积累量。其次，劳动生产力的提高，会使劳动力的价值下降。从而提高剩余价值率。况且在可变资本量一定的情况下，劳动力价值下降了，同样多的资本就可以购买更多的劳动力。最后，同一可变资本的价值可以体现在更多的生产资料上，从而为吸纳劳动提供了物质基础，为产品和价值的形成提供更多的要素，增加剩余价值量和积累量。

随着科学技术不断进步和生产力的不断发展，对已经处在生产过程中的资本发生反作用，有利于增加积累。效率低的、价格昂贵的、旧的机器、工具、器具会被效率高的、价格便宜的、新的机器、工具、器具所取代，科技的进步能够使原料和材料更有效、更充分地被人们利用，这样资本家可以在不增加资本的情况下使生产规模扩大。另外，化学科学的进步，既增加了有用物质的数量，又扩大了已知物质的新用途，教会人们如何把生产过程和消费过程中的废弃物重新投回到再生产过程中去，循环往复，不增加资本就能创造出新的资本材料。

随着生产力的提高，原有生产资料的价值转移会增加。以纺纱为例，一个工人原来每天手工纺纱 5 斤，采用机器纺纱后，劳动生产率提高了 3 倍，那么一个工人每天可纺纱 20 斤。从新创造的价值来看，劳动生产率提高后的 20 斤棉纱的价值和原来的 5 斤棉纱一样，没有增加，但是很明显能看出的是，这 20 斤棉纱中所包含的生产资料价值比原来 5 斤棉纱要多得多。所以，一个生产部门提高了劳动生产率，在同样的时间内，转移了更多的旧资本的价值，避免了已经积累起来的资本受自然损耗。

三　所用资本和所费资本的差额

所用资本和所费资本是两个不同的概念。所用资本是指投入生产过程中的全部预付资本，所费资本是指在使用中被消耗了的资本。固定资本不会在生产中一次性地被消耗掉，它能够被反复利用。劳动资料在全部进入生产过程执行职能时，它们本身是被逐渐消耗掉，其价值在每次生产过程中只是转移了一部分而已。也就是说，有相当大的一部分劳动资料，虽然被使用但是却暂时没有发生损耗，它们就像我们在前面说过的自然力，如水、空气、电一样为资本家提供了无偿服务。所以，随着资本投入的增多，所用资本和所费资本之间的差额就会越来越大，从而为资本家提供的无偿服务越来越多。而这种无偿服务，会随着积累规模的扩大而被积累起来。

四　预付资本量

预付资本量的大小也是增加资本积累量的重要因素。在劳动力剥削程度已定的情况下，剩余价值量就取决于同时被剥夺的工人的人数，而工人人数则与资本的量相适应。预付资本量越多，雇佣工人就越多，创造的剩余价值也就越多。剩余价值越多，资本积累也就越多。同时，预付资本越多，生产的规模也越大，生产的全部发条就开动得越有力。

第四节
资本积累的一般规律

导读：这一节研究的是资本积累的一般规律，实际上研究的是资本的增长对工人命运的影响。研究过程中最重要的因素是资本的构成和它在积累进行过程中所起的变化。假如资本构成不变，那么它对劳动力的需求是怎样变化的？在积累和积聚的进程中资本可变部分数量上相对有什么样的变化？在积累的过程中为什么会涌现出大量的相对过剩人口？通过研究这些内容，就可以概括出资本积累的一般规律了。

资本构成与资本有机构成

▶ 纺纱车间

资本的构成可以从两个方面来理解。其一，从价值方面来看，它由不变资本与可变资本构成，两者间存在一定的比例关系，即不变资本与可变资本的比率，或者说是生产资料的价值与劳动力价值的比率，称之为资本的价值构成。其二，从物质方面看，资本的构成是由生产资本与劳动力构成，两者间也有一定的比例关系，即生产资料的数量与劳动者数量之间的比率，称之为资本的技术构成。资本价值构成与资本技术构成之间存在着密切的联系。资本的价值构成由资本的技术构成决定，资本的价值构成变化大体上体现了资本的技术构成变化，这种由资本技术构成决定并且反映资本技术构成变化的资本价值构成，称之为资本的有机构成。

资本有机构成的高低是由不变资本和可变资本之间的比率决定的。同社会平均资本相比，不变资本所占的比重高，可变资本所占的比重低，这样的资本叫作高构成资本。例如，在重工业的生产部门中，投资在机器设备和厂房的部分所占比重大，所以叫高构成资本的生产部门，即高构成部门。同社会平均资本相比，不变资本所占的比重低，可变资本所占比重高，这样的资本叫低构成资本。例如，在食品工业部门，投入可变资本（即购买工人劳动力）的部分占的比重大，所以叫低构成资本的生产部门，即低构成部门。和社会平均资本有同样的构成资本叫作平均构成资本，以纺织工业为代表，介于高构成部门与低构成部门之间，所以，也称它为中等构成部门。

投入一定生产部门的许许多多的单个资本，彼此间具有多少不同的构成。把这些资本的一个个构成加以平均，就得出这个生产部门的总资本的构成。最后，把所有生产部门的平均构成加以总平均，就得出一个国家的社会资本的构成。不过，现在研究的资本有机构成是从整个社会范围内来看的，即社会资本有机构成。

资本构成不变，对劳动力的需求随积累的增长而增长

资本的增长包含转变为劳动力的可变资本的增长。在资本积累进程中，如果资本构成不变，可变资本就会随着总资本的增长而增加，从而对劳动力的需求也会相应扩大。如果工资水平不变，就会雇佣较多的工人，然而，对工人的需求如果超过了工人的供给，即供少于求，就会引起工人工资的提高。在资本主义初期出现过这种情况，但是为什么“这些多少有利于雇佣工人的维持和繁殖的情况，丝毫不会改变资本主义生产的基本性质”呢？

第一，这种情况只不过反映了资本主义剥削向广度方面的发展，随着就业人数的增加，剥削范围也就扩大了。简单再生产不断再生产出资本主义关系，即一方是资本家，一方是雇佣工人。同样，劳动就业的增加和工资的提高，是规模扩大的再生产，一方面是生产出更多或者更大的资本家；另一方面是生产出更多的雇佣工人。劳动力的再生产，是资本主义再生产的一个要素。

第二，这种情况不会改变雇佣劳动对资本的从属关系。工人工资的增加，只是暂时改变了工人的生活状况。工人仍从属于资本家，受资本家的剥削，这是由资本主义生产的特点决定的。由于雇佣了更多的工人，使这种从属关系更加永久化，范围更加扩大化。只是由于剥削的减轻而使这种从属关系的锁链有所放松而已。剩余价值生产是资本主义生产的绝对规律。这个规律决定了劳动力只有在它提供剩余价值时才能被买卖。所以，劳动力的出卖条件不管对工人怎样有利，总要使劳动力不断地再出卖，使财富作为资本不断地扩大再生产。

第三，资本积累规定了工资变动的界限。在资本有机构成不变时，资本积累会引起工资的提高，但是，它同时又受到资本积累的限制。在积累过程中，工人工资持续提高，资本就会减少积累，那么资本对劳动的需求也就减少了。可见，资本积累的机制本身会排除自己遇到的障碍，资本积累规定了工资变动的界限，不仅使资本主义制度基础不受侵犯，而且还能保证资本主义制度的规模扩大再生产。

在积累和伴随积累的积聚的进程中资本可变部分相对减少

一 资本积累和资本有机构成的变化

资本主义生产方式的经济基础一旦被确定下来，在积累的过程中就会出现这样一个时刻——社会劳动生产率的发展成为积累的最强力的杠杆。劳动生产率的水平表现为一个工人在一定时期内使用的生产资料的相对量。在这里，一些生产资料（如原料）的增加，是劳动生产率增长的结果；另一些生产资料（如劳动资料）的增加，则是劳动生产率增长的条件。但不管是结果还是条件，只要生产资料的量与劳动的量相比相对增加了，就表明劳动生产率提高了。因而，劳动生产率的增长，就表现为劳动的量比它所推动的生产资料的量相对减少。这样一来，就引起了资本技术构成上的变化。资本技术构成的这一变化，即生产资料的量比劳动力的量相对增长，又叫作资本有机构成提高，同时它又反映在资本价值构成上，即资本价值的不变组成部分靠减少它的可变组成部分而增加。代表生产资料的不变资本组成部分同积累的增进成正比，可变资本部分同积累的增进成反比。

资本价值构成的变化，只是近似地表示资本技术构成的变化。积累的增进虽然可以使可变资本相对减少，但是绝不排斥它的绝对量的增加，因为原有资本量的增长速度更快。

二　资本的积累和集中

在商品生产中，是通过单个资本的增长来实现大规模的协作以推动社会生产力的发展。对资本主义生产方式来说，一切提高劳动生产力的方法，同时也是提高剩余价值以增加积累的方法，而积累的增加，又成为生产力进一步发展的条件。这两个因素互相刺激，引起资本有机构成不断提高，使可变资本日益相对减少。

然而，单个资本是怎样积累起来的呢？它又怎样促进了资本有机构成的提高呢？要弄清这个问题，必须先进一步考察社会积累的两种具体形式：资本积聚和资本集中。

何为资本积聚？资本积聚就是指单个资本靠本身的剩余价值资本化而不断增大自己的总额。这种职能资本的积聚，引起生产资料与劳动力的相应积聚，从而引起生产规模的不断扩大。由于资本积聚来自本身的剩余价值，因此，它是直接以资本积累为基础的，或者说是资本积累的直接结果。甚至是马克思所说的“和积累等同的积聚”。如果从因果关系来做一个区别，那么资本积累是因，资

▶《像滚雪球一样积累财富》

本积聚是果。资本积聚有两个特征：第一，社会生产资料在单个资本家手中的积聚会受到社会总财富增长的限制；第二，各个资本是作为彼此独立和相互竞争的力量而互相对立的。因此，资本的积聚不仅分散在社会的许多点上，而且职能资本的增长还会受到新资本的形成和旧资本的分裂的影响。

何为资本集中？资本集中是指分散的单个资本间合并或者相互兼并而形成较大资本的过程。资本集中与资本积聚不同，它是指已经形成的许多单个资本，由于丧失独立性而合并为少数较大的资本。与积聚的特征不同，资本集中只是改变了原有资本的分配，因而资本集中不受社会财富的绝对增长和积累的绝对界限的限制，它的增大也不受其本身资本量和剩余价值量的限制。资本集中的两个最强有力的杠杆是竞争和信用。竞争是通过使商品便宜来实现的。在竞争中，生产规模大的企业拥有较高的劳动生产率，它的商品成本较低从而能够处于优势地位；相反，生产规模小的企业劳动生产率低，它的商品成本高从而处于一个被动的地位。所以，较大的资本战胜较小的资本，先进企业战胜落后企业，这样一来，小资本就逐渐为大资本所吞并，多数小资本就会合并成为数不多的大资本。随着资本主义的产生和发展，一种崭新的力量建立起来，那就是信用事业。信用事业通过一条条无形的线把社会上闲置的、游离的、分散的资本集中起来，变成单个资本家或联合资本家手中的大资本。它不仅是竞争斗争中一个新的可怕的武器，也是一个实现资本集中的庞大的社会机构。

资本积累与相对过剩人口

一　过剩人口产生的原因

资本积累包括资本积聚和资本集中，这些都会使资本的有机构成不断提高。随着资本的积累，资本的不变部分会牺牲它的可变部分而增大。这是因为在资本有机构成不断提高的情况下，由于直接采用比原来更先进的技术设备，使可变资本部分在追加资本的比重上即相对量上越来越少。资本积累虽然使资本可变部分相对量减少，但是并不排斥资本可变部分绝对量的增加。举个例子，原来资本中不变资本占总资本的50%，可变资本占总资本的50%，后来资本有机构成提高了，不变资本占总资本的70%，可变资本占总资本的30%，在此期间，总资本从10000元增加到100000元，那么可变资本就由原来的5000元增加到30000元，工人就业的绝对量仍会增加。

如果可变资本增长的速度低于总资本的增长速度，更低于不变资本的增长速度，可变资本量随着总资本的增长而递减，那么就会使追加资本越来越少地吸引工人，待业工人就业越来越困难。可变资本的相对减少造成人口的相对过剩。

二　资本主义生产方式的人口规律

相对过剩人口是资本积累的必然产物，也是资本主义大工业特有的现象。随着生产规模和使用的工人人数的扩大，又随着劳动生产力的发展，资本对工人的更大吸引力和更大排斥力互相结合起来。当资本主义处在繁荣阶段，资本大量吸引工人；当资本主义处在危机阶段，资本又大量排斥工人；有些部门由于资本集中使资本有机构成提高了，使得资本排斥在业工人而不吸引待业工人。资本通过这种明显的或者隐蔽的方式产生过剩人口，不管是明显的排斥还是不明显的未被吸引，在资本积累的过程中对劳动力采取交替的吸引和排斥，或者采取同时的吸引和排斥，都使过剩人口产生剧烈的波动，这就是资本主义生产方式的人口规律。

三　相对过剩人口的作用

相对过剩人口是资本积累的杠杆。随着市场突然变化，资本突然涌入某些生产部门时，必须要有大量的劳动力供资本使用，这时的劳动力就由过剩人口来提供。因为相对的过剩人口不受人口自然增长的限制，能够为突然扩张的资本提供现成的充分的劳动力。

另外，相对过剩人口还是资本主义生

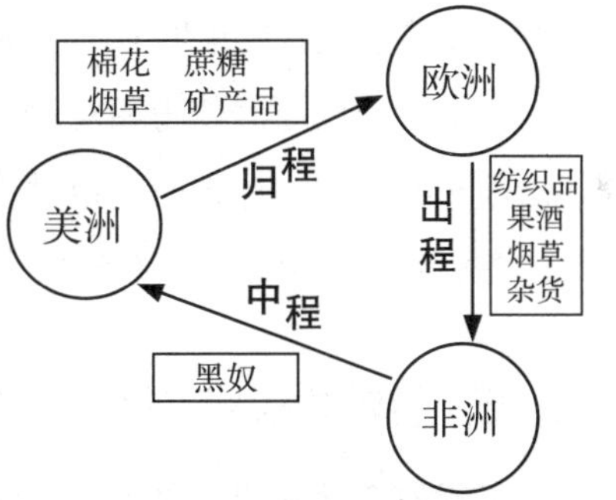

▶ **西方早期的殖民扩张和三角贸易示意图**

西方资本主义发展初期，通过罪恶的"三角贸易"和殖民掠夺，为资本主义的发展积累了巨额资本，从而加速了欧洲资本主义的发展。但是，殖民者对殖民地野蛮的屠杀、掠夺和奴役，中断了亚、非、拉美等地的历史进程，给当地人民带来了无穷的灾难。东西方的历史进程大大拉开了距离。

产方式存在的条件。我们把相对过剩人口和资本主义生产周期联系起来看，相对过剩人口是资本主义根据生产周期来调节生产中所需劳动力的产业后备军。资本主义特有的工业周期变化，经历着生产繁荣—危机—停滞—复苏—再繁荣的周期过程。所以，这种周期变化既是产生过剩人口的原因和条件，又是资本主义生产方式所造成的结果。

四　相对过剩人口的增长快于可变资本的相对减少

前面我们是在假定雇佣工人的增减与可变资本的增减相一致的情况下产生的相对过剩人口，事实情况并非如此。实际上，相对过剩人口的增加比可变资本的相对减少进行得更为迅速，原因在于：

第一，可变资本的增加，工人人口可以不增加甚至减少。这是因为原有工人延长了劳动时间或者提高了劳动强度，即原有工人提供了更多的劳动。

第二，资本家可以用延长工作日和提高劳动强度的方法在支出同样多的可变资本的情况下，推动更多的劳动。

第三，在可变资本不变的情况下，资本家使用非熟练工人代替熟练工人，用妇女、儿童代替成年男工，这使他用同样数量的资本雇佣更多的劳动力。

以上的这些原因使得相对过剩人口的增加更为迅速，使在业工人与失业工人之间相互影响。一方面，相对过剩人口的增加使得在业工人所受的剥削更重；另一方面，工人阶级的一部分从事过度劳动而另一部分又无事可做。

五　相对过剩人口的变动对工资的影响

工资的变动受劳动供求的影响，所以相对过剩人口的存在对工资的变动会产生巨大的反作用。资产阶级经济学家有一个教条，认为工资的高低取决于人口的绝对数量的运动。这种教条式的理论叫“工资铁律”理论，它的内容大概归纳如下：工资因资本积累而提高；高工资刺激人口繁殖；工人人口的繁殖又使工人人口供大于求；劳动力供给的过剩又使工资降低；由于工资降低导致的工人饥饿又会减少人口繁殖和提高死亡率，从而减少劳动力的供给；劳动力供不应求，又会促进工资的提高，这样如此循环往复。但是资本主义的实际情况是：工资的一般变动是由相对过剩人口的增减决定的。由于存在产业后备军，当资本主义生产周期达到突然繁荣时，对劳动力的需求就由相对过剩人口来满足；当资本主义生产到了需要削减劳动时，相对过剩人口就作为产业后备军储存起来。

正是这种产业后备军的存在，把工资的变动控制在对资本有利的范围内。

相对过剩人口的存在形式

相对过剩人口存在于各种形式中。处在完全失业或者半失业状态的工人，都属于相对过剩人口。相对过剩人口具有周期性和非周期性之分。所谓周期性，是指当资本主义处在生产发展的繁荣阶段时，相对过剩人口就会逐渐减少；当资本主义生产到了危机和停滞阶段，相对过剩人口就会大量增加。所谓非周期性，是指相对过剩人口的增减与资本主义生产周期性变化无关的一种形式。我们抛开资本主义周期性变化而研究非周期性变化的相对人口过剩。它主要有三种形式：流动形式、潜在形式、停滞形式。

一　流动形式的过剩人口

在现代的工业中心，工人时而被排斥，时而以更大的规模再被吸收，所以他们处在流动的形式。在流动的过剩人口中，被解雇的成年工人占主要部分。原因在于，第一，现代工业雇佣大量的少年工人，如果少年期一过，大批工人就会被排挤和解雇；第二，大工业需要女工童工的比例较大，需要成年男工的比例较少，使一部分成年男工变为流动过剩人口。他们的出路有两条：一是移居海外；二是留在国内待业。

二　潜在形式的过剩人口

资本主义一旦侵入农业，随着农业中资本的积累和有机构成的提高，对农业劳动力的需求就会绝对地减少。而且，对农业劳动力的排斥不像工业那样会有更大的吸引得到补偿。农业过剩人口因占有少量的生产资料而掩盖了他们的失业状态，所以这部分人口处在潜在的形式中。当资本主义工业发展需要大批的工人时，这种过剩人口就作为一种长流不息的人力资源提供给工业资本，农业工人大量地向城市转移，因而农业人口的过剩性质就体现得淋漓尽致。

三　停滞形式的过剩人口

停滞的过剩人口是现役劳动军的一部分，但是他们就业极不规律，经常处在半失业状态。其主要形式为现代工业的家庭劳动者，在自己家里为工厂主和包工头做工。这种过剩人口的主要来源是：大工业和农业的失业者；破产的手工业者；倒闭的工厂手工业工人；家庭劳动者的子女及亲属。这种过剩人口的特点是：工作时间最长，工作条件最恶劣，受剥削最严重，工资水平降低到平均水平以下，因而生活极端贫困，死亡率高而出生率低。它为资本储存着一个可供支配的取之不竭的劳动力的蓄水池。

相对过剩人口除了上面三种形式之外，还有一种是相对过剩人口的最底层，他们是最需要救济的赤贫阶层。这种赤贫阶层又由三类人组成：第一类是有劳动能力，但是长期失业的工人；第二类是孤儿和需要救济的贫民子女，他们是产业后备军的候补者；第三类是一些因分工所淘汰和因工伤而失去劳动能力的人，包括工人、老年人和残疾人。

资本主义积累的一般规律

资本的积累，一方面使社会的大量财富集中在少数资本家手中；另一方面则使相对过剩人口大量存在，工人创造了社会财富，但是却陷于贫困之中，社会地位卑微低下，生活状况日趋恶化。因此，资本积累越多，增长规模越大，产业后备军也就越大；产业后备军的数量越大，社会的相对过剩人口也就越多；工人阶层和产业后备军越大，需要救济的贫民也就越多。这就是资本主义积累的一般规律。

第五节
原始积累

导读：这一节阐明了原始积累的实质或秘密，批判资产阶级“勤俭起家”的荒谬理论。同时也揭示了无产阶级和资产阶级的形成及资本主义积累的历史趋势。这一节，不仅是对本章的概括，甚至是对整个第一卷的概括。

原始积累的秘密

我们知道，资本产生剩余价值，剩余价值反过来又转化为资本，资本积累以剩余价值的存在为前提，剩余价值以资本主义生产为前提。这个过程好像是一个恶性循环。但是，在历史上，最初的资本是从哪里来的？资本在积累之前有一种原始积累，这种积累不是资本主义生产方式的结果，而是资本主义生产方式的起点。

▶ 东印度公司

英国成立东印度公司对印度进行殖民统治。它是对殖民地进行残暴的政治统治、经济掠夺以至于贩卖奴隶、毒品的军政经合一的殖民机构。它产生和存在于16世纪末到19世纪上半期，对各国资本主义原始积累起了重要作用。

资产阶级经济学家用编造奇闻逸事的办法来代替历史事实，荒谬地解释资本原始积累的起源，说很久很久以前有两种人，一种是勤劳节俭的聪明的人，这种人很快就积累了大量的财富成为了资本家；另一种是好吃懒做只知道吃喝玩乐的人，这种人耗尽了自己的一切，最后成为除了自己的劳动力没有任何东西可以出卖的劳动者。事实上，原始积累并不是资产阶级经济学家所描绘的那样田园式的故事，历史记录了资本主义积累的过程。在真正的历史上，征服、奴役、劫掠、杀戮，总之，暴力起着巨大的作用。原始积累就是原始剥夺，是用暴力和掠夺使得劳动者和生产资料分离的过程。

货币和资本，正如生产资料和生活资料一样，一开始并不是资本，只有在一定条件下才能转化为资本。这种情况归结起来就是两种极不相同的所有者的互相对立，一方是货币、生产资料、生活资料的所有者，他们需要购买别人的劳动力来增殖自己的资本；另一方是自由劳动者，即劳动力的自由出卖者。这种自由劳动有双重含义，一方面是摆脱了奴隶、农奴等人身依附关系而取得了人身自由；另一方面，是他们丧失了生产资料而变得一无所有的自由。这种两极分化是资本主义生产的基本条件。因此，资本关系以劳动者和劳动实现条件的所有权之间的分离为前提。这个前提一产生，资本关系就会以不断扩大的规模再生产出来。

资本主义社会的经济结构，是从封建社会中产生的，原始积累是从封建剥削变为资本主义剥削的过程。从直接生产者转变为雇佣工人的历史过程来看，一方面，直接生产者要从封建隶属关系和行会束缚下解放出来；另一方面，被解放出来的人，只有被剥夺了一切生产资料之后，才能成为自己的劳动力的出卖者。至于工业资产阶级的产生，则是他们战胜了封建特权和行会束缚的结果。工业资本家之所以能够挤掉封建主，是运用了卑鄙的手段窃夺了胜利果实。资本的原始积累运用了各种暴力的手段，而这些暴力手段中对农业生产者即农民的土地的剥夺则形成全部过程的基础。这种剥夺的历史在英国具有典型的表现，所以，我们拿英国作为例子。

对农村居民土地的剥夺

▶ 英国的圈地运动

英国圈地运动是在14、15世纪农奴制解体过程中，英国新兴的资产阶级和新贵族通过暴力把农民从土地上赶走，强占农民份地及公有地，剥夺农民的土地使用权和所有权，限制或取消原有的共同耕地权和畜牧权，把强占的土地圈占起来，变成私有的大牧场、大农场。

在英国，农奴制实际上在14世纪末已经不存在了。到15世纪，绝大多数人口都是自由的自耕农，他们的所有权带着封建制度的色彩。

15世纪末16世纪初，资本主义生产方式为变革的序幕奠定了基础。由于封建家臣（贵族门下的寄食者）的解散，大量不受法律保护的无产者被抛向劳动市场。大封建主把农民从土地上赶走，造成了人数更多的无产者。15世纪由于新航路的开辟和随之而来的世界贸易的扩大，毛纺织工场手工业在当时非常繁荣，羊毛价格上涨，所以饲养羊群有利可图，因而把耕地变成牧羊场就成了新的封建贵族的口号。英国历史上第一次轰轰烈烈的大规模的圈地运动就这样发生了，一直持续到19世纪上半叶，共持续了三百多年的时间。开始是圈占公有地，后来慢慢地圈占农民的份地，把农民从土地上赶走从而造成了大量的失去土地的无产者。这就是空想社会主义者托马斯·莫尔所说的“羊吃人”运动。

▶ 19世纪法国的农村和贫困的农民

16世纪的宗教改革运动，引起了对教会地产的大规模掠夺，用暴力掠夺农民的过程有了惊人的发展。在17世纪最后几十年，自耕农的数量还占主导地位，但是到了大约18世纪50年代时，自耕农被消灭了，而在18世纪最后几十年，农民公有地的最后痕迹也被消灭了。

对农民土地的最后一次大规模的掠夺，即所谓的“清扫领地”运动，实际上是把人从领地上清扫出去。清扫的结果是，农业工人在他们的耕作土地上再也找不到必要的栖身之所了。因此，马克思把这次清扫运动称为“一切剥夺方法的顶点”。

总之，用各种恐怖手段剥夺农民的土地，就是所谓原始积累过程的基础。

▶ 《拾穗者》

《拾穗者》是米勒最具震撼力的代表作。这幅画中，描绘了在落日的余晖下，空旷的田野里，三位农民正在弯着腰，低着头，在收割过的麦田里拾遗落的麦穗的劳动壮丽图景。作为写实主义画家的米勒使资产阶级感到害怕。他用画笔和颜色表达了农民对土地的依恋，也揭示了人类围绕土地而争斗的喜悦与悲哀，让世人至今仍受感染与鼓舞。

15世纪末以来惩治被剥夺者的血腥立法

由于封建家臣解散和土地遭到暴力剥夺而被驱逐的人，成了不受法律保护的无产阶级。一方面，他们不可能一下子被新兴的工场手工业吸收；另一方面，他们这些突然被抛出正常生活轨道的人，也不可能一下子适应新的环境。他们集中在大城市里，成了乞丐、盗贼、流浪者，其中一部分人是因为习性，但是大多数人是为环

▶ 抵达北美的欧洲移民

外国移民的大量涌入，为北美大规模进行农业生产提供了丰富的劳动力。

境所迫。为了强迫街头的大批流浪者和乞丐适应雇佣工人的生活，15 世纪末至 16 世纪，整个西欧国家都颁布了血腥的法律。现在的工人阶级的祖先，当初曾因被迫成了流浪者和贫民而受到惩罚。

这些被剥夺了土地、被驱逐出来的流浪者要接受法律无情残酷的、丧失人性的惩罚方式，鞭打、烙印、酷刑……使之被迫习惯雇佣劳动制度所必需的纪律。

在资本主义生产方式确立初期，一方面有资本的出现，另一方面有劳动力的出现，还是不够的。为了迫使劳动者出卖劳动力，还需要法律的强制。新兴的资产阶级力量薄弱，他们要借助国家政权的力量，加强对工人的剥削和统治，于是国家制定了劳工法，内容是强迫延长工作日，压低工人的工资，禁止工人结社。它甚至规定工资的最高限度，支付高于法定工资的人要被监禁，但是接受高工资的人比支付高工资的人受到更严厉的惩罚。“规定工资”即把工资强制地限制在有利于赚钱的范围内，以满足资本积累的需要。

资本主义租地农场主的产生

了解了资本最初是从哪里来，也要了解资本家最初是从哪里来。对农村居民的剥夺只是直接地产生了大土地所有者，而租地农场主（农业资本家）的产生是延续了许多个世纪的漫长过程。租地农场主产生的历史过程分为四个阶段：

第一阶段，最初的资本主义租地农场主，其本身也是农奴的管事。管事其实是原来封建庄园的下层管理人，但因他们被选中帮助领主管理生产事务，享有领主给予的一些特权，尤其可以得到“佃领地”，他在管理“佃领地”时，常

▶ 悲惨的沙俄农奴

农奴制的基本特征是农奴被束缚于土地上，不得不依附于农奴主。而农奴主则利用这种人身依附关系，对农奴实行超经济的强制剥削。

常雇佣一些工人以榨取剩余劳动。所以，管事就成了农业资本家的最初形式。

第二阶段，14 世纪下半叶开始，管事被租地农民所取代。租地农民从地主手中取得种子、牲畜和农具，这种租地农民的地位同农民没有多大的区别，不过他剥削更多的雇佣劳动。

第三阶段，不久，租地农民发展成为分成农，也叫半租地农场主。即租地农民出一部分资本，地主出一部分资本，双方按合同规定的比例分配农产品。

第四阶段，最后出现的是真正的租地农场主，特点是靠雇佣工人来增殖自己的资本，并且把剩余价值的一部分以货币或者实物的形式作为地租交给地主。

在 15 世纪末 16 世纪初进行的农业革命，使得租地农场主的产生过程大大加速了，在同一速度内，农村居民破产，租地农场主致富。对公有牧场的掠夺，使他们不费吹灰之力就增加了自己的牲畜的数量，而这些牲畜又为他们土地的耕作提供了丰富的肥料。

在 16 世纪，又加进了一个有决定意义的重要因素。这就是历史上所谓的“价格革命”。在当时，由于西印度丰富金银矿的发现，使得大量的廉价的贵金属涌入欧洲，导致贵金属价值不断下降，然后物价上涨，使实际工资大大降低。工人的工资一部分变成了租地农场主的利润，使他迅速地增殖了自己的资本；另一方面，农产品价格上涨了，农场主的收入增加，而他支付给地主的地租，仍是按原来契约上规定的数额缴纳的，这又使地租的一部分转化成了利润。所以，租地农场主既牺牲自己雇佣的工人的利益，同时也牺牲了地主的利益，利润双收。到 16 世纪末，英国的租地农场主已经到了一个很富有的阶级。

农业革命对工业的反作用

对农民土地断断续续地一再重复地剥夺，不断为工业的发展提供了大批的无产者。同时，土地所有权关系的变革，农业耕作方法的改进，规模协作的扩大，生产资料的积聚和集中，劳动强度的提高，都为工业提供了更多的生活资料和工业原料。

农业中生产关系的改变，同时也是建立国内市场的过程。以前农民自己生产和加工供自己消费的生活资料和供自己使用的原料，而现在都变成了资本的物质要素，变成了商品；以前农村家庭生产的纱、麻布等，现在变成了工场手工业的产品；以前大量的小生产者独立经营而形成分散的买主，现在集中为工业资本家供应的巨大市场。工场手工业与农业的分离，也就扩大和发展了两者之间的商品交换，农村家庭手工业的消灭，使一个国家的国内市场获得了资本主义生产方式所需要的范围和稳固性。

工业资本征服整个国内市场有一个过程，它在真正的工场手工业时期并没有发生根本的变化，只有大工业才用机器为资本主义农业提供了牢固的基础，彻底地剥夺了极大多数农民，使农业和农村家庭手工业完全分离。因为机器大工业铲除了农村家庭手工业的根基——纺纱与织布。这样，工业资本才完全征服了整个国内市场。

工业资本家的产生

工业资本家并不是像租地农场主那样逐渐产生的，虽然也有一些行会师傅、独立的手工业者，甚至雇佣工人成了小资本家，然后通过逐渐扩大对雇佣劳动的剥削和相应的积累，而慢慢地变为不折不扣的资本家。但是，这种如蜗牛爬行般的速度无论如何也不能适应15世纪末各种大发现所造成的新的世界市场的贸易需求。中世纪遗留下来的两种不同形式的资本，高利贷资本和商人资本，虽然对原始积累起过重要的作用，而且有不少商人和高利贷者转化为工业资本家，但是，高利贷和商业所形成的货币资本在转化为工业资本的时候，曾受到农村封建制度和城市行会制度的阻碍，只是随着原始剥夺的进行，这种束缚才被逐渐摆脱，所以这个过程非常缓慢。

既然按照上述渐进的方式不能快速地产生工业资本家，那么，它怎么才能够迅速地发展起来以满足新的世界贸易市场的需要呢？工业资本家是通过集中的、有组织的社会暴力而产生的，从而有力地促进封建生产方式向资本主义生产方式转变。

工业资本家借助暴力和国家权力，先后实行了殖民制度、国债制度、现代税收制度、保护关税制度、商业战争、奴隶贸易等极其残忍野蛮的方法使自己迅速发展起来。工业资本的来源不仅是靠西欧各国的无产阶级的血汗，而且靠世界各国人民的血汗；不仅在宗主国对妇女儿童实行隐蔽的奴隶制，而且在拉丁美洲、非洲、亚洲实行公开的奴隶制。工业资本家产生的历史表明：资本来到世间，从头到脚，每个毛孔都滴着血和肮脏的东西。

资本主义积累的历史趋势

在资本主义时代以前，就存在着劳动者私人占有生产资料的小生产，它虽然在农奴制、奴隶制等从属关系中已经存在了，但是直到封建社会末期，劳动者获得生产资料以后才得到充分发展。这种生产方式是以土地和其他生产资料的分散为前提的，它既排斥生产资料的积聚，也排斥协作，排斥同一生产过程的内部分工，排斥社会生产力的自由发展。当它发展到一定程度时，自身的缺点就成了消灭自身的一个武器，生产力的发展必然要突破小生产私有制的生产关系，使这种生产方式灭亡。个人的分散的生产资料转化为社会的积聚的生产资料，多数人的小财产转化为少数人的大财产，资产阶级剥夺广大人民群众的生活资料、劳动工具和土地，得到了原始积累，形成了资本的前史。以雇佣劳动为基础的资本主义私有制取代了以个体劳动为基础的私有制。

资本主义生产方式确立后，剥夺的过程并没有停止。劳动的进一步社会化，土地和其他生产资料的进一步转化为社会使用的公共生产资料，那么，对私有者的剥夺就会采取一种新的形式——剥夺资本家。这种剥夺是通过资本主义生产本身的内在规律的作用，即通过资本集中进行的。随着资本的积累、积聚、集中，生产的社会化获得了巨大的发展，与此同时，这种巨大的生产力、日益社会化的生产资料和生产成果却被少数资本的巨头所占有，而无产阶级和广大劳动人民群众则陷入贫困的境地。随着工人阶级的日益壮大和反抗力量的不断增长，资本的垄断成为了资本主义生产发展的桎梏，生产的社会化和资本主义私人占有之间的矛盾达到了不能相容的地步。资本主义私有制的丧钟就要敲响，原来的剥夺者就要被原来的受剥夺者剥夺了。完成这个历史性的剥夺任务，正是无产阶级的历史使命。

资本主义的私有制，是对个人的、以自己劳动为基础的私有制的第一个否定，而资本主义生产的必然性及其内在矛盾的发展，造成了自身的否定，这是否定的否定。这种否定不是重新建立起私有制，而是在资本主义时代成就的基础上，在劳动者共同占有生产资料的基础上，重新建立劳动者的个人所有制，即人民群众剥夺少数掠夺者。

第七章

资本形态变化及其循环

Capital

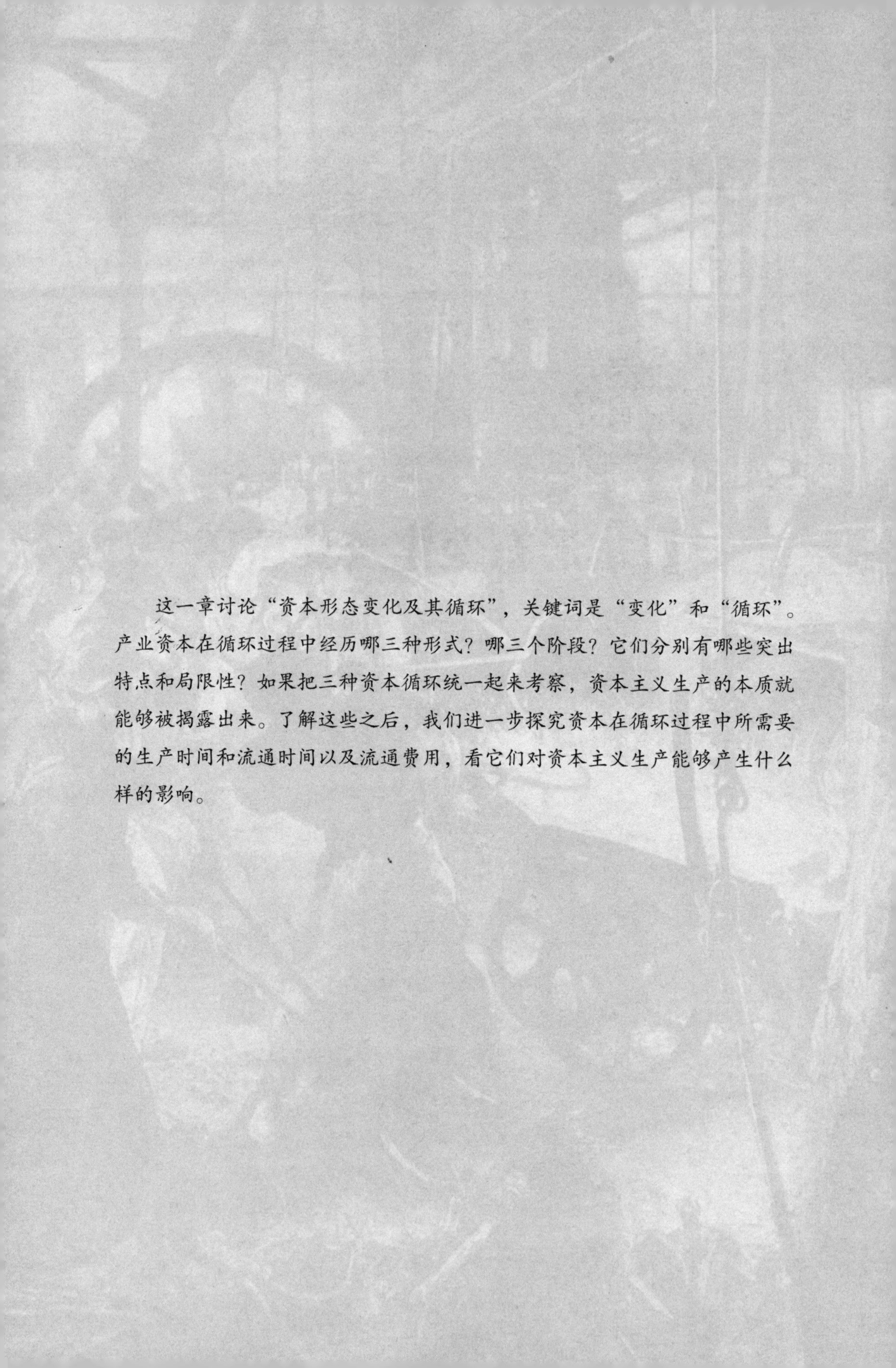

这一章讨论“资本形态变化及其循环”，关键词是“变化”和“循环”。产业资本在循环过程中经历哪三种形式？哪三个阶段？它们分别有哪些突出特点和局限性？如果把三种资本循环统一起来考察，资本主义生产的本质就能够被揭露出来。了解这些之后，我们进一步探究资本在循环过程中所需要的生产时间和流通时间以及流通费用，看它们对资本主义生产能够产生什么样的影响。

第一节
货币资本的循环

导读：货币资本循环是产业资本循环的三个形态之一，也是产业资本循环最片面、最明显、最典型的表现形式。这一节主要是论述资本循环在产业资本运动中的地位和作用，通过货币资本循环的这一特殊循环来考察产业资本的一般循环。货币资本循环要经历哪三个阶段？各个阶段又有什么样的特点和局限？

产业资本在其运动过程中依次采取三种形态，货币资本、生产资本、商品资本，经历三个阶段，最后又回到出发点构成一个循环。

资本的增殖体现在资本的运动中，资本的运动首先表现为资本的循环，资本的循环过程要经历三个阶段：

第一阶段，购买阶段。资本家在流通中用货币购买生产资料和劳动力，完成了“货币—商品”这个流通行为。

第二阶段，生产阶段。资本家用购买的商品从事生产消费，他作为资本主义商品生产者进行活动，他的资本完成了生产过程，生产出一种商品，它的价值大于它的生产要素的价值。

第三阶段，售卖阶段。资本家回到市场，把它的商品转化为货币，完成了“商品—货币”这个流通行为。

货币资本是产业资本的三个形态之一，也是产业资本最片面、最明显和最典型的表现形式。货币资本循环的过程可用 G—W…P…W′—G′ 表示。在这个公式中，有必要说明一下，G 表示货币，W 表示商品，P 表示生产过程，W′ 表示增加了剩余价值的商品，G′ 表示增加了剩余价值的货币。

第一阶段：G—W

G—W 表示的是货币额转化为商品额，对买者来说，是他的货币转化为商品；对卖者来说，是他的商品转化为货币，这是一般商品流通的行为。同时，它也是资本循环中一个特殊的阶段。使这个一般商品流通行为成为资本循环中的一个特殊阶段，是由和货币发生换位的商品的特殊使用性质决定的。因为资本家购买的商品，既包括生产资料，也包括劳动力，即生产过程中物的因素和人的因素的结合。生产资料和劳动力的特性，必须要与资本家所要生产的物品的种类相适应。例如，纺织厂资本家所要购买的生产资料和劳动力与制衣厂资本家所要购买的生产资料和劳动力在物质内容上显然是不同的。所以资本家的货币额在质上分割为两类，一类用来购买劳动力；另一类用来购买生产资料。如果用 A 表示劳动力，用 Pm 表示生产资料，则资本家购买的商品总额 W ＝ A＋Pm。

资本家在市场上购买的商品除了有生产资料和劳动力的质的分割之外，还存在着一种量的关系。也就是说，购买的生产资料的数量和规模，必须足以使这些劳动力能够得到充分的利用。生产资料与劳动力之间的量的比例关系，是由资本的技术构成决定的。如果没有足够的生产资料，劳动力就会出现闲置而造成浪费，或者说劳动者的剩余劳动得不到利用，从而资本家的剩余价值也会随之减少；相反，如果生产资料太多，多余的生产资料就不能通过劳动者的劳动转化为产品，从而使资本家这部分资本积压起来无法发挥作用。

▶ 哥德堡号航行时的情景

哥德堡号是瑞典的商船，曾多次到中国，买回茶叶、丝绸、瓷器等货物。

生产资料和劳动力的购买一经完成，资本家就支配着一个比劳动力自身价值更大的劳动量，同时也支配着使这个劳动量发挥作用的生产资料，因为劳动力是生产剩余价值的源泉，而生产资料则是生产剩余价值的物质条件。在这里，货币不仅执行购买手段的职能，而且还执行着货币资本的职能。通过购买，资本家拥有了生产剩余价值的条件，即劳动力和生产资料，为剩余价值的生产做好准备。

资本家以货币形式预付资本，通过购买转化为劳动力和生产资料从而能生产剩余价值的实物形式，这种具有创造价值和剩余价值能力的存在于生产要素形式上的资本就是生产资本。这一转化的完成，标志着货币资本就要转变为生产资本从而进入第二阶段。

生产资本的职能

由货币资本转化为生产资本的结果是流通的中断，因为实物形式的资本价值是不能继续流通的。资本家取得这些生产要素不是为了卖，而是为了生产。资本家作为商品生产者把购买到的劳动力和生产资料带入资本主义生产过程，把两者结合起来进行生产，其结果是生产具有剩余价值的商品。这种商品的全部价值比生产它所要耗费生产要素的价值大得多。第二阶段可以用公式表示为 W（A＋Pm）…P…W′。在这里，P 表示生产过程，W′ 表示包含剩余价值的商品，虚线表示流通中断，但资本循环过程仍在继续，资本从流通领域进入生产领域。

不论社会生产形式如何，劳动者和生产资料始终都是社会生产的重要因素。如果要进入生产过程，就必须把这两者结合起来，而实行这种结合的特殊方式和方法，则是区分各种社会经济时期的标志。

劳动力和生产资料在资本主义生产过程中是作为资本家的可变资本与不可变资本来发挥作用的。它还有以下特点：生产资料在为资本家所有时，即使在生产过程之外，也仍然是他的资本；劳动力只有在生产过程，才是单个资本的存在形式。也就是说，劳动力在雇佣工人手中是一种商品，而在资本家手中却是一种资本，生产资料和劳动力只有结合在一起才能成为生产资本。生产资本的职能在于对劳动力及生产资料进行消费，转化为一个具有更高价值的产品量。这个产品不是普通的商品，它不仅包含生产商品所耗费的生产资本的价值 P，还包含剩余价值M，所以它的价值＝P+M。所以，生产资本的职能就是生产剩余价值。

第三阶段：W′—G′

货币资本循环的第三阶段是售卖阶段，即商品资本转化为货币资本。此时，资本家作为商品的售卖者，从生产过程回到流通过程，把从生产过程生产出来的包含剩余价值的商品卖出去，转化为资本。售卖阶段可以用公式表示为W′—G′，在这里，W′表示包含剩余价值的商品，G′表示包含剩余价值的货币。

作为生产过程结果的商品，它必须在流通过程中卖掉，转化为货币，完成由商品到货币的转变运动。如果已经增殖的资本还以商品资本的形式停滞在市场上，那么生产过程就会停止，而且资本家的剩余价值也无法实现。因为作为资本主义生产过程结果的商品，是包含剩余价值的商品，从而商品售卖阶段不仅仅是商品价值形式变化的一般商品流通过程，同时还是资本家实现价值和剩余价值的一个特定的过程。

商品资本能否实现向货币资本的转化，除了对资本主义生产过程产生很大的影响，在资本主义生产规模上也产生很大的影响。由于资本从商品形式转化为货币形式的速度不同，同一个资本价值在一定时期内所发挥的作用也就不同。如果售卖速度越快，同量资本在一定时间内执行生产资本职能的次数就越多，从而生产规模也会随着扩大。流通过程虽然没有增加新的价值，但是它影响了资本的增殖程度。影响资本增殖程度的还有商品的售出数量。待售商品价值中不仅包含了预付资本的价值，还包含了剩余价值，它们能否实现，取决于商品销售的数量。只有当全部的商品都出售完了，预付的资本才能收回，剩余价值才能实现。

因此，商品资本只有全部、快速、流畅地实现向货币资本的转化，才能最终完成实现剩余价值的职能。

总循环

把资本循环的三个阶段连接起来，就形成了货币资本循环的总公式：G—W…P…W′—G′。资本总循环过程经历了三个阶段，即购买阶段、生产阶段、出售阶段。其中，购买阶段和出售阶段属于商品的流通过程，生产阶段属于商品的生产过程。所以，资本的循环是流通过程和生产过程的统一。在资本运动的不同阶段，产业资本采取不同的形态，完成不同的职能：在购买阶段，产业资本采取了货币资本的形态，用货币去购买劳动力和生产资料，为剩余价值的生产发挥准备条件的职能；在生产阶段，产业资本采取了生产资本的形态，将购买阶段的生产资料和劳动力结合起来，完成生产剩余价值的职能；在出售阶段，产业资本采取了商品资本的形态，将生产阶段的商品通过出售获得货币，完成实现剩余价值的职能。在资本的运动过程中，不仅保存了预付资本的价值，而且还增大了资本的量，生产出剩余价值，资本又回到了总过程开始时原有的形式上。所以，产业资本以货币的形式开始，也以货币的形式结束，资本运动形成一个周而复始的循环过程。

资本循环的正常进行必须具备以下两个条件：

第一，资本必须不停地从一个阶段进入另一个阶段。资本如果在第一阶段即购买阶段停顿下来，那么货币资本就会凝结成贮藏货币；资本如果在第二个阶段即生产阶段停顿下来，那么会造成两个方面的后果，一是生产资料被闲置下来，二是劳动者处于失业状态；资本如果在第三个阶段即出售阶段停顿下来，那么商品就会因为卖不出去而把流通通道阻塞了。可见，资本无论在任何一个阶段停顿下来，都会使资本的循环运动发生障碍。

第二，资本必须在各个循环阶段中的一定时间内固定在一定的形式上。在购买阶段，资本必须固定在货币资本形式上，用以购买生产资料和劳动力，然后进入生产过程；在生产阶段，资本必须固定在生产资本形式上，把生产资料和劳动力结合起来，生产出包含剩余价值的商品，然后进入售卖过程；在出售阶段，资本必须固定在商品资本上，把商品卖出去，实现剩余价值。只有当资本完成与其当前形式相适应的职能之后，资本才能够进入下一个新阶段。

第二节
生产资本的循环

生产资本的循环是产业资本循环的第二种循环，它表示生产资本职能的周期更新，也表明资本主义生产过程是价值增殖的再生产过程。这一节，我们将了解生产资本循环的概念和特征，考察资本主义生产过程的简单再生产和扩大规模的再生产，以及在再生产过程中涉及的货币积累和准备金。

生产资本循环的概念和特征

何为生产资本的循环？生产资本的循环是指从生产资本开始，最后又回到生产资本的一个运动过程。生产资本的循环表示了资本的再生产过程。生产资本在它完成生产剩余价值的职能之后，转而进入售卖阶段，把包含价值和剩余价值的商品卖出去，换取货币，用剩余价值转化来的货币继续购买生产下一轮剩余价值所需的生产资料和劳动力，再进入生产过程。所以，生产资本的循环是以流通过程为媒介连接着两个生产过程的循环运动。它用公式表示为：P…W′—G′—W…P。在这里，P 表示的是生产过程，W′ 表示包含剩余价值的商品，G′ 表示包含剩余价值的货币，W 表示新一轮生产所要用的商品，包括生产资料和劳动力，P 表示的是新一轮的生产过程，即再生产过程。

生产资本的循环表示了资本的生产过程是价值增殖的再生产过程，他表示资本主义的生产不仅是一次剩余价值的生产，而且是剩余价值的周期生产，在这个过程中，资本反复执行着价值增殖的职能。

生产资本的循环有什么突出特点呢？把货币资本循环的公式 G—W…P…W′—G′ 和生产资本循环的公式 P…W′—G′—W…P 做一下比较，特点显而易见。

首先，在货币资本循环中，生产过程 P 是两个流通过程（G—W 和 W′—G′）的媒介；而在生产资本循环中，流通过程 W′—G′—W 是生产资本再生产和循环的媒介。

其次，在货币资本循环中，总流通形式是 G—W—G′，表现的是资本的流通；而在生产资本循环中，总流通形式为 W′—G′—W，表现的是简单商品流通。

生产资本的媒介形式为 W′—G′—W，已经增殖的货币资本额（G′）中有多少剩余价值再转化为预付资本，直接影响着再生产的规模。如果剩余价值全部都用于资本家的个人消费，而没有在再生产过程中增加新的资本，这就是简单再生产。如果剩余价值中有一部分或全部转化为资本追加生产资料和劳动力，再投入下一个生产过程，这就是扩大再生产。

简单再生产

在简单再生产中，由于全部剩余价值都用于资本家的个人消费，因而这部分价值就会退出资本的运动过程，进入一般的商品流通过程。而货币价值总额＝资本价值＋剩余价值，所以，除剩余价值外，资本价值部分仍在产业资本的循环中继续流通。需要说明的是，资本家用于个人消费的货币一般采取贮藏货币的形式，因为这种消费是在不同时期不同地点分散进行的。

要使资本主义简单再生产继续进行，必须在商品转化为货币后购买与上一生产过程等同的生产资料和劳动力，即使生产资本在资本的运动中继续循环。在售卖阶段，商品 W′ 不管是消费者购买还是经销商购买，只要生产出来的商品能够全部卖出，资本家用于个人消费的剩余价值不受影响和阻碍，简单再生产就能够顺利进行。

积累和扩大规模的再生产

前已述及，资本主义扩大再生产是剩余价值生产的不断扩大，因而是剩余价值不断地转化为资本的过程。它是资本家致富的手段，同时也是资本主义生产的一般特征。资本主义扩大再生产，是资本家把剩余价值的一部分或者全部转化为资本，作为追加生产资料和劳动力的资本。但是这些资本并不能够立即进入生产资本的循环。因为扩大生产过程的比例不是任意规定的，而是由技术规定的。已经实现了的剩余价值虽然要资本化，但是还要经过多次的循环往复达到积累所需要的规模，这时它才能实行追加资本的职能。例如，扩建厂房和增加设备都需要大量的货币，这些货币的提供并不是靠一两次资本循环形成的资本积累能够解决的。在没达到需要的规模之前，剩余价值就凝结为贮藏货币，在这一形式上形成潜在的货币资本，为资本的循环提供条件。

为了使问题不复杂化，我们假定，剩余价值全部用于积累。那么扩大再生产的生产资本循环公式可以表示为：P…W′—G′—W′（A＋Pm）…P′。这个公式表示，P 作为生产资本按更大的规模、更大的价值被生产出来，并且作为已经增大的生产资本开始它的第二次循环。从第二次循环开始，P′ 又成为起点，但是与第一个 P 有所不同的是，它已经是一个更大的生产资本了。值得注意的是，P′ 所表示的不是剩余价值被生产出来，而是剩余价值已经实现了资本化，也就是说，资本已经形成积累，它是由原来的资本的价值加上积累起来的资本的价值构成的，在循环中已经增殖的生产资本 P′ 一旦作为新循环的起点，它就已经变成新的预付资本了。

▶ 1873年维也纳博览会展出的工业产品

生产资本的循环以流通过程作为生产过程的中间环节，消除了剩余价值是从流通过程产生的假象，揭示了剩余价值的真正来源在于生产过程。但是，生产资本的循环既以生产为起点也以生产为终点，所以资本家可以说自身是为了再生产，从而掩盖了他为价值增殖而生产的资本主义生产的实质。

货币积累

为了扩大再生产，就要追加生产资料和劳动力，而要追加生产资料和劳动力，首先要有一定量的货币。所以，由剩余价值转化而来的货币能否进入资本的循环过程，就要取决于它的数量。当资本家榨取的剩余价值达到一定数量时，才能开始追加生产资料和劳动力，与原来的预付资本一起执行资本的职能。以纺纱厂作为例子，如果由剩余价值转化而来的资本新建一个独立的纺纱厂，资本必须达到一定的数量；如果由剩余价值转化而来的资本扩大纺纱厂的生产规模，一方面，资本家必须同时购置相应数量的机器才能增加纱锭的数目，另一方面，资本家还需要增加棉花和工资的支出。

所以要扩大生产，生产资本必须经过多次的循环往复使资本达到能够扩大生产的最低限度。在此之前，生产资本以货币贮藏的形式进行货币积累，而且在贮藏期间，货币不参加价值增殖过程因而不执行资本的职能。所以，货币贮藏的目的是为了进行资本的积累，为扩大生产规模做好准备。

准备金

虽说货币积累基金是实现资本积累的必要条件，但是这种基金可以完成特殊的附带的职能，即可以进入资本循环的过程。货币积累基金可以被资本家暂时用作准备金，在 W′—G′ 过程如果超出了正常的时间，商品资本不能转化为货币资本时（通俗地来说，是指现金一时收不回来的时候），或者说商品资本虽然已经转化为货币资本了，但是由于生产资料价格上涨而造成现金不足时，货币积累基金就可以充当准备金来消除资本循环过程中出现的干扰，以保证生产的正常进行。

准备金和生产资本循环中 P…W′—G′—W…P 购买手段或支付手段的基金是有很大不同的。购买手段或者支付手段执行货币资本的一部分职能，而准备金不是执行职能的货币资本的一部分，它只是尚未转化职能的剩余价值，它的作用只是消除资本循环中出现的停滞而发挥的附带职能，它既不能转化为生产资本也不能扩大再生产的规模。

第三节 商品资本的循环

导读：商品资本循环是产业资本循环的第三种循环。这一节主要是探讨商品资本循环的特征，以及它与货币资本循环和生产资本循环的区别，揭示商品资本是唯一一个能够体现社会总资本运动的形式。

商品资本循环用公式表示是：W′—G′—W…P…W′（W″），在这里，W′表示的是包含着剩余价值的商品，G′表示的是包含剩余价值的货币，W 表示的是用货币购买的生产资料和劳动力，P 表示生产过程，W′表示的是新的包含剩余价值的商品。如果是简单再生产，那么终点的 W′与起点的 W′是一样的；如果是扩大再生产，终点的 W′就大于起点的 W′，即用 W″表示。

商品资本循环表明了生产与消费的内在联系

从商品资本循环的公式中可以看到：第一，全部商品产品的消费是资本本身能够正常循环的条件，循环开始阶段 W′—G′是一个销售过程，这个过程的实现是以这些产品被全部消费为前提的；第二，所买进的商品 W（即生产资料和劳动力）的社会存在是使资本本身正常循环的前提。如果这个商品还没生产或者再生产出来，循环就会受到阻碍。所以，商品资本循环体现了商品生产与消费的内在联系。

但是，资本循环中包含着剩余价值的商品的售卖，似乎是满足社会的需要；而生产资料和劳动力等生产要素的购买，似乎也是为了满足社会的需要。所以，商品资本循环给人们造成了一种假象，资本家生产商品的目的就是满足社会的需要，掩盖了资本价值虚伪的面目。商品资本的循环之所以不能反映资本主义生产的现实，在于它掩盖了资本主义生产追求剩余价值的目的和动机。

商品资本与货币资本、生产资本有明显的区别

第一，商品资本循环处在资本运动的最初阶段，是由两个流通阶段即卖阶段（W′—G′）和买阶段（G′—W）构成的总流通过程，这表明了商品价值的实现和生产要素的购买，是使生产过程顺利进行的前提。

第二，在商品资本循环中，资本的运动起点永远是 W′ 这个商品是生产过程的结果，包含着预付资本价值和剩余价值。

第三，商品资本循环是唯一一个能够体现社会总资本运动的形式。商品资本循环不仅包括补偿预付资本的商品运动，也包括含有剩余价值的产品运动；既包括生产消费，也包括个人消费；既包括商品总资本 W′ 的各个构成部分在价值上如何补偿，也包括在使用价值上如何交换。可见，商品资本已经超出了单个产业资本循环的范围，体现了社会总资本的运动。

第四节
产业资本的总循环

导读：这一节是对产业资本的三个循环进行总的考察，把它们联系起来讨论其区别，但更重要的是找出它们的共同之处，来揭示产业资本循环是三个循环的统一。要使产业资本的三个循环能够同时连续进行，需要什么样的条件呢？

产业资本循环三种形式的区别

产业资本循环的三种形式，即货币资本循环、生产资本循环和商品资本循环，它们之间存在着明显的区别，有着各自的特点和片面性。它们各自的公式分别表示为：

1. 货币资本循环：G—W…P…W′—G′

2. 生产资本循环：P…W′—G′—W…P

3. 商品资本循环：W′—G′—W…P…W′

货币资本循环只表明价值方面，表示预付资本价值的价值增殖是整个过程的目的；生产资本循环只表明资本的生产过程是用相同的或者增大了的资本进行生产的再生产过程，表面上看起来资本主义生产的目的是生产使用价值，它实质上掩盖了资本运动的生产剩余价值的目的；商品资本循环只表明资本的运动过程既包含个人消费也包含生产消费，而且全部产品的消费是实现资本价值增殖的条件。

产业资本的循环是三种循环的统一

产业资本循环是三种循环的统一，它们也有共同的特征。

第一,三种循环都是以价值增殖为目的和动机的。在货币资本循环中，由 G 到 G′ 的过程直接明了地表现出了把货币资本投入生产过程的目的是获得更多的货币，即获得更多的剩余价值；在生产资本循环中，由 P 到 P′ 的过程是从价值增殖过程开始的，是生产剩余价值的开端；在商品资本循环中，由 W 到 W′ 的过程是从已经增殖了的价值，即包含着剩余价值的商品资本开始的，又以比原来价值 W 增殖了更多价值的价值 W′ 结束。所以，不同形式的资本循环却有共同的目的——追求剩余价值。

第二，循环的过程都表现为生产过程和流通过程的统一。每种资本循环既有生产过程，也有流通过程，生产过程和流通过程互为媒介。

第三，生产过程的所有前提，都表现为过程的结果，过程的结果同时又表现为过程本身所产生的前提。举个例子，在货币资本循环公式中 G—W…P…W′—G′，G 是资本运动的前提，也是这个过程的结果，G′ 又是重新循环的前提。

第四，循环过程的每一因素，即每种形态的资本都表现为出发点、经过点和复归点。

产业资本的总运动、总循环表现为三种循环形式的统一，在一个不断回转的循环中，不仅每个特殊的循环都把其他循环作为前提，而且每一种形式的循环都包含其他形式循环的进程。在对产业资本的理论考察中我们才区分这三种循环，而在实际中，任何单个产业资本的循环都同时处在这三种循环形式中，因而这三种循环是连续地并列地进行的。

产业资本循环需要具备的条件

产业资本循环是一个连续不断的过程，而产业资本运动的这种连续性，是由资本主义社会化大生产决定的。要使产业资本的这三种循环总能同时地连续地进行，就必须具备以下两个条件：

第一，在资本主义生产过程中，产业资本需要被资本家按照一定的比例分为三个部分，即货币资本、生产资本和商品资本，分别以各自的形式在不同的阶段即购买阶段、生产阶段和售卖阶段上进行循环运动。这就是产业资本空间上的并存。例如，假如资本家有 6000 元的资本，他要使这个资本得到正常的循环，就必须把这 6000 元的资本按照比例分割成三个部分，假如每部分各为 2000 元，那么，当他的 2000 元商品资本转化为货币资本时，就有 2000 元的生产资本转化为商品资本，也会有2000元的货币资本转化为生产资本。只有这样，循环的三个阶段才不会中断，资本的循环才能顺利地进行。

第二，在时间上，每一部分资本都不断地依次通过不同的循环阶段，即从一个阶段转到另一个阶段，从一种形态变为另一种形态；每一部分资本都不断地改变资本的职能形式，完成自己的循环过程。这就是产业资本时间上的继起。例如，在售卖阶段，如果生产出来的商品卖不出去，价值和剩余价值都没有得到实现，那么，全部资本就会停留在商品的形式积压起来，自然就不能进入购买阶段去购买生产资料和劳动力，生产过程就在这里中断而无法进行。

产业资本运动在空间上的并存和时间上的继起保证产业资本的不断运动，空间的并存性和时间的继起性，是互为前提、互为条件的。首先，继起以并存为前提，如果没有产业资本同时分为货币资本、生产资本和商品资本这三种形态，产业资本就不可能依次经过购买、生产、售卖三个阶段，完成运动的全过程。其次，并存又以继起为保证，如果没有各种形态的资本顺畅地经过购买、生产和售卖阶段，产业资本的各个部分就难以继续并存下去。

第五节
流通时间和费用

导读：既然资本循环的过程是生产过程和流通过程的统一，所以有必要来考察一下生产时间与流通时间，以及资本在流通领域中产生的各种费用，看它们对商品生产和商品的价值产生哪些影响。

生产时间与流通时间

资本进行生产领域和流通领域两个阶段的运动，是有时间顺序的。资本在生产领域停留的时间是它的生产时间，资本在流通领域停留的时间是它的流通时间，而资本完成它的循环的全部时间，等于生产时间和流通时间之和。资本循环的生产时间与流通时间，对资本价值的增殖具有完全不同的意义。

▶ 1869年横贯美国的大干线铁路在犹他州普罗特里接轨

便捷的铁路运输能够节省商品流通时间，从而减少运输费用。

生产时间由三个部分构成：

第一部分，生产资料储备时间。是指生产资料已经进入生产领域，但尚未进入生产过程的时间。

这主要是指生产原料、各种辅助材料等生产资料在仓库里面储存的时间。这时的生产资料只形成潜在的生产资本，虽然还没有在生产过程中发挥它的作用，但是它却停留在生产领域，处在生产过程的预备阶段，是使生产过程连续不断进行的一个条件。

第二部分，生产过程时间。它是指生产资料在生产过程中起作用的时间，这时的生产资料已经执行它的职能。它又分为劳动过程的时间和自然过程的时间。劳动过程的时间也叫劳动时间，它是指工人为生产某种产品而对劳动对象进行开采、加工、种植、养殖的时间，也就是劳动力与生产资料相结合并发生作用的时间。自然过程时间是指自然力作用于劳动对象的时间，在农业、畜牧业、印染业、酿酒业等许多的生产部门中，在劳动过程前后或者劳动过程中，要经历一个物理、化学、生理的自然过程，虽然劳动过程中断了，但是生产过程仍然是继续的。比如，生产一件彩色上衣，对白布匹进行印染后需要自然风干或者晒干，经过这样的自然过程之后，才能进入下一个裁剪和缝制的生产过程。生产过程本身造成了劳动过程的中断，但是这种中断却又是生产过程的继续。

▶ 法国卢瓦尔河谷上酿造美酒的古老酒窖

酿酒要经过一个物理的、生理的、化学的自然过程，虽然劳动过程中断了，但是生产过程仍然是继续的。

第三部分，生产过程中断时间。是指劳动过程的周期性中断，即生产资料停止发挥作用的时间，如机器、设备、工具在夜间停止使用。这时的生产资料虽然停留在生产领域，但是它们既不在劳动过程中执行职能，也不在生产过程中执行职能，既不生产价值也不生产剩余价值。一般情况下，机器、设备、工具等生产条件虽然已经停止使用，但是，它们的价值会按照其执行职能的全部时间慢慢地转移到产品中去。

分析生产时间构成的意义在于更好

地区分劳动时间和非劳动时间，在这两部分时间里，只有劳动时间才创造价值和剩余价值。生产时间总是超过劳动时间，资本家竭力缩短生产时间中超过劳动时间的那部分“非劳动时间”，原因在于获得更多的剩余价值。这也是资本主义生产发展的趋势。

除此之外，分析生产时间构成的意义还在于更好地区分生产时间超过劳动时间的各部分，包括生产资料储备时间、生产过程中断时间、自然过程时间。即使这三部分时间都不会使资本价值增殖，但是它们对于价值和使用价值的形成分别起着不同的作用。下面用图表示生产时间的构成。

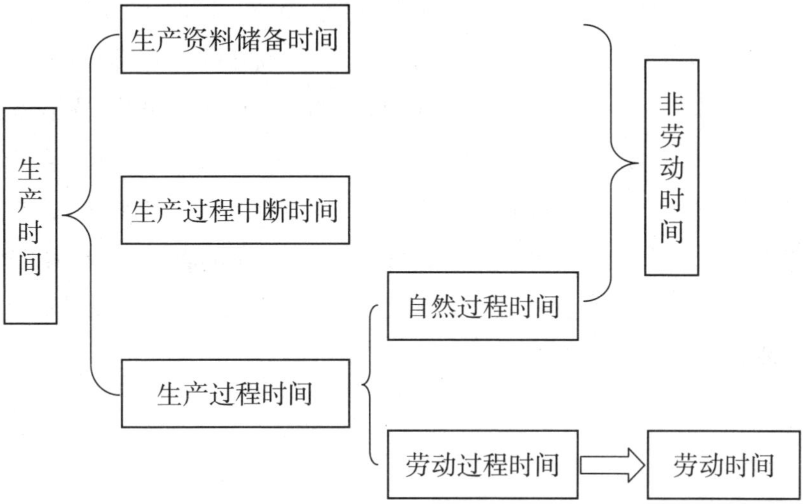

资本的流通时间是由售卖时间和购买时间组成的。

售卖时间是指资本由商品形式转化为货币形式的时间，即我们平常所说的“卖”，卖是资本形式发生变化最困难的部分，也是占流通时间最大的一部分，也是在流通时间中最具决定性意义的部分。已经生产出来的剩余价值能否实现，就要看卖的功夫了。影响商品售卖时间最主要的因素是商品本身的自然属性，有一些商品在一定的期限内没有被卖掉并不影响它本身存在的使用价值和发挥作用，如衣服、鞋帽等；而有些商品只能在一定的并且是较短的期限内卖掉，否则会影响甚至失去使用价值，最后会影响价值甚至失去价值，剩余价值的实现就更不用说了，如一些水果、蔬菜、肉类等。现在我们日常购买的商品一般都会有保质期，而这种保质期就是限制商品售卖时间的具体体现。

购买时间是指资本由货币形式转化为商品形式的时间，即我们平常所说的“买”，购买时间的长短受到多方面因素的影响，如生产资料价格的变动，原材料供应地的远近，商品销售市场距离的远近等。购买时间是使价值增殖或者说生产剩余价值的准备时间，还没到剩余价值的生产和实现。

在资本主义生产过程中，流通时间是价值增殖的一个重要条件。没有购买和售卖，生产过程就无法进行，剩余价值就不能产生和实现。在售卖时间和购买时间两个阶段中，资本执行的是货币资本和商品资本的职能，而不是生产资本的职能。因此，流通领域内的资本既不能生产商品也不能生产剩余价值。

资本的生产时间和流通时间是互相排斥的。在同一时间内，同一资本不可能既处在流通时间又处在生产时间，同一个资本，当它停留在流通领域的时候，资本在生产领域就会中断，从而资本的自行增殖也会中断。另外，资本在流通领域内停留的时间越长，流通领域内占据的资本越多，它在生产领域内执行职能的部分就越少，生产过程的更新也越慢。如果流通时间趋向于零，那么资本的职能就越大，资本的生产效率也就越高，它自行增殖的能力也就越大。所以，资本流通时间的长与短，对于生产时间的长与短以及资本价值的增殖程度，起着一个消极限制的作用。

流通费用

资本的循环除了要经历一定的时间，还要花费一定的费用。资本在流通领域耗费的各种费用叫流通费用。流通费用可以分为两大类，一类是单纯为资本价值转化而支付的费用，叫作纯粹流通费用（也叫非生产性流通费用），主要有买卖时间和簿记；另一类是为商品使用价值的保管和运输而支付的费用，叫作生产性流通费用，主要有保管费用和运输费用。

一　纯粹的流通费用

买卖时间　买卖时间是在流通过程中，资本由商品形态转化为货币形态或者由货币形态转化为商品形态需要的时间，或者说，资本家在市场上执行卖者和买者职能的时间。这段时间构成资本家经营时间的一部分，虽然它不创造价值和使用价值，但是它却是使价值由一种形式转变到另一种形式所必需的。

簿记 簿记是纯粹流通费用的另一构成内容。簿记是指以货币计量为单位，通过记账和算账，对生产经营过程进行记录和核算的一种活动。在这一活动过程中，一方面需要雇佣专门的簿记人员；另一方面，在簿记行为中需要消耗一定的物品，如纸张、笔、办公桌等。资本的循环运动无论是在生产过程还是在流通过程，都是由簿记来确定和控制的，如商品的计价和定价，而且被计价和定价的商品只表现为一种观念上的货币。商品生产者的簿记活动要耗费劳动和生产资料，很显然这些耗费没有增加商品的价值，但却是很必要的。这些耗费只能从簿记员用于生产的时间以及从现实生产过程中执行职能的、参加价值形成的劳动资料中扣除。

▶《簿记论》

意大利作家帕乔利著，属会计经典著作。

由簿记产生的各种费用与在买卖时间上的费用存在一定的区别。花费在买卖时间上的费用是随商品生产过程的产生而产生，随着商品生产的消失而消失。也就是说，商品生产存在，簿记就存在，而且生产的社会化程度越高，社会经济的各个部门联系就更为密切，簿记的作用就越大。簿记对于资本主义生产，比对手工业生产和农民的分散生产更为重要；对于公有生产，比对资本主义生产更为重要。随着生产的社会化和簿记的专业化，用于簿记的费用将会越来越少。

纯粹流通费用的支出，有助于加快商品价值的实现，对资本循环来说是必要的。它不创造价值和剩余价值，所以，这些费用只能从剩余价值中得到补偿，是对社会总剩余价值的一种扣除。

二 生产性流通费用

生产性流通费用是指生产过程在流通领域继续进行而产生的费用，主要有两种，保管费用和运输费用。

保管费用 保管费用是指储存商品所需要的一切费用。这些费用与纯粹流通费用不同，也与生产过程中的生产费用不同。它是具有两重性质的。保管费用产生于生产过程，是为了保持商品的使用价值，因而在一定程度上会加入商品价值，使商品变贵。这种保管劳动虽然不增加商品的使用价值，但它保存了商品的使用价值，因而创造了价值和剩余价值。所以，为此支付的费用属于生产费用；又由于它的生产性质被流通形式所覆盖，所以为流通费用。然而，保管费用只保管了商品的使用价值，没有创造使用价值和增加社会物质财富，所以从这个观点看，保管费用是非生产耗费引起的费用，要在社会物质财富中扣除。所以它是"生产上的非生产费用"。

商品储备形式有两种表现：一种是在售卖阶段，作为待出售的商品资本；另一种是在购买阶段，作为待购买的生产资料和生活资料，然后转化为生产资本。

商品资本出售得越迅速，再生产过程就越流畅；作为生产资本形式的储备，是再生产过程不断进行的条件，它被储备得越多，再生产过程也就越顺畅地进行。

运输费用　商品运输是商品由于生产和流通的需要，借助一定的运输工具，发生空间上的位移，为这种位移而支出的费用就是运输费用。由于商品运输不是发生在生产领域，而是发生在流通领域，那么运输费用就自然表示为流通费用的形式。商品运输的结果不会使商品价值量增大，也不会引起商品自然属性的变化，但是，商品运输与商品使用价值的实现和消费直接相关，它是使商品使用价值进入消费领域的中介。所以，运输是生产过程在流通领域的继续，运输劳动也能创造价值和使用价值。因此，花费在运输上的费用是生产性的流通费用。

在其他条件不变的情况下，由运输追加到商品中的绝对价值量与运输业的劳动生产率成反比。运输业的劳动生产率越高，由运输追加到商品中的绝对价值量就越少；相反，运输业的劳动生产率越低，由运输追加到商品中的绝对价值量就越多。由运输追加到商品中的绝对价值量与运输距离成正比。当运输业劳动生产率一定时，运输距离越大，由运输追加到商品中的绝对价值量就越多；相反，运输距离越小，由运输追加到商品中的绝对价值量就越少。

第八章

资本周转

Capital

上一章，我们研究产业资本的循环，重点是资本运动的阶段与形式。这一章，我们在研究产业资本循环的基础上研究产业资本的周转，重点是资本运动的时间与速度。研究资本周转的目的，是考查资本的周转方式、周转时间以及周转速度对剩余价值产生的影响。通过对这一章节的探讨，才能更好地理解资本循环与资本周转的关系——资本周转是资本不断重复的循环，即资本周而复始的运动。

第一节
资本的周转与形式

导读：表示资本周转的速度有两个要素——周转时间和周转次数。这一节我们首先要了解的是资本周转时间与资本周转速度是什么关系？资本周转次数与资本周转速度是什么关系？然后区分固定资本和流动资本，从而揭示生产资本的不同组成部分的不同周转方式对资本周转速度以及价值增殖的影响。

资本周转时间和周转次数

资本主义生产的决定性目的是实现预付资本的价值增殖，也就是追求剩余价值。资本家要实现这个目的，资本必须以货币资本的形式预付出去，经过一系列的阶段，已经增殖的资本又回到它的起点，并重新预付，完成资本的一次循环。预付资本要作为增殖资本并且永久保持这种活力就必须不断地重复这个过程。当资本的循环不是作为一次孤立的行为，而是作为一个周期性运动过程的时候，这种资本循环就叫作资本周转。所以，资本周转就是资本循环运动的不断重复，实际上是预付资本价值的周转。

资本周转的时间，是由资本生产时间和流通时间之和构成的。因此，资本的周转时间也就是预付资本价值从一个循环周期到另一个循环周期的间隔时间，它包含预付资本价值更新和重演它的增殖过程的时间。所以，资本周转一次，就会带来同一资本的一次价值增殖和一次生产过程的更新。

撇开那些可以加速或者缩短单个资本周转时间的个别冒险行为不说，资本周转时间在不同的投资部门是不同的。例如，投入建筑业、造船业、冶炼业、机械制造业等重工业部门的资本，周转时间一般比较长；而投入食品业、纺织业、制衣业等轻工业部门的资本，周转时间一般会比较短。为了计量的统一性，通常以一年作为一个计量单位，通过计算一年中资本周转的次数，来衡量资本周转的速度。决定用年为计量单位的自然基础是在英国这个资本主义生产的诞生地，主要农作物都是一年收获一次。年作为自然计量单位，不仅适用于以农产品为原料的工业部门的资本周转，也适用于其他一切工业部门的资本周转。所以，我们就以年为资本周转时间的计量单位。

资本周转次数就是一年中资本循环的次数，用公式表示为：资本一年周转次数＝一年时间 / 资本周转一次的时间。例如，某资本周转时间为 3 个月，那么周转次数就是：12 / 3 ＝ 4，也就是说，资本在一年中周转 4 次；如果资本周转时间为 2 个月，那么周转次数就是：12 / 2 ＝ 6，也就是说，资本在一年中周转了 6 次。对资本家来说，资本周转的时间就是他实现预付资本价值的时间，周转时间的长短影响着资本价值的增殖速度。

资本周转时间与资本周转次数成反比。资本周转时间越长，一年内资本周转次数就越少；资本周转时间越短，一年内资本周转次数就越多。另外，资本周转次数与资本周转速度成正比。资本在一年内周转次数越多，那么周转速度也就越快；资本在一年内周转次数越少，那么周转速度也就越慢。

固定资本和流动资本

资本周转速度受多种因素的影响，首先受生产资本构成的影响。生产资本按照其价值转移方式的不同，可以划分为固定资本和流动资本两个部分。这两个部分在生产资本中所占的比重不同，将直接影响资本周转速度。

一　固定资本

固定资本是指投在机器、设备、厂房等劳动资料上的那部分不变的资本。固定资本的特点主要有：第一，作为固定资本的物质承担者如机器、厂房等，具有一定的社会属性，长期固定在生产过程中并反复执行相同的职能，为社会生产服务。例如牛，如果作为役畜就是固定资本；如果作为肉类加工的对象，就不是固定资本了；第二，固定资本的全部使用价值参加生产过程，而它的价值只是一部分一部分地转移到产品中去，没转移的那部分仍然固定在生产过程中；第三，固定资本在生产过程中作为劳动资料执行职能。例如，一台机器刚生产出来，它只是商品资本，一旦它被资本家购买并且在生产上使用，它才是固定资本。

固定资本具有独特的流通方式。首先，固定资本在生产过程中，其使用价值虽然不断地被磨损，但是它仍能够保持原有的形式发挥着相同的作用，这部分不变资本不是在它的使用价值形式上流通的，而是在它的价值形式上流通。比如，一把锯子，随着使用频率的增加，它会被磨损而变钝，虽然使用价值被磨损了，但是它仍然能够割锯物体来发挥自身的作用。其次，这部分不变资本的价值流通（磨损）是逐步地一部分一部分地进行的，流通的价值量与它转移到产品中的价值量是一致的、相等的。

固定资本独特的流通方式是由劳动资料进入生产过程执行其职能时产生的，在执行职能的全部时间里，一部分转移到产品中去，另一部分仍固定在劳动资料中，固定的价值不断减少，一直到劳动资料不能够再使用为止。劳动资料越耐用，损耗速度越慢，从而其价值固定在这个使用形式上的时间也就越长。

固定资本独特的流通方式引起了固定资本的独特周转。固定资本消耗掉的价值逐渐地会转移到产品中去并且作为商品价值的一部分来流通，通过流通，商品转化为货币，而固定资本转移到产品中的那部分价值也变为货币。但是，固定资本中还没有被转移的那一部分价值仍然固定在原来的实物形式上，等待转移。这样一来，固定资本的价值获得了双重的存在，其中一部分仍然束缚在处于生产过程的实物形式上，另一部分则成为货币，脱离了这个形式。所以，在劳动资料执行职能的过程中，保存在实物形式上的价值逐渐减少，而转化为货币的那一部分价值则逐渐增加，直到寿命终结，全部转化为货币。

固定资本转化为货币，是和它的价值承担者的商品蛹化为货币同时进行的。但是，当它由货币形式转化为使用形式时，是和商品再转化为其他生产要素分别进行的。确切地说，是由它本身的再生产周期决定的，即由劳动资料已经被完全消耗掉，必须用一种新的物品来替换的时间决定的。在再生产期间结束以前，它的价值是先以货币准备金的形式逐渐积累起来的，也就是说，由固定资本转移的那部分价值转化为货币后需要储存到一定时期才能用来购买新的生产资料。举个例子，假定一台价值5000元的机器能够使用5年，原来预付在这台机器中的价值的周转时间也是5年。在这5年内，它并不需要更新，而以它的实物形式继续发挥作用，它将它的价值一部分一部分地转移到产品中去，通过产品的出售而转化为货币，5年结束后，全部转化为货币，并由货币转化为一台机器，也就完成了它的周转。由此可见，在下一个周转周期到来之前，固定资本的价值先以准备金的形式逐渐积累起来，固定资本只有在它的价值全部转化为货币进而再转化为新的劳动资料时，它的周转才能完成。

二　流动资本

流动资本是指投在原料、辅助材料上的不变资本和投在劳动力上的可变资本的部分。它们的价值仅仅作为转移的价值再现在产品中，形成产品价值的一部分，产品本身的流通也使这部分原料、辅助材料流通。

在生产过程中，一些原料以物体形式加入产品并形成产品的实体材料，如棉花纺成棉纱；而另一些辅助材料在生产过程被消耗掉，没有以物质形式加入产品，如照明用的灯。不管是原料还是辅助材料，这些对资本周转方式都没有任何影响，只要它们在形成产品时全部被消耗掉，也就把自己的价值全部转移到产品中去了。通过商品转化为货币，再用货币购买新的劳动资料形成新的商品生产的要素，不断地进行实物形式上的更新。

至于投入劳动力上的那一部分生产资本的价值，会由工人在生产过程中重新创造出来。劳动力不是把它的价值转移到新产品中去，而是在生产过程中把与这部分资本价值相等的价值重新创造出来，并且包含在新产品中，然后这部分价值随着商品的出售而转化为货币，要使资本的循环不中断，货币还必须要转化为劳动力，从而完成它的一次周转。因而，购买劳动力的可变资本属于流动资本。

流动资本的特点：第一，流动资本的价值全部加入新产品并且随着产品的出售，由货币转化为资本重新预付；第二，流动资本在劳动过程中全部被消耗掉，因而在新的劳动过程中必须重新购买实现替换和更新；第三，流动资本在价值上和物质上都是一次性地全部投入生产过程，转移到产品中去通过流通完成资本的周转。

三　固定资本与流动资本的区别

第一，固定资本与流动资本的周转方式不同。固定资本是在生产过程中一部分一部分地被消耗，从而它的价值也是一部分一部分逐渐地转移到产品中去；流动资本是在一次生产过程中全部被消耗掉，从而它的价值也是全部转移到产品中去。价值转移到产品中的方式之所以不同，是因为生产资本借以存在的物质形式有差别，有的一次性全部被耗掉，有的则被逐渐消耗。因此，只有生产资本才能划分为固定资本和流动资本。

第二，固定资本与流动资本的周转时间不同。一般来说，固定资本的周转速度比较慢，它的价值是部分地转移，经过若干年之后才能实现实物的全部更新；而流动资本的周转速度比较快，它一次性转移其价值，一次性替换其实物形式。在固定资本周转一次的时间内，流动资本已经周转多次了。因为产品形成时，固定资本的大部分价值仍然束缚在旧的使用形式上，只有一部分价值转移到产品中进入流通，而流动资本的价值却全部进入流通。

第三，固定资本的价值是一次垫支的，但是它的价值的流回却是一部分一部分逐渐进行的。固定资本在整个执行期间，不需要更新也不需要资本家重新预付，只有在这个生产资料完全不能使用的时候，才会进行实物更新。

第四，要使生产过程连续进行，资本的各种要素就要不断地存在于生产过程中。但是，流动资本要素需要在实物形式上不断更新，原材料要更新，劳动力也不例外，劳动力的更新往往包括人员的变动。而固定资本的各种要素在整个使用期间无须更新。

第二节
预付资本的总周转

导读：生产资本的不同组成部分存在着不同的周转方式和周转时间，周时间间不同，周转速度也就不同。那么生产资本的不同构成对整个资本周转速度的影响是如何反映出来的？整个资本的周转速度是如何计算的呢？由固定资本的平均寿命决定的资本周转的周期，对于理解资本主义经济危机的周期性有何重要的意义？这是本节所要研究和解决的问题。

预付资本的总周转

生产资本的固定部分和流动部分是以不同的方式、不同的周期周转的。不但如此，同一企业的内部，固定资本的各个组成部分寿命期限不一，有不同的再生产时间，因而周转的时间也不相同；而且，流动资本的各个组成部分，也会因储备时间的有无和长短而引起周转上的差别。既然预付资本的各个组成部分的周转时间极不一致，那么，如何来计算预付资本的总周转呢？要计算预付资本的总周转，就必须把它的各个部分的周转时间加以平均。

但是，预付资本的各个组成部分，不仅有周转时间上的量的差别，而且有周转方式上的质的不同。流动资本一次性把它的价值全部转移到产品中去，要使生产过程连续不断地进行，就必须通过产品的出售，获得货币后继续购买新的实物来补偿。固定资本不是这样的，它每次只把它的一部分价值即磨损部分转移到产品中去，尽管有磨损，但是它本身在生产过程中仍然发挥着作用，直到经过一段长的或短的时期后它完全不能发挥作用了，才需要用新的实物来更换。因此，生产资本的各个组成部分的质的不同，是无法计算它的平均资本周转的。只有质上具有同一性的东西，才可以相互比较。所以，要计算预付资本的平均周转，必须把固定资本各部分的特殊周转转化为周转的同种形式，使它们只有量上的差别，即周转时间上的差别。

如果我们采取 P…P 的形式，即生产资本的循环形式作为起点，在 P 上这种质的同一性是不会发生的。正如前面所阐述的那样，生产资本的不同组成部分在周转方式上是不同的。但是，我们换一个形式，在 G…G′ 的形式中，即在资本的循环中，这种差别就消失了。在这个形式中，资本的各个部分都表现为一定量的价值，资本各部分周转的差别就只剩下周转时间上的量的差别了。所以 G…G 的形式就会为计算平均周转提供这种同一性。也就是说，不管资本是以什么形式预付的，我们都要把它转化为货币形式，这样全部转化为货币形式后，我们就可以计算资本各个组成部分的平均周转了，从而也可以计算出预付资本的周转。

假如某资本家预付 10000 元作为生产资本，其中固定资本占 7000 元，每 10 年周转一次，流动资本占 3000 元，每年能够周转 5 次。则：

每年固定资本的价值转化为货币形式：$7000 / 10 = 700$ 元

每年流动资本周转 5 次后的价值为：$3000 \times 5 = 15000$ 元

所以，资本家在一年中周转的资本是：$700 + 15000 = 15700$ 元

资本周转的这个平均数取决于资本各个组成部分的周转速度以及它们所占的比重。而且，即使固定资本占有很大的比例，但是如果流动资本的周转速度够快的话，一年内周转的资本价值还是能够大于预付资本的总价值的。正如上面的例子，固定资本占了 70%，即 7000 元，占了预付资本中相当大的比例，虽然流动资本只占了 30%，即 3000 元，但是由于它的周转速度快，所以资本家在一年内周转的资本的价值 15700 元大于预付资本的价值 10000 元。

周转的周期

预付资本价值必须完成一个包含多次周转的周期，如上面的例子，就是一

个包含十个年周转的周期，而这个周转的周期是由所使用的固定资本的寿命决定的，即由固定资本的再生产时间或周转时间决定的。

由固定资本的平均寿命决定的资本周转的周期，对理解资本主义经济危机的周期性有重要意义。固定资本的周期更新为资本主义经济危机的周期性爆发提供了物质基础。

由于固定资本的每一次大规模的更新，都会引起生产资料需求的急剧扩大，从而促进生产资料的生产增长，这种生产资料的增长又会不同程度地引起消费资料生产的增加。但是，随着生产的扩大，个别企业生产的组织性和社会生产的无政府状态的矛盾，生产的无限扩大的可能性与支付能力相对狭小的矛盾，积累起来到达一定阶段即爆发一场新的经济危机。这样，固定资本的更新及其所带动起来的资本主义生产的扩大，为危机的周期性爆发提供了物质基础。

固定资本投入的时间是极其不一致的，固定资本的更新为什么会比较集中地周期性地进行呢？因为，危机总是大规模新的投资的起点。危机爆发以后，资本家总是力图在销售困难的情况下，为本企业的产品找到更好的销路，为此，除了加紧剥削工人之外，还会加紧采用新的机器和新的生产方法，以提高产品的质量，降低成本，这些措施都会引起固定资本的大规模的更新。此外，在危机期间，大量的中小企业破产、倒闭，这也会引起资本的大规模的集中，从而促使固定资本大规模更新。资本主义的生产过程，一般要经历萧条、复苏、高涨和危机这几个时期。资本主义经济会在这个循环当中不断反复地进行，当生产处在繁荣时期的时候，意味着下一个萧条时期也快来了。所以，从整个社会来看，危机或多或少地成为下一个周转周期的新的物质基础。

第三节
劳动期间

导读：资本的周转时间由生产时间和流通时间组成，而劳动期间是生产时间的重要组成部分。首先要了解什么是劳动期间以及什么原因引起劳动期间的差别；然后探讨劳动期间的差别对预付资本的时间和预付量的影响以及它对固定资本和流动资本周转的影响；最后分析劳动时间缩短与预付资本量的关系。

劳动期间的概念及引起其差别的原因

劳动期间就是一定生产部门为提供一件成品所需要的互相联系的工作日的数目。不同的生产部门，工人生产某种产品所耗费的劳动期间是不相同的。例如，制造一台机车需要100个工作日，这100个工作日就是一台机车的劳动期间；制造一件上衣需要半个工作日，这半个工作日就是一件上衣的劳动期间。劳动期间，不仅在不同的生产部门有很大的差别，甚至在同一生产部门的不同企业也有很大的差别。例如，在建筑业，建造一间普通住宅比建造一个大工厂的一间厂房所需要的劳动期间少得多；在农业，粮食谷物的生产一般需要一年的时间，而种植药材、木材就需要多年的时间；在工业，制造一台机车只需要3个月左右的时间，而制作一艘装甲舰却需要1年或者数年。

不同生产部门，由于生产产品的性质各不相同，因而提供一件成品所必需的劳动过程的持续时间具有非常明显的差别。有些产品，例如棉纱，具有分立的性质，每天每周可以提供一定量的成品，或者说，每天每周都重新开始同样的劳动。另一些产品，例如机车，产品具有不可分立的性质，它的劳动过程是连续的，包括很多个互相结合的连续操作的程序，要经过较长的一段时间才能提供一件产品。生产行为是否需要一个持续时间以及需要多长的持续时间，决定着各种产品劳动期间的差别。

劳动期间差别的影响

生产行为持续时间的差别会引起同量资本周转速度上的差别，从而也引起一定资本的预付时间的差别。假定机器纺纱厂和机车制造厂使用的资本量相同，不变资本和可变资本分割比例相同，资本的固定部分与流动部分的比例也相同，工作日一样长，工作日中分为必要劳动和剩余劳动的比例也一样，同时撇开流通时间，假定棉纱与机车都是按照订货生产的，交货时就能取得货款。在这种情况下，纺纱厂的劳动期间为 1 周，纺纱厂 1 周后就可以交付棉纱，收回流动资本和包含在棉纱价值中的固定资本的消耗，因此，这个资本在 1 周内就完成了自己的循环。而机车制造厂的劳动期间为 3 个月，机车制造厂资本家必须在 3 个月后交货，取得货款了才完成自己的循环，机器价值得到了补偿，才能够重新投入资本开始自己的循环。这样，纺纱厂的流动资本的预付时间为 1 周，而机车制造厂则是 3 个月。

另外，劳动期间的这种差别对于流动资本的预付量产生直接的影响。假定其他一切条件都相同，纺纱厂主预付 1 周的流动资本就能够使生产过程继续进行，而机车制造厂主则要预付 3 个月的流动资本才能够使生产过程继续进行，也就是说，机车制造厂主使用的流动资本必须是纺纱厂主的 12 倍。所以说，劳动期间的差别，对资本的预付时间和流动资本的预付数量产生重要的影响。

劳动期间的差别对固定资本和流动资本周转的影响

劳动期间的差别对固定资本和流动资本周转的影响是不同的。

首先，劳动期间的差别对固定资本的预付量不会产生影响。因为固定预付资本的价值是一部分一部分地转移到产品中去的，它的更新需要经过很长的时间。例如，像蒸汽机这样的固定资本是每天一部分一部分地转移到产品中去，还是在3个月内把它的价值转移到产品中去，这种劳动期间的差别，对于购买固定资本所需要的资本支出毫无影响。在这两种情况下，蒸汽机也许要经过10年、20年甚至更长的时间才更新，固定资本的价值总是在每个劳动期间结束后，经过产品出售，获取货币一部分一部分地收回来的。同一固定资本在若干个劳动期间会继续执行生产过程中的职能。

其次，劳动期间的差别对流动资本的预付量产生很大的影响。资本购买了一个星期的劳动力以及原料和辅助材料，就要在这一周内被消耗掉——生产出产品，然后通过出售，获得货币并重新追加生产原料和劳动力。如果在一个星期的时间内流动资本不能转化为货币，这部分资本就不能流通，也不能用它来开始新的生产过程，为了使生产不至于中断，资本家就必须追加流动资本。

在纺纱业和机器制造业中投入同量的资本，除了劳动期间不同以外，其他条件一切相同。一个星期之后，纺纱资本家就可以出售产品了，使同一资本得到更新，因而能够重新反复相同的经营；而对机器制造资本家来说，资本的更新比较缓慢，在更新期限以前必须源源不断地追加新的资本量。这个例子说明，劳动期间的长短不同会使流动资本的更新时间或者预付时间长短不一，也会使预付的流动资本量大小不等。劳动期间越长，流动资本的预付时间也越长，流动资本的预付量也越大，而且有一个较大的资本量束缚在生产资本的形式上，因而资本家投入的生产资本也就越多。

在资本主义生产不太发达的阶段，那些需要很长的劳动期间，因而需要在较长时间内大量投资的企业，特别是那些大规模经营的企业，例如筑路、开凿运河等，单个的资本家无力经营，所以只能由国家或者公共团体出资兴办。至于劳动力，在早期多半实行强制劳动的办法。而在资本主义发达的时期，大量的资本集中在单个资本家和股份公司的手里面，同时随着信用制度的发展，又为资本家提供了方便的手段，他们可以用别人的资本来预付、来冒险，这时候，经营劳动期间相当长、而规模又很大的企业成为了资本主义生产的事业。

劳动期间的缩短和预付资本量的关系

由于分工、协作以及机器的使用，既可以增加一个工作日的产品，又可以在相互联系的生产行为中缩短劳动期间，但是通过这些改良来缩短劳动期间，从而缩短流动资本的预付时间，通常是同增加固定资本的支出联系在一起的。在这里可能会产生疑问，通过协作的扩大，雇佣更多的工人一起去完成生产任务，不就可以不用增加固定资本的支出而缩短劳动期间了吗？但是，单纯地通过协作的扩大确实会缩短劳动期间。例如，在修筑铁路的时候动用大批的工人在许多地点同时施工，确实可以缩短修成一条铁路的时间。然而，雇佣更多的工人同时也意味着流动资本增加了。所以，劳动期间的缩短通常是和在较短的时间内预付更多的资本联系在一起的。

第四节 生产时间与流通时间

导读：这一节研究生产时间与流通时间。首先要理顺的是生产时间与劳动时间的差别，其次再深入探讨生产时间与劳动时间的差别对于资本周转的影响，包括它对流动资本和固定资本的影响及对农业、林业和畜牧业的影响。其中，还涉及生产时间的一部分——生产资料的储备时间对于资本周转所产生的影响。然而资本的周转时间等于生产时间和流通时间之和，流通时间的长短不一也会造成资本周转时间的长短不一。

生产时间与劳动时间（劳动期间）

生产时间包括劳动时间和劳动过程中断的时间。劳动过程中断的时间主要是指劳动对象受自然过程支配的时间和生产资料的储备时间。生产时间与劳动时间之间的区别，对于资本周转有重要的作用。

劳动时间是生产时间的一部分，即劳动时间也是生产时间，但是不能说生产时间就是劳动时间。因为生产时间是资本在生产过程中的全部时间，生产时间包括劳动时间，所以生产时间比劳动时间要长。

生产时间包括劳动过程中断的时间（也叫非劳动时间），这里所说的劳动过程中断的时间不是指受劳动力本身的自然界限所决定的那种劳动过程的中断（即劳动过程休止时厂房机器等固定资本闲置不用），而是指产品受自然力制约而使劳动过程中断的时间。这里指的是和劳动过程的长度无关，但是受产品的性质和制造产品的方式所制约的中断。在这个中断期间，劳动对象受时间长短不一的自然过程的支配，要经历物理的、化学的、生理的变化。在这期间，劳动过程全部停止或者局部停止。举个例子，酿酒要有一个发酵时期；制造陶瓷要经历一个干燥的过程；在农业方面，农作物在播种和收获之间，劳动过程几乎完全中断；在造林方面，播种和必要的预备劳动结束后，也许要经过 1 年，种子才能变为成品，在整个过程中，是用不着花费多少劳动的。这样由于生产部门的自然条件或者由于劳动对象的自然性质使得生产时间大于劳动时间。

在这些场合，可以发现预付资本的生产时间由两个期间构成：第一，是资本处在劳动过程中的期间；第二，是资本受自然过程的支配的期间，在这期间，资本处在非劳动过程中，它的存在形式是未完成的产品形式，生产期间比劳动期间长。但是，产品只有在生产期间结束以后才能完成，因而才能从生产资本的形式转化为商品资本的形式。所以，资本的周转期间也要根据劳动时间以外的那段非劳动时间的长度来延长。如果超过劳动时间的那部分非劳动时间，不是由固定的自然规律决定的，如谷物的播种与收获，那么生产时间就可以人为地缩短，资本周转期间从而也能够或多或少地缩短。

在农业上，生产时间与劳动时间的差别尤其显著，因为农业受自然条件的制约，劳动受季节的影响。例如，在北方寒冷的地区，一年中只有很少的时间在田间劳作，农业生产期间的缩短或者延长还要依年景好坏变化而定，它不像工业那样可以预先准确地预定和控制。气候越是寒冷，农作物生长的时间也就越长，生产时间和劳动时间的差别也就越大，农业的劳动期间都在短时期内完成，在这期间需要支出大量的资本和劳动。生产期间和劳动期间的差别越大，农民从事农业的劳动期间越少，而从事副业的时间会越长。从这里可以发现，生产期间和劳动期间的不一致成为了农业和农村副业相结合的自然基础。

生产时间和劳动时间的差别对资本周转的影响

一　对流动资本和固定资本的影响

生产时间和劳动时间的差别，对流动资本的支出有很大的影响。在生产均衡进行的生产部门，例如采矿业、运输业等，劳动时间年年相同，除去价格波动、生产停滞等中断现象以外，在市场条件不变时，进入流通过程的资本支出以及流动资本的回流和更新都是均衡地分配在一年的各个时期。但是，在生产时间和劳动期间差别大的部门，流动资本的支出，在一年的各个不同时期是很不均衡的，而资本的回流只是随着自然规律的循环而完成。例如，在农业部门，流动资本在农忙季节就要大量地支出，回流则是在农作物按自然条件收获时一次完成。因此，如果生产规模相同，即预付的资本量相同，和那些有连续劳动期间的工业部门相比，这些生产部门就需要为更长时间的生产预付更大量的流动资本。

此外，由于生产时间和劳动时间有差别，固定资本的使用时间当然也会在或长或短的时间内发生中断，例如在农业方面，役畜、农具和机器有时会集中使用，有时又会闲置不用。

像役畜这样有生命的固定资本，干活和不干活时，同样都要支出饲料；无生命的劳动资料如机器等，即使不使用也会有无形的损耗，造成某种贬值。这样一来，产品价格就会变贵。为什么呢？转移到产品中的价值，不是按照固定资本执行职能的时间，而是按照固定资本丧失价值的时间计算的，即使当固定资本闲置不用时，也要把折旧的这部分价值算入产品价值中去，并不断投入维修费，均摊在劳动时间生产的产品中。为了减少支出，降低产品成本，人们总是想方设法利用各种科学技术缩短生产时间与劳动时间的差距。

二　对农业、林业、畜牧业的影响

农业生产部门生产时间与劳动时间的差别很大，如果通过间作、轮作等改良的农作方法，就能够在全年内获得多种收成。用这种方法，可以使工资和劳动资料的支出均衡地分配在全年各个时期，同时还可以缩短资本周转的时间。但是，这些方法都要求增加预付的流动资本的支出，如工资、种子、肥料等。

在林业中，木材的生产要靠自然力的作用，而且生产过程要经过漫长的时间，在漫长的生产时间里只包括短暂的劳动时间，从而使得资本周转的期间很长。所以，林业不适合私人经营，也不适合资本主义经营。

在畜牧业中，一部分牲畜群作为牲畜储备留在生产过程中，而另一部分则作为年产品出售。在这里，只有以年产品形式存在的这部分资本是每年周转一次，牲畜的成长需要经过一定的时间，因而延长了总资本的周转时间。

生产资料的储备对资本周转所产生的影响

生产时间还包括生产资料的储备时间，它属于非劳动时间。生产资料的储备时间是指已经进入生产领域，但还没有进入生产过程的原料和辅助材料的储备时间。为了生产的正常进行，一定量的储备是必要的。这个储备量，既取决于生产过程的需要，也取决于流通过程的顺利购买。如果购买十分顺利和便利，生产储备就会减少，储备时间就会缩短，预付资本的周转就会加快；反之，如果生产资料的储备量大，储备期长，占用的资本就会多，从而资本周转的速度就会变慢。可见，保持生产储备形式存在的资本的最低限额是加快资本周转速度的有效手段。

流通时间

资本周转时间包括生产时间和流通时间。前面我们考察的都是在生产过程中发生的生产时间及其不同构成部分对于资本周转的影响。现在我们假设生产时间已定，看流通时间的变化是如何影响资本周转的。流通时间包括出售时间和购买时间。

一 商品出售时间

出售时间，就是资本处在商品资本状态的期间。出售时间是流通时间中最具有决定意义的一部分。商品出售时间的延长或者缩短，直接决定着流通时间以及整个周转时间的延长或者缩短。出售商品所需要的时间，不仅对不同部门的商品资本，而且对同一个生产领域的各个独立的资本，都是很不相同的。因为，在其他条件相同的情况下，同一个生产部门的单个资本的出售时间，会随着市场情况的一般变动或者随着特殊生产部门的市场情况的变动而变动。

使出售时间以及整个周转时间产生差别的经常性的原因，是商品的销售市场和生产地点之间距离的远近。在商品运往市场的全部时间内，资本处于被束缚在商品资本的状态。如果商品按订货生产，那么商品资本的状态就要停留到交货的时候；如果不是按订货生产，那么商品出售的时间不仅包括运往市场的时间，还包括商品在市场上等候出售的时间。

交通状况的改进和运输工具的改良，都绝对会缩短商品的出售时间。但不同的商品资本，或者同一商品资本的不同部分，由于市场距离的不同，他们在流通时间上还会产生相对的差别。举个例子，经过改良的帆船和轮船，加快了商品移动的时间，都绝对地缩短了商品到达远近港口的时间，但是，到达远近港口的时间，还是有相对的区别的。同时，由于交通运输工具的发展，使产地和销售地产生一种与自然距离不相适应的变化。例如，修建了铁路以后，原来自然距离较远的地方，由于有了铁路的运输而大大缩短了商品运输的时间；原来自然距离较近的地方，由于不通铁路运输，商品运输的时间相比之下反而是加长了。所以，远距离比近距离运输相对来说，要便宜得多。

另外，交通运输的改善，不仅在速度方面加快了，而且在时间上也缩短了，原来需要十天半个月才能到达商品市场，现在只用几天甚至一天就能到达了。运输工具的增多并按期行驶的便捷性，可以使一批一批的商品每隔一个较短的时间起运，连绵不断地到达市场，不需要像以前交通不发达时那样，商品在运出去之前总要作为商品资本大量地堆积起来。所以，交通运输工具的改善，可以减少商品的储备量，缩短商品的储备时间，从而缩短商品的出售时间。而资本的回流也就可以在一个较短的时间内实现，也就是说加快了资本回流的速度。这样一来，资本的总流通时间缩短了，从而周转时间也缩短了。

随着资本主义生产的进步，交通运输的发展，会缩短一定量商品的流通时间，同时这种进步以及交通运输的发展，为开拓越来越远的世界市场提供了可能性和必要性。这样一来，远距离运输的商品会大大增多，因而处在商品资本阶段和流通时间内的社会资本，会绝对地和相对地增加，用在交通运输工具上以及整个交通运输行业上的固定资本和流动资本也会增加。从这方面看，社会总资本的流通时间延长，它的周转速度也会变得缓慢。

二　商品购买时间

购买时间就是资本由货币形式再转化为生产资本要素的时间，也就是说资本家购买生产资料和劳动力所需要的时间。在这一时间内，全部预付资本的一部分，必须不断地处在货币资本的状态，这部分资本要连续不断地转化为生产资本，而这部分资本又由商品的销售来补充了。所以，资本家全部预付资本的一部分，始终以货币资本的形式停留在流通领域中。购买时间的长短不仅影响整个流通时间，而且还影响整个资本周转的时间。

停留在购买时间的长短主要取决于三个方面：首先，要看商品销售市场距离生产地点的远近。它们的距离越远，商品转化为货币的时间越长，造成资本以商品形式停留在流通领域的时间就越长，从而使货币回流的时间也会越长，延迟了资本由货币形式转化为生产资本的形式。总的来说，就是看商品资本转化为货币资本的速度。其次，还要看生产资料供应地点距离生产地点的远近，两地距离越远，购买时间就越长。最后，还要取决于生产资料的供应方式。有的生产资料具有季节性，例如农产品；有的生产资料能够在市场上连续不断地供应。在前一种情况下，购买时间开始之前就要有大量的货币储备，这就造成了预付资本中有相当大的一部分资本处在货币资本的状态，资本的预付时间也就延长了。

所以，购买时间的长短最主要是看预付资本中有多大部分必须不断处在货币资本状态中，资本在货币状态下停留的时间越短，就越能加快资本的周转；如果原料供应引起了购买时间的缩短，就表明了储备原料所需要的准备金减少，从而加速了资本的周转。

第五节
周转时间与可变资本

导读：这一节根据生产时间和流通时间的不同比例关系来考查资本周转对预付资本量的影响。然后研究年剩余价值率，两个雇佣工人数量相同、实际剩余价值率相同、年剩余价值总量相同的企业由于可变资本周转速度的不同会引起预付可变资本量和年剩余价值率怎样的差别？最后探讨了可变资本的周转对社会生产的影响。

资本周转时间对预付资本量的影响

为了使生产连续进行，资本分别采取了生产形式、商品形式、货币形式，而资本的各种形式又是同时并存的。于是在生产过程中的资本和在流通过程中的资本之间就有一个数量的比例关系，这种数量的比例关系又是和生产时间同流通时间的比例关系相适应的。资本在整个周转时间内所需要的预付总量，等于生产资本和流通资本之和。

假定有一个商品资本，是9周劳动期间的产品。我们暂且不谈由固定资本的损耗转移到产品中去的价值和在生产过程中追加到产品中去的价值，这样，生产的产品的价值就等于生产这个产品时预付的流动资本的价值，也就是等于工资和生产这个产品时消费的原料和辅助材料的价值。假定这个价值等于900元，每周支出100元，生产时间和劳动时间一致也是9周，再假定流通时间为3周，那么这个资本的周转期间就要持续12周。在9周的生产时间结束后，预付生产资本就转化为商品资本，但它还要在流通期间停留3周。因此，新的生产期间要到第13周才能开始。资本在流通期间要停留3周，生产就要停留3周。每3个月当中，生产就要停顿3周，也就是要停顿整个周转期间的四分之一，一年下来，就要有3个月停产。

为了使生产过程不发生中断而连续不断地进行，只有两种办法可行。

第一，可以缩小生产规模。把900元分配在12周，每周支出 $900/12=75$ 元，这样，在9周的劳动结束后，就会有 $9\times75=675$ 元的生产资本转化为商品资本而进入流通领域，其余的 $3\times75=225$ 元即可进入下一个生产过程。这样，在第一个周转期间结束以前，第二个劳动期间就可以在第10周开始了。这样一来，企业的规模就缩小了，每周预付资本由100元变成了75元，每周减少了25元，9周共减少了225元，而这减少了的225元将用于进入3周流通过程时对再生产的继续投入，生产资本的流动部分减少了1/4，所以生产规模也随之缩小了1/4。但是，投资有一个标准的最低限额，如果达不到这个最低限额一个企业就没有竞争力。所以，生产规模的缩小，会受到投资最低限额标准的限制。

第二，可以追加流动资本。如果企业的性质排除了缩小生产规模的可能性，那么只有追加流动资本才能使生产按原有规模连续进行。按照上面的例子，每周预付的流动资本为100元，资本在流通期间要停留3周，资本家要使生产过程不至于中断，就必须追加300元的流动资本。在9周劳动期间结束以后，资本价值900元，就由生产资本的形式转化为商品资本的形式，这个资本价值的劳动期间已经结束，要在流通过程停留3周，而新追加的300元资本就可以在900元商品价值实现的过程中继续进行生产，让生产过程保持连续性。

所以，总地来说，资本的周转时间特别是流通时间的差别，会对处在生产期间的预付资本产生极大的影响。如果资本的周转时间越长，预付资本的需要量就越大；如果资本流通时间占周转时间越多，处在流通阶段的资本就越多。可见，资本周转时间的不同构成，对预付总资本的数量有直接的影响。其中货币资本在资本周转中有着重要的作用，为使生产持续不断地进行，总需要有一部分资本处在货币资本的形态，这样，才能保持资本周转和剩余价值生产的顺利进行。

年剩余价值率

一年内生产的剩余价值总额和预付可变资本的价值额之比，称为年剩余价值率，它反映一年内预付可变资本的增值程度。或者说，年剩余价值率，等于预付可变资本在一个周期内生产的剩余价值率乘以可变资本的周转次数。举个例子，假如在一个周转期间预付的可变资本为500元，工人创造的剩余价值也是500元。那么在这个周转期间的剩余价值率为500／500×100%＝100%；再假如这个预付可变资本在一年中可以周转10次，年剩余价值率＝100% ×10＝1000%。由此可见，一个周期内的剩余价值率保持不变时，可变资本的周转次数越多，创造的剩余价值也就越多。

在资本的周转过程中，可变资本的周转速度直接影响着年剩余价值率。假定有两个可变资本甲和乙，它们每周预付的可变资本、劳动力的数量、剥削程度、工作日长度、年使用的可变资本、年生产的剩余价值量都一样，唯独不同的是它们的周转速度，那么年剩余价值率就会出现不同的结果，如下表：

资本	每周预付可变资本	周转一次的时间	年预付可变资本	一年周转的次数	年使用可变资本	年剩余价值总量	剩余价值率	年剩余价值率
	①	②	③＝①×②	④	⑤＝③×④	⑥	⑦＝⑥÷⑤	⑧＝⑥÷③
甲	100元	5周	500元	10次	5000元	5000元	100%	1000%
乙	100元	50周	5000元	1次	5000元	5000元	100%	100%

从上面的表格中可以看出，甲乙每周预付的可变资本、劳动力的数量、剥削程度、工作日长度、年使用的可变资本、年生产的剩余价值量都一样，但是，资本甲的年剩余价值率是1000%，而资本乙的年剩余价值率为100%，资本甲与资本乙的年剩余价值率的差额高达900%。为什么会产生这么大的差别呢？原因在于可变资本周转速度不同，资本甲每年周转10次，而资本乙每年周转1次。

在可变资本的周转中，实际使用的可变资本（年使用可变资本）与年预付可变资本是两个不同的量，这是可变资本周转速度的差别引起的年剩余价值率的差别的原因。资本甲和资本乙每周使用的预付可变资本都是100元，因而在一年（50周）中实际使用的可变资本都是5000元。但是，资本甲和资本乙周转一周的时间不同，资本甲每5周周转一次，资本乙每50周周转一次，从而年预付可变资本自然不同，甲的年预付资本为500元，乙的年预付资本为5000元。又因为资本甲和资本乙实际上使用的可变资本（年使用可变资本）都是5000元，因此，资本甲实际使用的可变资本（年使用可变资本）与年预付可变资本的比率为5000∶500，即10∶1；资本乙实际使用的可变资本（年使用可变资本）与年预付可变资本的比率为5000∶5000，即1∶1。这样一来，资本甲和资本乙在实际使用的可变资本和预付资本之间，就存在着900%差别。所以，实际使用的可变资本与预付可变资本之间的差别也就是年剩余价值率之间的差别。

可变资本周转对社会生产的影响

可变资本周转速度不仅对年剩余价值率有着重要的影响，对社会再生产的进行也有重要影响。仍然以资本甲和资本乙为例。

第一，工资来源不同。资本甲的周转时间为5周，因此，工人从第6周起，得到的工资就是自己上个周期创造的价值的一部分，也就是说，资本家用工人自己创造的价值来支付工资了。而资本乙则不一样，资本乙的周转时间为1年，工人得到的工资并不是用他自身劳动所生产的价值的货币形式来支付，而是资本家先垫支一部分。因为，在这一年内，工人生产的产品还没有转化为货币形式，只有到了第二年，工人的工资才能用他们在前一年生产的已经由产品转化成货币的产品价值来支付。所以，在这一年中资本家要多垫支一部分货币资本，给工人发工资，直到第二年开始，资本乙才能够用工人创造的价值的一部分给工人支付工资。

第二，与其他部门的交换关系不同。资本甲由于生产周期短，5 周就可以买卖商品，除工人购买生活资料，企业购买生产资料外，企业也向市场出售本企业的产品，以补偿从社会取走的商品。资本乙却不能，由于它的周转时间是一年，在这段时间内，企业只是从市场上不断地购买生产资料和生活资料，却不向市场提供任何的产品。

第三，生产要素的补偿来源不同。任何一个生产部门在生产过程中消耗的各种生产要素，都要通过在市场购买而得到补偿。资本周转快的类型，如资本甲，它所需要的生产要素，包括工人所需的生活资料和企业所需的生产资料，部分很有可能从本生产部门所生产的产品出售中得到补偿；而资本周转慢的类型，如资本乙，要不断地在市场上购买生产资料和劳动力，由其他部门提供产品进行补偿，因此，不能用自己的产品来满足自己的需要。

所以，某些周转时间长的资本，在社会生产中应该保持适度的比例；否则，市场供给阶段性的短缺和过剩会影响社会再生产的进行。

第九章

社会总资本的再生产和流通

Capital

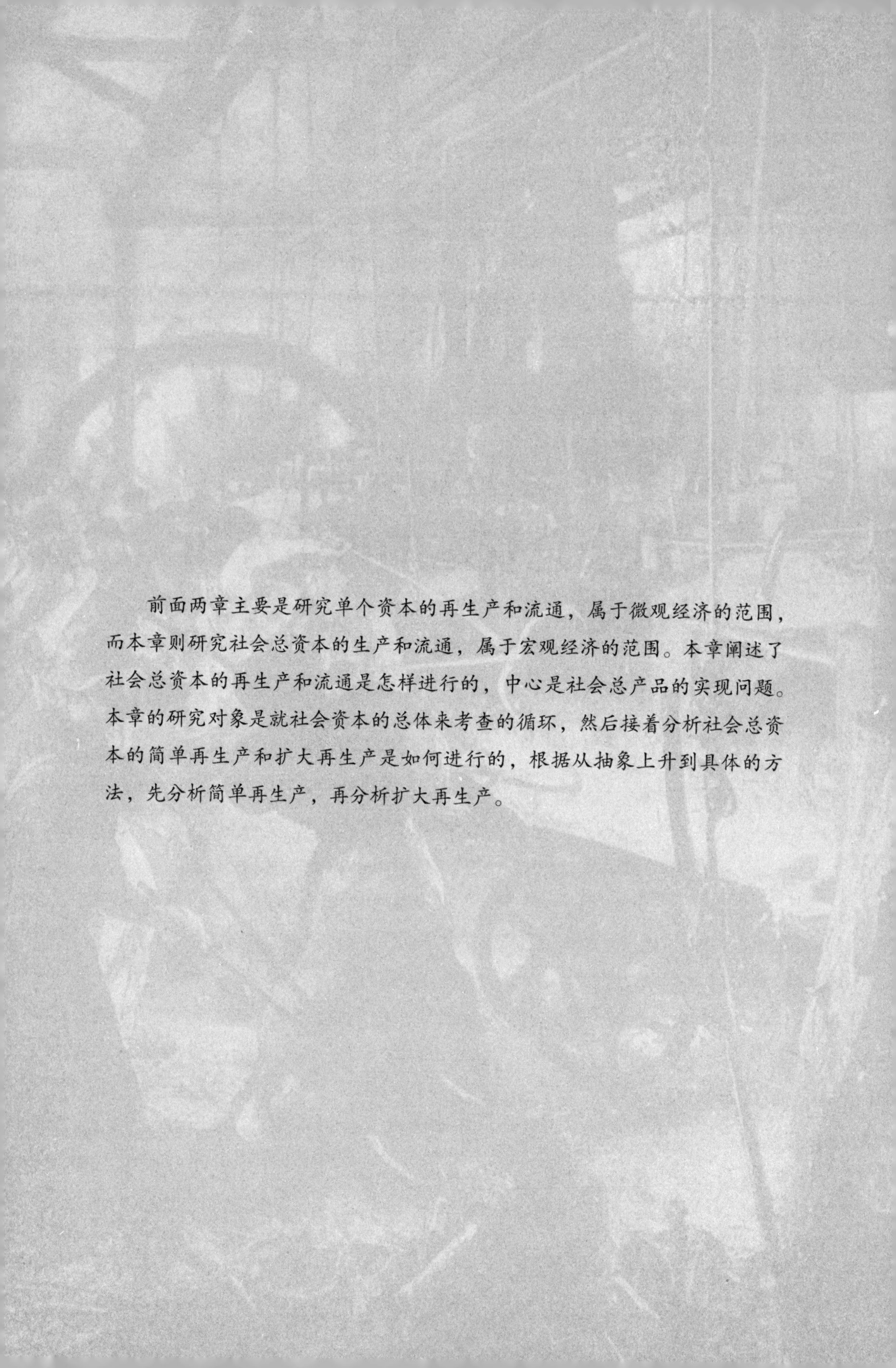

前面两章主要是研究单个资本的再生产和流通，属于微观经济的范围，而本章则研究社会总资本的生产和流通，属于宏观经济的范围。本章阐述了社会总资本的再生产和流通是怎样进行的，中心是社会总产品的实现问题。本章的研究对象是就社会资本的总体来考查的循环，然后接着分析社会总资本的简单再生产和扩大再生产是如何进行的，根据从抽象上升到具体的方法，先分析简单再生产，再分析扩大再生产。

第一节
导言

导读：这一节从社会资本和单个资本的联系和区别出发来阐明社会总资本的运动。社会总资本和单个资本之间有何联系和区别？社会总资本的循环包括哪两方面的流通？货币资本对单个资本周转有哪两方面的作用？货币资本的这两方面作用对社会总资本来说，是否也存在？

研究的对象

资本的直接生产过程，就是资本的劳动过程和价值增殖过程。这个过程的结果是商品产品，它的决定性动机是生产剩余价值。

资本的再生产过程是由两个过程构成的，既包括这个直接的生产过程，也包括流通过程，即包括购买和销售这两个阶段的过程，也就是说包括资本的全部循环。这个过程，作为周期性的过程，即经过一定期间不断重新反复的过程，形成资本的周转。

在资本主义社会中，存在着成千上万的单个资本主义企业，每个企业都是独立的经济单位。每个资本家对其所经营的单个企业所投入的资本，就是单个资本。单个资本通过自身的循环周转，实现自己的价值增殖，并且独立发挥了资本的职能。在单个资本的循环中，直接的生产过程是其中的一个环节。不过在 G…G′ 形式上，直接的生产过程表现为流通的媒介；而在 P…P′ 的形式上，流通过程则表现为生产的媒介。资本的直接生产过程是不断更新的，在资本的再生产过程中，生产过程和流通过程互为条件、互为媒介。

由于社会分工的存在，单个资本之间为了实现价值增殖，会通过流通过程互相提供产品而发生一定的经济联系。因此，各个单个资本之间就汇合成一个整体，这种相互联系相互依存的单个资本的总和就是社会总资本，各个单个资本运动的总和构成了社会总资本的运动。

在单个资本的运动中，只表现了生产资料和劳动力的购买及其消费，没有表现出生活资料的购买及其消费。生活资料的购买，不管是工人对生活资料的购买还是资本家对生活资料的购买，二者都是在单个资本循环之外进行的。因而在单个资本的运动过程中，只包含了生产的消费和作为其中介的形式转化（即物质交换），不包含生活的消费和作为其中介的形式转化（即物质交换）；而且，它只包括了资本的流通，不包括一般的商品流通。

与单个资本的运动不同，在社会总资本的运动中，既包含了生产消费和作为其中介的形式转化，又包含了个人消费（生活消费）和作为其中介的形式转化。社会资本的再生产过程一方面包含由可变资本到劳动力的转化，从而包含劳动力并入资本主义生产过程。在这里，工人是劳动力的出卖者，而资本家是劳动力的购买者。另一方面，在商品出卖的过程中，包含着工人阶级对消费品的购买，从而包含工人的个人消费。在这里，工人阶级成了买者，而资本家成了卖者。此外，社会总资本的运动还包括剩余价值的流通，从而包含着对资本家个人的消费。

因此，社会资本的循环不仅包括资本的流通，还包括一般的商品流通。后者只能由两个部分构成，第一是资本本身的循环；第二是进入个人消费的商品的循环，也就是用工资和剩余价值或者剩余价值的一部分购买消费品。资本的循环包括剩余价值的流通，因为剩余价值是构成商品资本的一部分。此外，资本的循环也包括可变资本到劳动力的转化，即工资的支付。但是值得注意的是，用剩余价值和工资购买消费品的行为，是资本家和工人满足各自的生活所需，因此它并不是资本流通的环节。

货币资本的作用

货币资本作为产业资本的一种形式，它也是社会总资本的一个组成部分。在考查单个资本的周转的时候，货币资本显示出两个方面的作用。第一，它是每个单个资本登上舞台，作为资本开始它的过程的形式。因此，它表现为发动整个过程的第一推动力。第二，由于周转期间的长短不同和周转期间的两个组成部分（即劳动期间和流通期间）的比例不同，必须不断地以货币形式预付和更新的那部分预付资本价值，与它所推动的生产资本即连续进行的生产规模之间的比例也就不同。但是不管这个比例如何，能够不断执行生产资本职能处在过程中的那部分资本，总是受与生产资本同时存在的那部分货币资本的限制。简单来说，就是货币资本与生产资本同时存在，并保持一定的比例，这样才能使生产资本不断地执行职能。为了使资本周转正常化，预付资本在任何时候都要以货币资本的形式预付和更新那部分预付资本的价值，推动生产的进行，所以，货币资本又表现为持续的动力。

虽然说货币资本是每一个新开办企业的第一推动力，单个资本如此，社会总资本也如此，但是绝不能说生产规模的绝对界限是由预付资本的数量决定的。对社会总资本来说，货币资本的这两方面作用是仍然存在的，除了具有第一推动力和持续动力之外，还具有不增加货币资本的数量或者不按比例增加货币资本的数量，也能扩大生产规模的作用。在不增加货币资本的情况下可以通过以下四种方法扩大生产规模。

第一，充分利用生产要素。包括：充分利用廉价的劳动力，通过提高劳动强度或者延长劳动时间的做法来扩大生产规模；加强对土地、海洋、矿山等自然物质的利用，对这些生产物质要素的使用能够在不增加预付资本的情况下扩大生产规模；通过增加使用固定资本的频率，科学使用自然力，生产规模能够相应扩大而无须资本家为此追加货币支出。

第二，提高劳动生产力。可以通过加强协作和提高劳动者的熟练程度来扩大再生产；可以通过增加产品的数量，形成新的资本材料，为资本积累和扩大打下基础，并改进社会劳动组织来扩大再生产。

第三，资本集中。通过对原有资本的集中，在不增加货币资本的情况下扩大生产规模。尽管资本的集中不能使社会资本的总额增大，但是它能使社会再生产的规模不断扩大。

第四，缩短资本的周转周期。在资本的周转过程中，如果缩短资本的周转周期，资本周转的速度加快，可以用同量的货币资本推动较多的生产资本，或者说用更少的资本去推动与原来同量的生产资本。

通过以上分析，我们可以知道，生产规模的扩大并不完全取决于预付资本的数量。预付资本的价值由一定的货币量构成，当它被转化为生产资本后，生产资本的物质要素已经包含了生产的潜力，而这个潜力也有一定的界限。这个潜力的界限不是由预付资本的价值额决定的。这个潜力能够在一定的活动范围内，在增加劳动量和提高劳动生产力等方面按不同的程度发挥作用。

第二节
简单再生产

导读：对于社会资本再生产的分析要从简单再生产开始，因为简单再生产是社会再生产的基础，同时对再生产分析的主要困难也集中在简单再生产上。社会总资本运动的起点是什么？为什么商品资本循环的公式 W′—G′（包括 G）—W（包括 W）…P…W′ 会成为社会总资本运动的表现形式？研究社会资本的再生产要从价值补偿和实物补偿两方面进行考察，它的理论基本前提是把社会生产分成了两大部类，那么两大部类之间的交换是怎样进行的？第Ⅱ部类内部的交换是怎样进行的？本节将详细介绍这些内容。

社会总资本运动的起点、形式以及内容

要考察社会总资本的运动，就要对社会总产品进行分析并以此为出发点。社会总产品是指社会在一定时期内生产的全部产品，通常以年为计算单位，简称年产品。

为什么要以社会总产品作为研究社会总资本运动的出发点呢？社会总产品既是生产过程的结果，也是社会再生产的条件，是整个社会赖以生存和发展的物质基础。通过对社会总产品的考查，就可以清楚地了解社会总资本的再生产过程是怎么样进行的，这个再生产过程和单个资本的再生产过程相比有哪些不同的特征，又有哪些共同的特征？社会总产品既包括补偿资本部分的生产资料产品，也包括工人和资本家个人消费的那部分生活资料产品。也就是说，既包括生产消费，也包括个人消费；既包括资本家阶级和工人阶级的再生产，同时也包括资本主义生产关系的再生产。

既然社会总产品是社会总资本运动的出发点，分析社会总资本的运动，实际上就是分析社会总商品资本的运动。而商品资本循环的公式 W′—G′（包括 G）—W（包括 W）…P…W′ 也就成为了社会总资本运动的表现形式了。在社会总商品资本中，一部分商品资本是用来补偿资本家预付的资本价值的，它通过资本的流通过程被用于生产消费，最后重新生产出新的商品资本。另一部分则是资本家无偿占有的剩余价值，它通过一般的流通过程，被资本家用于购买各种生活消费资料满足个人的消费。

社会总资本运动的具体内容是社会总产品的各个组成部分的价值补偿和物质补偿。在这里，社会总产品的价值补偿，是指社会在一年中消耗的资本价值。如何通过商品的全部出售然后收回货币，用以补偿生产中预付的不可变资本和可变资本并且获取剩余价值，通俗地说，是指社会总产品卖去哪里，能否卖得出去；而社会总产品的物质补偿，是指社会在生产过程中消耗掉的各种生产资料以及资本家和工人消费掉的各种生活资料。如何在获取货币后再转化为所需要的商品，通俗地来说，是指这些生产资料和生活资料去哪里买，能否买到。社会总产品的价值补偿问题和物质补偿问题实际上就是社会总产品的实现问题。

在考查社会总资本及社会总产品的时候，可以清楚地看到，产品价值的一部分再转化为资本，另一部分则进入资本家阶级和工人阶级的个人消费，这种情形会在总资本执行职能的结果的产品价值内，形成一个运动。这个运动所要进行的价值补偿和物质补偿，既要受社会产品的价值组成部分相互之间比例的制约，也要受到它们的使用价值和物质形式的制约。

社会总产品的顺利补偿，是进行资本主义再生产的一个必要条件。要进行资本主义再生产，必须使生产出来的产品能够卖得出去，接着，再用这笔钱买到所需要的生产资料和生活资料。如果是简单再生产，就要能够补偿预付资本的耗费，包括可变资本和不变资本，如果是扩大再生产，还要满足追加的生产资料和生活资料的需要。在资本主义社会，简单再生产是扩大再生产的基础，因此，要考察社会总资本的再生产，必须从简单再生产开始。

社会总生产的两个部类

社会总生产，即社会总产品，分成两大部类：

第一部类，生产生产资料的部门，即生产具有能够进入生产消费的形式的商品。例如，造纸厂为印刷厂提供印刷的纸张，造纸厂属于生产生产资料的部门。

第二部类，生产消费资料的部门，即生产具有能够进入资本家阶级和工人阶级的个人消费的形式的商品。例如，制衣厂制作成品衣然后投入商品市场，制衣厂属于生产消费资料的部门。

社会上所有不同的生产部门，总合起来形成生产生产资料的部类和生产消费资料的部类，而两大部类各自使用的全部资本合起来就形成了社会总资本。

在两大部类中，每一部类的资本都分成两个部分：

第一，可变资本。从价值方面看，可变资本是指生产部门使用的社会劳动力的价值，也就是为这个社会劳动力而支付的工资。从物质方面看，它是由发挥作用的劳动力本身构成的，也就是由资本所推动的活劳动构成的。

第二，不变资本。不变资本是指在生产上使用的全部生产资料的价值。它既包括在生产上使用的机器、工具、役畜等固定的不变资本的价值，也包括在生产上使用的材料如原料、辅助材料、半成品等流动的不变资本的价值。

在两大部类中，每一部类借助于这些资本而生产的全部年产品的价值，又可以分为三类：

第一类，代表生产上消费掉的、按其价值来说只是转移到产品中去的不变资本的价值部分；

第二类，全部年劳动创造的新价值中用于补偿可变资本的部分；

第三类，全部年劳动创造的新价值中超过可变资本而形成剩余价值的部分。

因此，每一部类的全部年产品的价值和每个个别的商品的价值一样，也分为不变资本价值、可变资本价值和剩余价值。

不变资本中既包括流动资本也包括固定资本。作为流动资本的生产材料会在生产中全部被消耗掉，它的价值全部转移到产品中去。而固定资本的价值一部分一部分地被消耗掉，它的价值是逐步转移到产品中去的。因此，所用资本的价值和所费资本的价值也就不同。这里假定的不变资本会在一年中全部转移到产品中去并需要在实物上进行补偿，也就是说，把固定资本的问题暂时撇开了。

为了方便理解，假设 B 为不变资本，K 为可变资本，S 为剩余价值，单位都为元。

那么，简单再生产的图式，即全年总商品可表示为：

第Ⅰ部类：4000B＋1000K＋1000S ＝ 6000 生产资料

第Ⅱ部类：2000B＋500K＋500S ＝ 3000 消费资料

在第Ⅰ部类中，资本家预付资本 5000 元，包括不变资本 4000 元，可变资本 1000 元，假定剩余价值率为 100%，生产过程为一年，不变资本的价值 4000 元在一次生产过程中全部转移，一年后生产出剩余价值 1000 元，那么一年下来共生产出 6000 元的生产资料产品。在第Ⅱ部类中，资本家预付资本 2500 元，包括不变资本 2000 元，可变资本 500 元，按照同样的假定，一年后生产出剩余价值 500 元，一年下来共生产出 3000 元的消费资料产品。

为了使第二年的社会资本简单再生产能够继续进行，两大部类的产品必须通过市场上商品的交换得到实现，也就是说两大部类的产品都必须实现价值补偿和物质替换。假定剩余价值全部用于生活消费，没有积累，并且撇开作为交换媒介的货币流通，两大部类的年产品的基本交换关系就包括以下三大要点：

第一，在第Ⅱ部类中工人的工资 500 元以及资本家的剩余价值 500 元，它们都必须用于消费资料方面，而它们的价值也存在于消费资料的形式上，所以第Ⅱ部类的工资和剩余价值，可以在本部类内部通过交换而得到实现。

第二，第Ⅰ部类内的 1000 元可变资本和 1000 元的剩余价值要用于消费资料，但它们的价值却存在于生产资料的形式，因此，需要和第Ⅱ部类的剩下的 2000 元不变资本相交换。这样一来，第Ⅰ部类可以得到需要的消费资料，第Ⅱ部类可以获得等额的生产资料，只有通过它们之间的相互交换才能实现。

第三，通过以上两大交换过程之后，我们能够很清楚地发现，第Ⅰ部类还剩下 4000 元的不变资本。它们的存在形式是生产资料，用于第Ⅰ部类，所以它们需要由生产资料来替换。因此，这 4000 元的不变资本可以在第Ⅰ部类内部通过各个资本家之间的交换得到实现。

两个部类之间的交换

两大部类之间的交换，是第Ⅰ部类中的 1000 元可变资本再加上 1000 元的剩余价值与第Ⅱ部类的 2000 元不变资本相交换。通过两个部类的交换，第Ⅱ部类中的 2000 元不变资本从消费资料的形式转化为生产资料的形式，可以重新当做不变资本来执行职能，而第Ⅰ部类中的 1000 元可变资本再加上 1000 元剩余价值则由生产资料的形式转化为消费资料的形式，可以用作个人消费。

两个部类之间的相互交换，整个交换过程不是通过物物交换实现的，而是以货币流通为媒介来进行的。虽然这种媒介使交换难以理解，但是它具有决定性的重要意义。因为可变资本部分必须不断表现为货币形式来购买劳动力。两个部类的一切生产部门的可变资本都必须以货币形式预付。这个交换过程可以分为以下两个部分：

第一部分：第Ⅰ部类的 1000 元可变资本和第二部类的 2000 元不变资本的一半即 1000 元进行交换。首先第Ⅰ部类的资本家支付第Ⅰ部类工人的工资

1000 元，工人用它向第Ⅱ部类的资本家购买生活资料，这 1000 元就流到了第Ⅱ部类的资本家手中；然后第Ⅱ部类的资本家用它向第Ⅰ部类的资本家购买生产资料，这样一来，这 1000 元又流回到第Ⅰ部类资本家的手中。

第二部分：第Ⅰ部类的 1000 元剩余价值和第Ⅱ部类的 2000 元不变资本中剩下的一半即 1000 元进行交换。这里的流通包括了两个部类的各个单个资本家之间的无数的个别的购买和卖出，而买卖双方之间可以用不同的方式来预付货币，既可以由第Ⅰ部类的资本家来预付，也可以由第Ⅱ部类的资本家来预付，或者由双方各预付一部分。假定第Ⅱ部类的资本家先垫支 500 元向第Ⅰ部类的资本家购买生产资料，第Ⅰ部类的资本家又用这 500 元向第Ⅱ部类的资本家购买消费资料，这样一来，这 500 元又流回到第Ⅱ部类资本家的手中。或者说，第Ⅰ部类的资本家投入 500 元向第Ⅱ部类的资本家购买消费资料，而第Ⅱ部类的资本家又用这 500 元向第Ⅰ部类购买生产资料，这样一来，这 500 元又回到了第Ⅰ部类的资本家的手中。

第Ⅱ部类内部的交换

在社会生产分为两大部类的基础上，又可以把第Ⅱ部类区分为两个副类：

Ⅱ a：必要消费资料。这部分消费资料既包括工人阶级的消费，也包括资产阶级的消费。

Ⅱ b：奢侈消费资料。这部分消费资料仅仅进入资产阶级的消费，所以只能和剩余价值进行交换。

根据前面的简单再生图示的第Ⅱ部类：2000B＋500K＋500S ＝ 3000 消费资料，可以具体化为：

Ⅱ a：1600B＋400K＋400S ＝ 2400

Ⅱ b：400B＋100K＋100S ＝ 600

假设资本家都用剩余价值的 3 / 5 购买生活资料，用其余的 2 / 5 购买奢侈品，第Ⅱ部类的两个副类Ⅱ a 和Ⅱ b 之间进行的交换必须经过 3 个步骤才能得到实现。其公式如下：

Ⅱ a：400K＋240S＋160S

Ⅱ b：100K＋60S＋40S

第一步，在Ⅱ a副类中，400K产品是工人必要的消费资料，在本副类中内部可以得到实现，因为工人需要购买必要消费资料，而Ⅱ a副类的产品正好也是必要消费资料。同理，400S中的3/5即240S是资本家的必要消费资料，在本副类中内部也可以得到实现。

第二步，在Ⅱ b副类中，资本家100S中的2/5即40S用于购买奢侈消费资料，也是在Ⅱ b副类内部可以实现，因为资本家要购买40S的奢侈消费品，而Ⅱ b副类提供的产品是奢侈消费品。

第三步，在Ⅱ a副类和Ⅱ b副类之间需要交换的是Ⅱ a副类中的160S和Ⅱ b副类中的100K加上60S。因为，Ⅱ a副类的资本家需要向Ⅱ b副类购买160S的奢侈消费品，而Ⅱ b副类的工人和资本家需要向Ⅱ a副类购买100K加上60S的必要消费资料。因此，两者通过两个副类之间的交换就可以得到实现。

值得注意的是，Ⅱ a副类中的1600B和Ⅱ b副类中的400B是被消耗掉的生产资料，这两部分的产品，既不能在自己本副类内部得到实现，也不能通过两个副类之间的交换得到实现，它们只能通过与第Ⅰ部类的交换来实现。

实际上，与第Ⅱ部类相适应，第Ⅰ部类的生产资料生产，也包括了制造生产资料的生产资料、制造必要消费资料的生产资料和制造奢侈品的生产资料。我们假设所有生产生产资料的资本家，他们也将剩余价值分为两个部分，用其中的3/5购买必要的消费资料，剩余的2/5购买奢侈品，那么，简单再生产条件下两大部类产品交换的公式就变成如下：

第Ⅰ部类：4000B+1000K+600S+400S = 6000

Ⅱ a：1600B+400K+240S+160S = 2400

第Ⅰ部类　　　　　　　　　　　　　　　　　3000

Ⅱ b：400B+100K+60S+40S = 600

▲：黑体字部分代表的是产品在本部类内部或者是在本副类内部中实现交换；而波浪线、下划线、双波浪线代表的是产品在不同部类、不同副类之间的相互交换。

结论：第Ⅰ部类与第Ⅱ部类之间有一定的比例关系，即Ⅰ（K+S）= Ⅱ B。这也是简单再生产的基本条件。

在第Ⅱ部类内部，Ⅱ a与Ⅱ b之间也要保持一定的比例关系。

为什么两个部类之间，以及部类内部之间要保持一定的比例关系呢？因为两大部类是由种类繁多的产业部门构成的，两大部类之间的关系表现为各个具体产业部门之间的关系。任何一个产业部门过多或者过少，不仅会影响到本部类内部其他生产部门的生产，还会影响到两大部类之间的生产比例，从而影响到整个社会的生产。

第三节
积累和扩大再生产

导读：这一节是在上一节分析简单再生产的基础上，进一步揭示扩大再生产下社会总产品的实现条件，也就是社会总资本扩大再生产得以正常进行的条件或者规律。通过对扩大再生产的分析，资本主义再生产的特征展示得更加具体。资本积累是剩余价值资本化，但是，剩余价值要转化为资本需要具备什么样的条件？第Ⅰ部类的积累是怎样进行的？第Ⅱ部类的积累又是怎样进行的？

简单再生产只是一个抽象，积累和扩大再生产才是资本主义生产的实际。资本积累就是剩余价值资本化。在分析单个资本积累时已经指出，资本家把附有剩余价值的商品卖出去后获得货币，为了扩大再生产，再把附有剩余价值的货币转化为追加资本的生产要素（购买生产资料和劳动力）。这种情况同样适用于社会总资本的生产。

但是在资本主义生产过程中，剩余价值要转化为资本，必须具备两个条件：第一，在一定的技术条件下，追加的货币额应达到足以适应扩大再生产的需要，或者增加正在执行职能的不变资本，如增添机器、设备等固定资本的需要，或者能够开办一个新的企业。但是，资本家每次用于积累的剩余价值总是有限的，这就意味着，资本家进行扩大再生产以前，作为资本积累的货币需要贮藏一段时间，只有当贮藏的货币达到一定数量的时候才能扩大再生产。第二，生产在事实上已经按扩大的规模进行，在市场上已经存在追加资本所要购买的生产要素，即生产资料和劳动力。资本积累虽然首先表现为一定量的货币积累，但是货币本身不是实际再生产的要素，它必须要转化为生产资本的实物要素，这些物质要素必须是在市场上可以买到的，不管它是已经存在的成品，还是按订货正在制造的半成品。只有这样，扩大再生产才具备必要的物质前提。货币能够引起扩大再生产的原因在于再生产扩大的可能性在没有货币的情况下已经存在。

如果所有资本家都把货币从流通中取出并作为贮藏货币积累起来，而不购买商品，只卖不买，这就产生了一个问题，生产的商品究竟由谁来买？货币又从何而来呢？为了解决这个表面的困难，我们要把两大部类的积累分别加以考查。

第Ⅰ部类的积累

一 货币贮藏

解决货币贮藏的来源问题并不困难。积累，首先从第Ⅰ部类开始。第Ⅰ部类是由很多产业部门构成的，每一产业部门又有很多单个的资本，它们的投入时间和生产资料更新的时间是不同的，所以不可能同时扩大生产规模，必然分别处在积累的不同阶段。我们假定把第Ⅰ部类的企业分为A、B两个部分。当企业A处在货币积累阶段，只卖不买，将剩余产品货币化后，从流通中取出来贮藏；企业B处在实际积累阶段，即由货币转化为生产资料阶段，只买不卖，也就是说，企业B将贮藏的货币取出来购买A的剩余产品，这时候企业B的购买成为企业A的货币贮藏的来源。一方作为卖者，另一方作为买者，并且每一方在这两种作用中都只起一种作用。

第Ⅰ部类的积累要有两个前提：

第一，既要有货币积累，即单纯的卖，又要有实际积累，即单纯的买。没有单纯的卖，就没有货币积累，没有货币积累，也就不可能进行实际积累；反过来，没有单纯的买，就没有实际积累，贮藏的货币就不能转化为现实的生产资本，企业B不进行实际积累，企业A也不可能有货币积累。

第二，企业A投入流通的商品和从流通中取出的货币，同企业B投入流通的货币和从流通中取出的商品，其价值额必须相等。也就是说，企业A形成货币贮藏的部分的单纯的卖和企业B把贮藏货币转化为追加生产要素的部分的单纯的买保持平衡。这是第Ⅰ部类进行积累的条件，也是社会再生产正常进行的必要条件。但是由于单纯地买和卖只是单方面的交易，这会使得买卖难以平衡。尤其是在资本主义制度下，不平衡是一种常态，严重的时候就会产生经济危机。

从这两个前提中我们可以看到，单纯地买和卖对资本主义社会再生产有双重作用，货币积累一方面是再生产顺利正常进行的必要前提；另一方面却又增加了经济危机的可能性。

二 追加的不变资本

第Ⅰ部类追加的不变资本，是第Ⅰ部类工人的剩余劳动创造的剩余产品中的一部分，其实物形式是用于生产的生产资料。企业A通过不断出售这个剩余产品给企业B，进行货币贮藏，形成追加的可能的货币资本。这个剩余产品在企业B手中才执行追加的不变资本的职能，但是在企业A手中已经是潜在的不变资本。扩大再生产和简单再生产的区别与产品价值的绝对量无关，在这里，区别只在于所使用的剩余劳动的形式，只在于它的特殊有用方式的具体性。在简单再生产条件下，这个剩余劳动是支出用于生产的生产资料上，而在扩大再生产条件下，这个剩余劳动是支出在生产生产资料的生产资料上。所以，由简单再生产到扩大再生产的过渡，第Ⅰ部类要多为本部类生产不变资本的要素，少为第Ⅱ部类生产不变资本的要素。这就是我们平时所说的，生产资料的生产要优先增长。

从追加的不变资本的来源，可以得出以下结论：如果只考查价值量，扩大再生产的物质基础是在简单再生产内部生产出来的，简单来说，这种物质基础就是，直接用在第Ⅰ部类生产资料的生产上的、用在第Ⅰ部类潜在的追加资本的创造上的第Ⅰ部类工人的剩余劳动。因此，企业A潜在的追加货币资本，在这里不过是追加生产出来的用于第Ⅰ部类的生产资料的货币形式。

资本积累和生产的发展、剩余产品的增加成正比例关系。如果一国执行职能的生产资本越多，劳动生产力越发展，科技越发达，从而剩余产品量越大，不变资本的积累量也就越来越多。

三　追加的可变资本

在资本主义生产基础上，资本积累必然产生相对过剩人口，所以，资本主义生产本身就准备了随时可供剥削的劳动力。在必要的时候，还可以通过延长工人的工作日或者提高劳动强度，不用增加雇佣工人的人数就可以获得更多的劳动力，从而实现扩大再生产。因此，新形成的货币资本中可以转化为可变资本的部分，在应该转化时总会找到劳动力。

同时，以积累为基础的扩大再生产，如果从价值方面考查，生产者生产的剩余价值，作为潜在的货币资本的积累，只要达到一定的量，既可以直接转化为新的可变资本，也能够直接转化为不变资本；但是从实物形态考查，追加劳动力是现成的，而追加生产资料却必须在生产实际扩大的条件下才有可能。

第Ⅱ部类的积累

我们在考察第Ⅰ部类积累的时候，是假定了第Ⅰ部类的企业A把剩余产品卖给了第Ⅰ部类的企业B。我们现在假定第Ⅰ部类的企业A把剩余产品卖给了第Ⅱ部类的企业B，并且不接着购买企业B的消费资料。这样看来，ⅠA虽然形成了潜在的追加货币资本，但是，从Ⅱb方面来看，则会有同等价值额的一部分商品卖不出去。这部分商品由于没有被卖掉而出现了生产过剩，它使不变资本不能得到全部的更新，以至于使第Ⅱ部类的简单再生产也不能维持下去。因此，如果从整个社会再生产来考察，ⅠA的片面售卖，就会造成Ⅱb的生产过剩。这不是表示潜在的规模扩大再生产，而是表示简单再生产受到阻碍，也就是简单再生产不足。第Ⅰ部类只卖不买，把货币贮藏起来，对第Ⅱ部类来说就是有效需求不足或者生产过剩。要使简单再生产能够正常进行，两大部类的剩余价值必须全部用作个人消费，否则，第Ⅰ部类单方面的积累就会造成第Ⅱ部类产品实现的困难。

在第Ⅱ部类的积累中，从简单再生产过渡到扩大再生产，遇到的困难是第Ⅱ部类的商品资本的一部分如何转化为本部类不变资本的实物形式。我们按Ⅰ（1000K＋1000S）＝Ⅱ（2000B）这个交换公式考察，假定第Ⅰ部类的剩余产品的一半即500S用于本部类追加的不变资本，那么，第Ⅰ部类只有Ⅰ（1000K＋500S）和Ⅱ（2000B）交换，从而在第Ⅱ部类中就有500B不能从它的消费资料的形式转化为不变资本的实物形式。于是，第Ⅱ部类的生产过剩程度500B恰好与第Ⅰ部类生产已经扩大的程度500S相适应。

同时，第Ⅱ部类的生产过剩还会制约到第Ⅰ部类的生产。在第Ⅱ部类生产过剩后，就会缩小生产规模，这不仅减少了第Ⅱ部类向第Ⅰ部类提供的消费资料，而且还减少了第Ⅱ部类向第Ⅰ部类购买的生产资料。例如，第Ⅰ部类的工人用于第Ⅱ部类消费资料上的1000元，可能不会以货币形式完全流回到第Ⅰ部类的资本家手中，从而使第Ⅰ部类的产品也不能实现，甚至会影响到简单再生产。

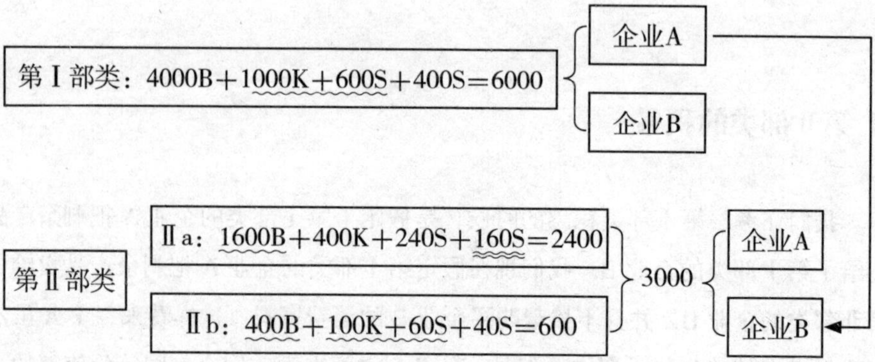

通过以上分析，要使社会再生产能够顺利进行，就要求两大部类各个要素之间的组合必须互相适应，也就是说，第Ⅰ部类必须用它的剩余产品为第Ⅱ部类提供追加的不变资本，而第Ⅱ部类也要同样为第Ⅰ部类提供追加的可变资本。

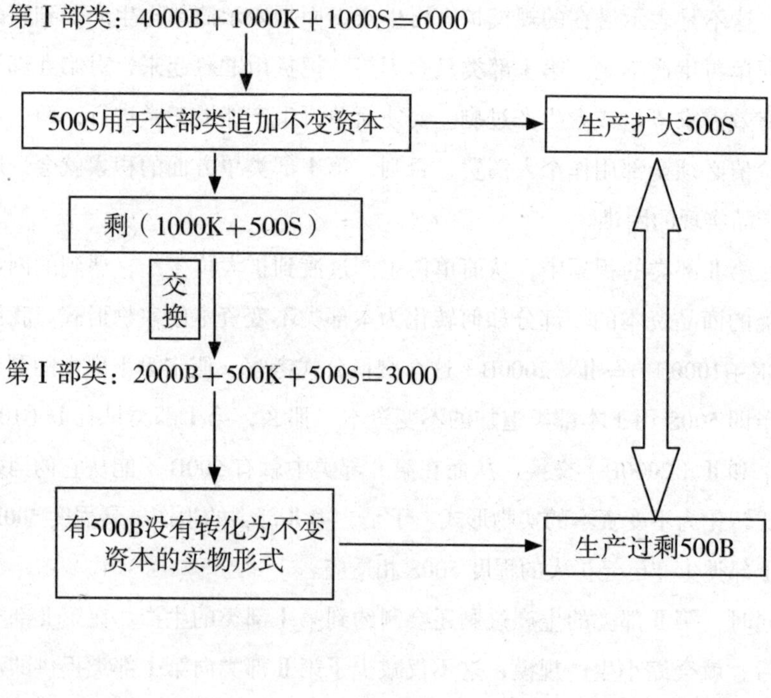

第十章

剩余价值和剩余价值率

Capital

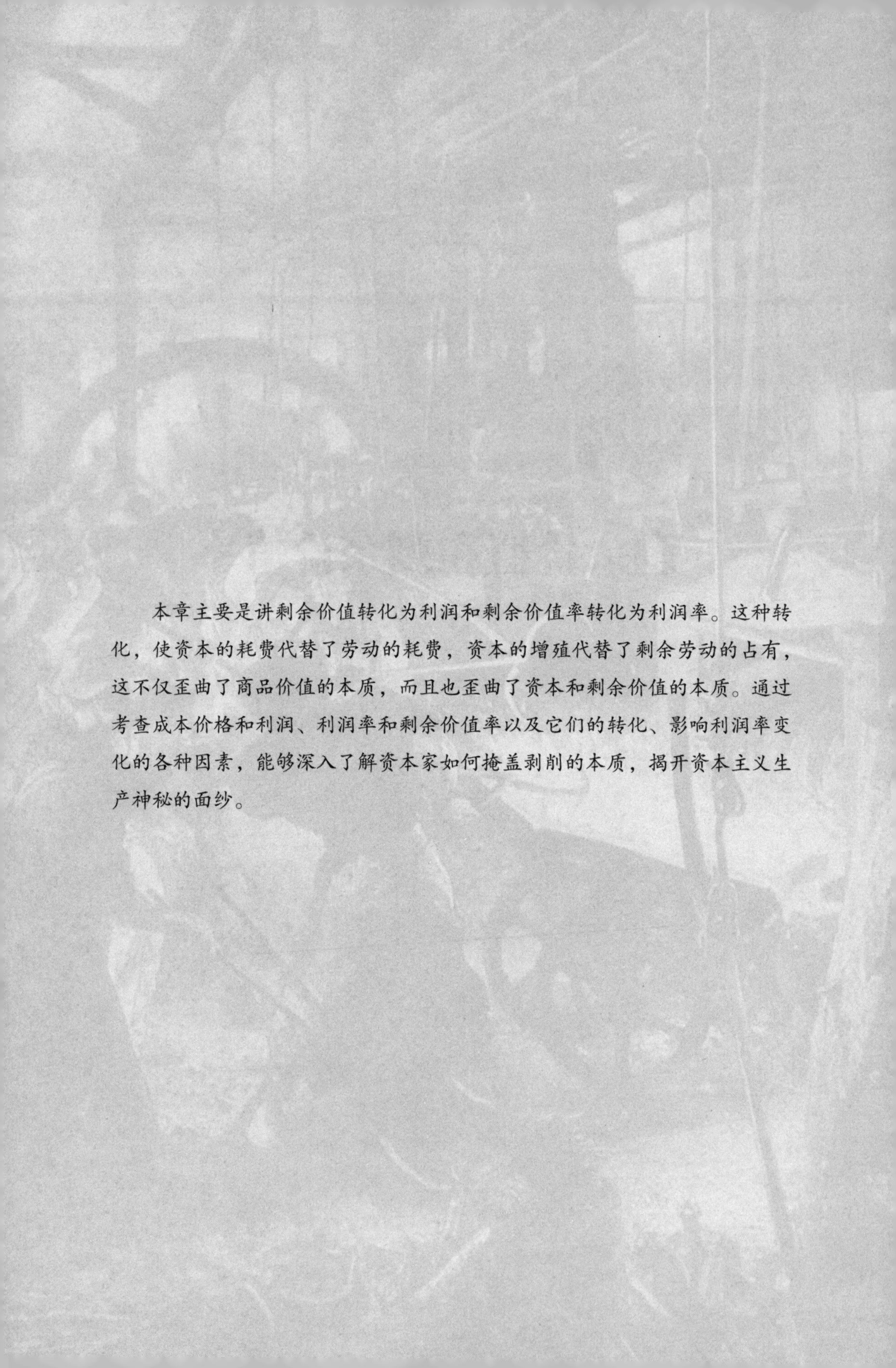

本章主要是讲剩余价值转化为利润和剩余价值率转化为利润率。这种转化，使资本的耗费代替了劳动的耗费，资本的增殖代替了剩余劳动的占有，这不仅歪曲了商品价值的本质，而且也歪曲了资本和剩余价值的本质。通过考查成本价格和利润、利润率和剩余价值率以及它们的转化、影响利润率变化的各种因素，能够深入了解资本家如何掩盖剥削的本质，揭开资本主义生产神秘的面纱。

第一节
成本价格和利润

导读：这一节的研究对象是成本价格和利润，这两个范畴相互联系，共同构成商品价值的转化形式。什么是成本价格？它又是怎样从所费资本转化而来的？这种转化形式又怎样掩盖了价值的本质？成本价格对资本主义生产经营产生怎样的影响？本节将介绍这些内容。

成本价格是所费资本价值的转化形式

一　什么是成本价格

按照资本主义方式生产的商品的价值，是由三个部分构成的：不变资本价值、可变资本价值和剩余价值。用公式可以表示为商品价值 $W = B+K+S$。其中，B 代表生产该商品所耗费的不变资本，即生产资料的价值；K 表示的是资本家购买劳动力所花费的可变资本的价值；S 表示的是工人创造的剩余价值。假如在生产过程开始前，资本家有 2000 元的资本，投入机器、厂房为 1000 元（其中只有 20 元在一次生产过程中被消耗掉），购买原料 500 元，支付工人工资 500 元，假如剩余价值率为 100%，那么这个商品的价值就等于 $500+20+500+500 = 1520$ 元。如果从这个商品的价值中减去剩余价值 S，那么，在商品中剩下的，只是一个生产要素上耗费的资本价值的等价物或者价值补偿，简单来说就是补偿所耗费的生产资料价格和所使用的劳动力价格的部分，它只是补偿了资本家自身耗费的东西。所以对资本家来说，就是商品的成本价格。

为什么要把 B+K 的价值从商品价值中单独分离出来呢？这是由资本主义

生产的特点决定的。因为在资本主义实际生产中，商品使资本家耗费的东西和商品生产实际所耗费的东西，是完全两个不同的量。商品的资本主义费用是用资本的耗费来计量的，商品价值中的剩余价值部分只是工人的无酬劳动，并不需要资本家的任何耗费，所以它不包括在资本主义的成本价格中。而商品实际生产所耗费的价值是用劳动的耗费来计量的，它包括工人有酬劳动所产生的工资，工人无酬劳动产生的被资本家拿走的剩余价值，以及转移到新商品上的已经耗费的厂房、机器、原料的价值。用上面的例子来说，减去500元的剩余价值之后，只剩下1020元的商品价值，这1020元是补偿已经耗费的资本的，所以，对资本家来说，这就是商品的成本了。如果我们用C来表示商品的成本价格，那么商品的价值W = B+K+S就转化为W = C+S，即商品的价值=成本价格+剩余价值。

二　成本价格的双重意义

把商品价值中那些只是补偿商品生产所耗费的资本价值的部分归结为成本，有着双重的意义。一方面，它显示出资本主义生产的“特殊性质”，因为商品的资本主义费用是用资本的耗费来衡量的，而商品的实际费用则是用劳动的耗费来衡量的，所以商品的资本主义的成本价格，必然少于商品的实际费用，即少于商品的价值。另一方面，成本价格虽然并不是商品的实际费用，也不仅仅是存在于资本家账簿上的一个虚拟项目，不仅是为了核算而存在。成本价格之所以会从商品价值中分离出来独立存在，在商品的生产过程中，也有它的现实基础，并对生产有实际的影响。这部分价值通过商品流通过程，不断从商品形式转化为货币形式，并且用货币买回生产所耗费的各种生产要素，所以在这方面它又表示了一般商品生产的特征。

■ 成本价格掩盖了不变资本与可变资本的区别

成本价格这一范畴，同商品的价值形成或资本的增殖过程毫无关系。因为它不但不能说明反而掩盖了现实的价值形成过程和价值增殖过程。它不仅抹杀了价值转移和价值创造的区别，还掩盖了不变资本与可变资本的差别。

预付在生产资料上面的资本价值部分是原有的，它只是转移和再现到产品中去，这个价值部分是由过去的劳动形成的，而不是在现在的劳动过程中形成的。所以，简单来说，生产资料的价值只是转移而不是创造。相反，预付在劳动力上面的资本价值部分却完全不同。在新的生产过程中，它被活劳动所替代，这时的活劳动不仅能够创造一个劳动力的等价物，而且还能创造一个剩余价值。

成本价格这两个部分之间的区别，绝不仅仅是理论上的。它们的现实区别就会因为它们各自价值量发生变化而显露出来。当生产资料的价值量发生变化时，不仅商品的成本价格会随着这个资本价值的绝对量的增减而增减，而且商品的价值量也会随着这个资本价值的绝对量的增减而增减。相反，劳动力的价值量发生变化时，只要它只是表现劳动力价值的变化而不是劳动力数量的变化，就绝不会影响商品的价值量，而只会影响新创造的价值中劳动力价值和剩余价值的比例。

但是这个区别在成本价格中却完全被掩盖了。在成本价格中，在劳动力上支出的那部分资本和在生产资料上支出的那部分资本之间的区别，仅仅表现在它们是用来支付不同的物质生产要素，而不在于它们在价值形成过程中，从而在价值增殖过程中起着职能上完全不同的作用。所以，在成本价格中旧价值的转移和新价值的创造之间的区别也就消失了。我们看到的只是已经存在的现有的价值，即预付资本的各个组成部分，但是看不到创造新价值的要素。这样一来，不变资本和可变资本的区别也就消失了。

成本价格掩盖了不变资本与可变资本的区别，但它却突出了固定资本与流动资本的区别。在成本价格的形成过程中，不变资本的固定部分，只是随着磨损程度逐渐地把它的价值转移到产品中去，而不变资本中的流动部分和可变资本却是一次同时参加商品价值的形成。因此，从商品价值形成的观点看，在劳动力上支出的可变资本的部分，就在流动资本一次性转移其价值的影响下，和不变资本中的流动部分等同起来了。所以，成本价格就抹杀了不变资本与可变资本的区别，而只是突出了固定资本与流动资本的区别。这样一来，资本的增殖过程的神秘化也就完成了，价值增殖过程的秘密就再也看不到了。

成本价格对资本主义企业生产经营的影响

成本价格对资本主义企业生产经营的影响主要表现在：

第一，成本价格不断得到补偿是再生产进行的一个必要条件。商品的生产成本里面包含了生产资料价值和资本家预付的劳动力价值，资本家只有通过卖出商品收回这两部分价值才能重新购买新的生产要素继续生产。

第二，成本价格是资本家衡量生产经营是赚钱还是亏本的一个标志。成本价格是资本家出售商品的必要价格，如果低于这个价格，他不仅不能获取利润，而且连“老本”也保不住，生产自然就亏本了。但是，如果资本家以低于商品价值、高于成本价格的价格出售商品，也是可以获得部分利润的。因此，资本家在出售商品时，只要高于成本价格、低于或者等于商品价值，就能获得利润。这是因为商品的成本价格与商品价值之间存在着差额，只有资本家在这个差额的范围内出售商品，才不会亏本。

第三，正因为商品的成本价格与商品的价值之间存在着差额，其中有无数个价格可供资本家选择作为销售价格，所以，成本价格为资本家们的竞争提供了可能性。生产同种商品的企业，生产成本是各不相同的，为了获取更多的利润，资本家竭力通过各种途径降低生产成本，这样，他就可以以高于生产成本而低于商品价值的价格出售商品，对其他生产成本高的企业造成威胁。

第二节
利润率

导读：这一节探究剩余价值如何转化为利润以及剩余价值转化为利润的原因，进而研究利润率这个重点。资本的整个运动过程是借助利润率使剩余价值转化为利润，而利润率形式掩盖了资本的价值增殖过程的秘密，从而使资本主义生产关系神秘化。

■ 剩余价值转化为利润

以上我们考察了商品价值的一个要素即成本价格，现在我们来考察商品的另外一个因素即剩余价值。剩余价值首先表现为商品价值超过成本价格的余额，即商品剩余价值等于商品价值减去成本价格。剩余价值表现为成本价格的增加额是在不变资本和可变资本转化为成本价格的基础上发生的。本来剩余价值只是产生于可变资本的价值变动，从而也只是可变资本的增长额，用公式表示为 W = B+（K+S）。但是在生产过程结束之后，也就是在价值得到增殖之后，作为已经完成的价值，这时候剩余价值不仅表现为可变资本的增加额，也表现为不变资本的增加额，用公式即表示为 W =（B+K）+S，在这里不变资本与可变资本的区别消失了，剩余价值成为已经消耗的预付资本即成本价格的增加额。用 C 表示成本价格，那么商品价值公式就演变为 W = C+S。

剩余价值不仅表现为成本价格的增加额，而且表现为全部预付资本的增加额。对资本家来说很清楚，这个价值增加额来自于资本进行的生产过程，也就是来自资本本身。因为它在生产过程完成以后才存在，而在生产过程开始以前并不存在。总资本在物质上是产品的形成要素，不管它作为生产资料还是劳动力，都是如此。总资本中虽然只有一部分进入价值增殖过程，但在物质上总是全部进入现实的劳动过程。或许正是由于这个原因，它虽然只是部分地参加成本价格的过程，但会全部参加剩余价值的形成。因此，可以得出结论：剩余价值是由生产中所使用的全部预付资本的增加额产生的。

剩余价值一旦作为全部预付资本的产物，它就取得了利润这个转化形式。如果用 L 表示利润，那么公式 W =（B+K）+S = C+S 就变成 W = C+L 了。

剩余价值表现为利润的原因

我们在这里最初看到的利润，只是剩余价值的最初转化形式，它和剩余价值在实际上是一回事，而且在数量上也相等。它表现为全部预付资本的产物，所以它有一种神秘化的形式，而这种神秘化的形式必然会从资本主义生产方式中生产出来。原因有以下两个方面：

第一，由于商品价格中的不变资本和可变资本之和采取了成本价格的形式，成本价格的假象造成了不变资本和可变资本的区别的消失，所以，剩余价值就好像不是由可变资本产生的，而是由全部预付资本产生的。

第二，既然在公式的一极劳动力的价值表现为工资这种转化形式，即表现为全部劳动的报酬，那么在公式的另外一极剩余价值就必然与剩余劳动失去联系，而表现为全部预付资本的产物，即表现为利润这种转化形式。

在这里我们可以总结一下利润与剩余价值的关系。利润与剩余价值本来是同一个东西，不同的是，剩余价值是相对于可变资本而言的，而利润是相对于全部预付资本而言的，剩余价值是利润的内容，而利润则是剩余价值的表现形式。可见，利润这个剩余价值的转化形式源于资本主义生产关系本身，同时它又掩盖了资本主义剥削的本质。

利润率

不管剩余价值来自何处，它总是一个超过全部预付资本的余额。因此，这个总额和总资本会保持一个比率，这个比率可以用一个分数S / Z来表示。其中，S表示剩余价值，Z表示总资本。这样，我们就得到了一个与剩余价值率S / K（可变资本）不同的利润率S / Z＝S / ［B（不变资本）+K（可变资本）］。利润率表示资本家实际获利的程度。

用可变资本来计算的剩余价值的比率，叫作剩余价值率。用总资本来计算的剩余价值的比率，叫作利润率。这是同一个量的两种不同的计算方法，由于计算标准的不同，它们表示同一个量不同的比率或者关系。

应当从剩余价值率到利润率的转化引出剩余价值到利润的转化，而不是相反。实际上，利润率从历史上说也是出发点。剩余价值和剩余价值率相对地说是看不见的，是要通过研究加以揭示本质的东西。而利润率和利润是表面显现出来现象的东西。另外，资本家首先而且唯一关心的是剩余价值和预付总资本的比率。所以，从理论上讲，是先有剩余价值与预付总资本的比率，即利润率，然后再按利润率取得利润。

利润和利润率使资本主义关系神秘化。由于资本的一切部分都表现为价值增殖的源泉，资本关系也就神秘化了。第一，它使资本主义生产过程已经发生的主体和客体的颠倒关系进一步发展。在资本主义生产方式下，雇佣劳动力创造出大于本身价值的价值，劳动的全部生产力表现为资本的生产后，一方面，死的劳动统治和支配活劳动，人格化为资本家；另一方面，工人反而仅仅表现为物质劳动力，即一种商品。这就使得本来是人对物的关系，现在颠倒为物对人的关系。第二，利润作为总资本的产物，掩盖了资本剥削的真实关系。原来，总资本的价值量同剩余价值量没有内在的必然的联系，但是，利润和利润率的出现表现为总资本的产物。而且，在利润和利润率的形式上，剩余价值的起源资本各个部分在价值增殖过程中的不同作用都被掩盖起来了。

第三节
剩余价值率和利润率的关系

导读：上一节研究了利润和利润率范畴的形成，揭示了利润是剩余价值的转化形式。这一节，进一步研究剩余价值率和利润率的关系。利润率是否是剩余价值率的转化形式呢？利润率与剩余价值率有何联系和区别？利润率受哪些因素的影响？

利润率是剩余价值率的转化形式

剩余价值率是通过利润率这个现象形态表现出来的。剩余价值率转化为利润率的原因，是由于资本家将本求利的生产目的决定的。上面也提到，利润率表示资本家实际获利的程度，所以，资本家衡量获利的大小不是以利润与可变资本的比率为尺度的，而是用利润与总资本的比率来衡量的，简单来说，资本家获利大小不是取决于剩余价值率，而是取决于利润率。这样一来，剩余价值率就必然转化为利润率。

资本家把超过预付总资本的余额，看作是预付总资本的产物，所以当我们使用利润这个范畴时，实际上已经是剩余价值与预付总资本比较的结果，即剩余价值率已经转化为利润率了。同时，当我们在计算利润量大小的时候，又以一个既定的利润率为基础。所以说，剩余价值率转化为利润率是剩余价值转化为利润的前提和基础。

利润率和剩余价值率的联系与区别

我们在谈论剩余价值和利润的关系时说到，剩余价值和利润是同一个东西，剩余价值是利润的本质，利润是剩余价值的转化形式。同理，剩余价值率是利润率的本质，利润率是剩余价值率的转化形式。简单来说，剩余价值率是内容，利润率是形式；剩余价值率是本质，利润率是现象。

利润率与剩余价值率是同一剩余价值量用不同方法计算出来的比率。两者的区别表现在：当剩余价值被看作可变资本的产物时，就是剩余价值本身，它与可变资本的比率就是剩余价值率；当剩余价值被看作是预付总资本的产物时，剩余价值就成了利润，它与预付总资本的比率就是剩余价值率。

两者的区别有以下三个方面：

第一，它们的内涵不同。正如上面所说的，剩余价值率是剩余价值与可变资本的比率；利润率是剩余价值与预付总资本的比率。

第二，它们在量上的比较不同。由于预付总资本是可变资本和不变资本的总和，在剩余价值率 S / K 和利润率 S / Z = S / ［B（不变资本）+K（可变资本）］两个公式中，当剩余价值一定的时候，分母大，整个数就会小。所以，从量的方面来看，利润率总是小于剩余价值率。

第三，它们在质上的比较不同。从质的方面来看，利润率和剩余价值率所反映的关系不同，剩余价值率表示资本家对工人的剥削程度，它表明了剩余价值的真正来源是可变资本；而利润率则表示预付总资本的增殖程度，但是它掩盖了剩余价值的真正来源，给人造成一种假象，似乎剩余价值是由全部预付资本产生的，这样，资本主义生产关系就被神秘化了。

利润率是直接影响资本家获利的重要指标

利润率这个经营驱动力的大小是由多种因素构成的，其中一个重要的因素就是劳动生产率。劳动生产率对利润率，至少对单个资本的利润率，产生重要的影响。我们知道，在其他条件不变的情况下，如果一个生产部门的劳动生产率高，那么它在一定时间内提供的产品会比社会上以平均生产率生产产品的部门多，如果按照社会平均价值或者低于社会平均价值来出售这些商品，这个生产部门就能获得更多的额外价值。同理，如果单个资本用高于社会平均生产率的生产率来进行工作，就可以按照低于社会平均价值的价值来出售商品，也会实现一个额外的利润。事实上，一个产业部门的价值构成，即不变资本与可变资本的比例是表示一定程度的劳动生产率的。在剩余价值率不变的情况下，利润率的高低与资本有机构成的高低呈反方向运动。如果一个生产部门的资本有机构成越低，同量的预付总资本用于不变资本的部分越少，用于可变资本的部分越多，即由可变资本创造的剩余价值就越多，利润率也就越高。反之，如果一个生产部门的资本有机构成越高，同量的预付总资本用于不变资本的部分就越多，用于可变资本的部分越少，即由可变资本创造的剩余价值就越少，利润率也就越低。

利润率的高低还取决于剩余价值率的高低。在预付资本已定的情况下，利润率的高低由剩余价值量的多少来决定，而剩余价值量的多少又取决于剩余价值率的高低。因此，利润率和剩余价值率是按正比例而变化的：剩余价值率越高，则利润率越高；剩余价值率越低，则利润率越低。因此，凡是影响剩余价值率的因素都会影响利润率。那么，影响剩余价值率有哪些因素呢？工资、工作日长度和劳动强度。工资的增加会减少剩余价值的量，从而利润率会降低；而工作日长度的延长和劳动强度的提高则会增加剩余价值的量，从而利润率会提高。

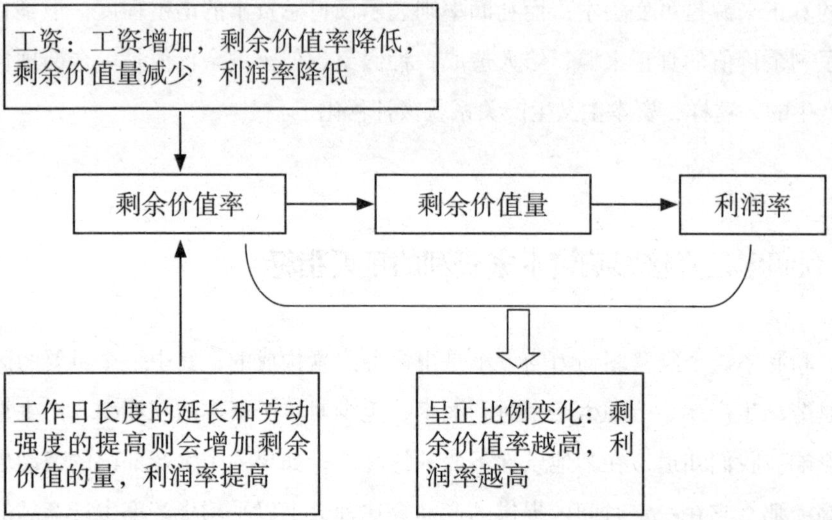

资本周转对利润率也会产生重要的影响。即使资本家预付总资本在数量上是相同的，但是由于资本周转速度不同，资本家获得剩余价值的量不同，从而在利润率上也不同。利润率的高低与资本周转速度的快慢成正比。资本周转需要一段时间，所以在生产中不能同时使用全部资本，而是以各种形式存在着：一部分资本以货币资本的形式，一部分以储存原料的形式，一部分以已经制成但是等待出售的商品资本的形式，或者以尚未到期的债权的形式闲置起来的资本。在实际生产剩余价值中发生作用的资本，总要减去这些闲置的部分。在其他条件不变的情况下，资本周转时间越短，使资本中处于闲置状态的资本部分就越少，所占有的剩余价值就越大，从而使利润率提高。资本周转时间的缩短，不管是由提高劳动生产率来缩短生产时间引起的，还是由改变交通工具缩短流通时间引起的，都能够提高利润率。

第四节

不变资本和价格变动

导读：这一节是对利润率变动规律的探讨的继续，研究不变资本使用方面的节约对利润率的影响以及价格变动对利润率的影响。在不变资本使用方面的节约分为了五种形式加以理论概括，阐明它们影响利润率的真正原因。在价格变动方面举出三个要素的价格变化对利润率的影响。

不变资本使用上的节约

一　通过延长工作日来节约不变资本

第一，延长工作日可以节约不变资本固定部分，即可以在不追加固定资本投资的条件下，获得更多的剩余价值，从而提高利润率。在可变资本和使用工人人数不变的情况下，延长工作日，并不需要扩大厂房、购买新机器等不变资本的固定部分新的支出。另外，固定资本的价值会在一个较短的周转期间系列中生产出来，因而，这种资本为获得一定的利润将所必须预付的时间缩短了。即使在额外时间支付报酬，而且在一定限度内甚至比正常劳动时间支付较高劳动报酬的情况下，工作日的延长都会增加利润。

第二，延长工作日，不仅可以节约固定资本的投资，还可以节约管理费、国税、地方税和火灾保险费等生产的费用以及各种常雇人员的工资，节约由于机器贬值带来的无形损耗，因为这些非生产费用不因工作日的长短而发生变化。

第三，工作日的延长，加快了不变资本价值的转移，从而缩短了再生产的时间，给资本家带来极大的利益。

为了追求更大的利润，延长工人的劳动时间是资本家经常使用的节约总资本的方法之一。

二　通过劳动的社会结合节约不变资本

劳动的社会结合能够节约不变资本，从而提高利润率，是因为：

第一，在社会化劳动的情况下，生产设备是由总体工人共同消费的，因而可以节省动力、发动机、传动设备等支出。例如，发动机的费用不会和发动机的马力同比例增加，传动机的费用不会和它所带动的工作机的数量同比例增加，工作机也不会和使用的工具数量同比例增加。

第二，生产资料的集中，可以节省工厂建筑物（包括车间、仓库），还可以节省燃料和照明用电。这种生产资料的集中以及大规模应用而产生的全部节约，是以工人的聚集和共同工作，即劳动的社会结合这一重要条件为前提的。

第三，大规模的生产带来大量的生产排泄物，如废气、废水、废渣、边角废料等，若能够得到很好的利用，则可以减少原材料的开支，甚至可以从废料和烟尘中开发出具有更高价值的产品。此外，废弃物的利用能够最大程度地减少环境污染，避免人类生产对自然环境的破坏。

三　通过改良机器节约不变资本

这种节约包括：机器材料的改良使得机器更加经久耐用；机器制造方法的改良使得机器变得更加便宜；机器某一部分的改进提高了机器工作的效率；机器改良还可以减少生产过程中的废料。通过这些改良，使机器变得便宜、轻巧，机器的质量和效率更好。

生产机器的部门对机器的改良，可以使使用机器的生产部门节省不变资本。这一类的节约有一个显著的特征，即一个生产部门因生产资料价值降低而带来利润率的提高，要归功于另一个生产部门生产力的发展。

四　不变资本本身使用上的节约

在资本主义制度下，对不变资本本身使用上的节约可以通过以下几个途径实现：

第一，工人的集中和他们的大规模协作。从一方面看会节省不变资本，同样一些建筑物、取暖设备、照明设备、动力机和工作机等用于大规模生产所花费的费用，比用于小生产规模相对来说要少一些。它们的价值虽然说绝对地增加了，但是同不断扩大的生产相比，同可变资本的量相比或者说同所推动的劳动力的量相比，相对地说却减少了。

第二，提高工人的素质和加强纪律。在资本家工厂中，要做到一点也不浪费，一点也不损失，要做到生产资料只按生产本身要求的方式来消耗，这部分得取决于对工人的训练和教育，部分取决于资本家强加给工人的纪律。

第三，对生产要素掺假，欺骗顾客。对生产要素掺假是降低不变资本费用的一种手段，因而也是追求利润的一种手段。这种行为在德国工业发展的一个时期尤为突出，那时候德国工业有一条基本原则，讨好顾客的办法就是先送给他好样品，然后给他次货。

五　靠牺牲劳动者而实现不变资本的节约

不变资本的节约不管来自本部门劳动生产力的发展，还是来自其他部门劳动生产力的发展，在资本主义条件下，劳动被合并于资本，表现为资本的物质要素，因而劳动的生产力就表现为资本的生产力。与此相同，在资本家看来，不变资本的节约，也表现为一种和工人异化、和工人劳动无关的事情。简单来说，不变资本的节约表现为资本的力量，只与资本家有关，和工人毫不相关。同时，这种节约似乎不是社会劳动生产力发展的结果，而表现为资本本身的一种固有的力量。这种假象和资本主义的现象相符合，它是由以下原因造成的：

第一，构成不变资本要素的各种生产资料，只代表资本家的货币，这个货币价值多少，也是和工人无关的。

第二，生产资料在生产过程中是充当剥削工人的手段，这种剥削手段是贵还是贱，也和工人无关。

第三，劳动的社会结合，是通过资本来实现的。因此，生产资料作为资本家的财产，对工人是一种支配权力，其浪费与节约与工人无关。

不仅如此，资本主义生产方式按照它矛盾的、对立的性质，还把浪费工人的生命和健康，压低工人的生存本身，看作是不变资本使用上的节约，从而看做提高利润的手段，简单来说就是以牺牲工人劳动条件的节约来提高利润率。这种节约包括：建筑物的节约，即工人挤在一个狭窄的空间中劳作；危险机器不安装安全设备；对有害健康的甚至有生命危险的生产过程没有预防措施等。由于工人的一生中大部分时间是在生产过程中度过的，因此，生产的条件也就是工人的生活条件，劳动条件的恶化也就是工人生存条件和生活条件的恶化。总之，资本家为了榨取更多的利润，极力摧残工人的健康。

价格变动的影响

一　原料价格的波动及其对利润率的直接影响

为了纯粹地考查原料价格的波动对利润率的影响，我们要作出两个明确的假定：第一，剩余价值率和剩余价值量不变；第二，这里研究的价格波动的原料，是指加入商品生产过程的原料，包括辅助材料，但是不包括制造机器所耗费的一切原材料，也不包括使用机器时消耗的辅助材料，而仅仅是指在生产过程中投入的主要材料，例如，生产棉纱和棉布时所用的棉花和纱锭。

既然利润率表示的是剩余价值与预付总资本的比率，因此可以这样说，凡是能够影响预付总资本的因素，也就会影响利润率。因为原料是预付总资本的重要组成部分，因此，它的价格波动也就必然会影响利润率。在其他条件不变的情况下，利润率的高低与原料价格成反比。如果原材料价格降低，用于购买原材料的流动资本数量就会减少，生产成本就会降低，预付总资本减少，利润率就提高；相反，如果原材料价格上涨，用于购买原材料的流动资本数量就会增多，生产成本就会提高，预付总资本增加，利润率就下降。这就是原料价格波动对于利润率影响的规律。

二　生产要素价格对利润率的影响

生产要素价格会影响固定资本的价值。如果生产要素的价格提高了，固定资本的价值会增加，预付总资本增加，利润率就会下降；相反，如果生产要素的价格降低了，或者说有一种更高效率的机器设备出现，就会使固定资本的价值贬值，预付总资本减少，利润率就会上升。

三　劳动力价格的变动对利润率的影响

劳动力的价格变动也像原料价格一样，会影响流动资本的数量从而影响利润率。因为流动资本的一部分是用于支付雇佣工人的工资，如果雇佣工人的工资提高了，那么用于支付雇佣工人工资的流动资本就会增加，预付总资本也随着增加，所以利润率就会下降；相反，如果雇佣工人的工资降低了，那么用于支付雇佣工人工资的流动资本就会减少，预付总资本随之减少，利润率就会上升。

上述可以得出一个结论：商品价格的变动会直接影响预付资本的数量，进而影响利润率。商品价格提高了，预付总资本增加，利润率下降；商品价格下降了，预付总资本减少，利润率上升。

第十一章

利润转化为平均利润

Capital

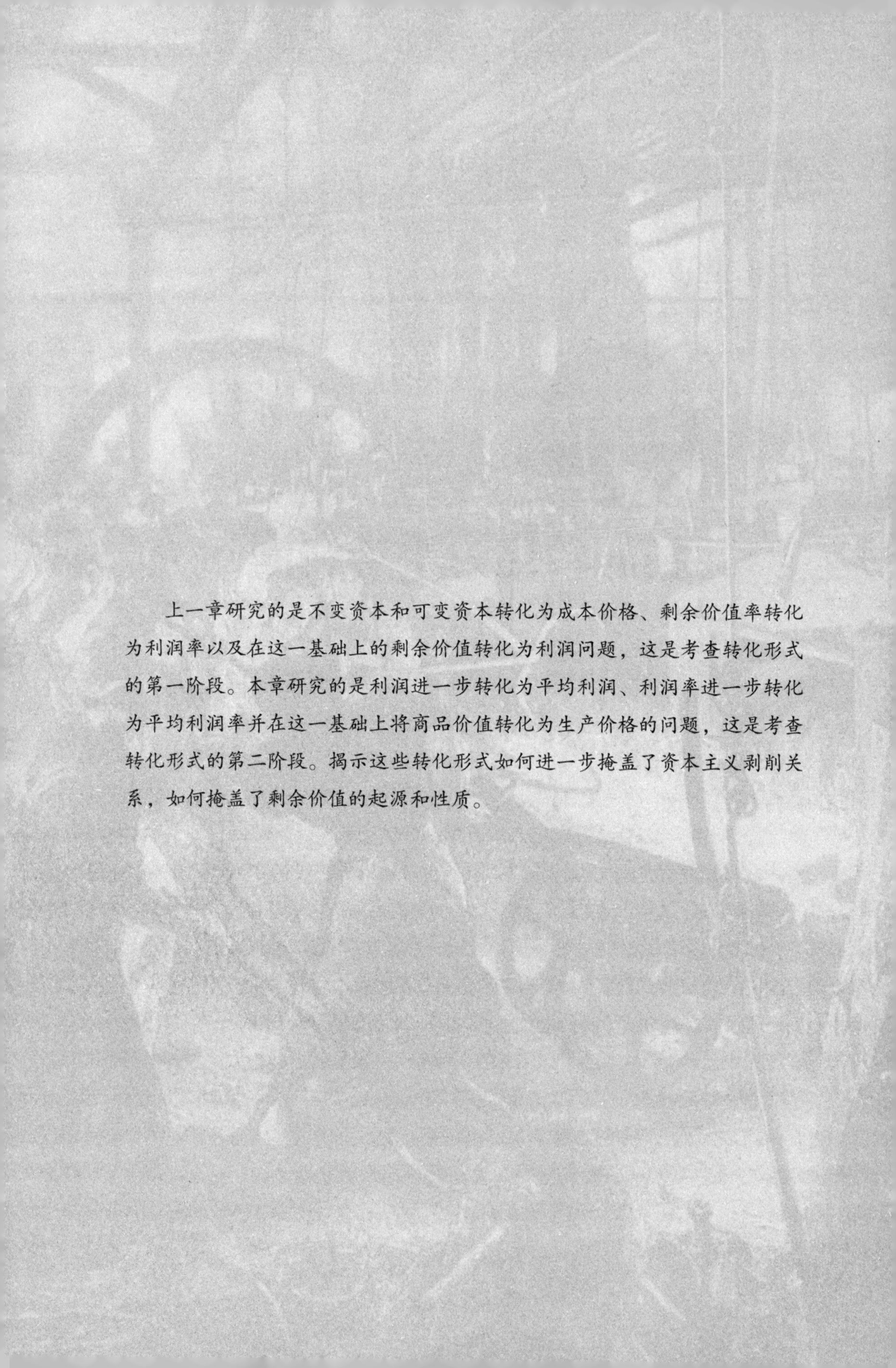

上一章研究的是不变资本和可变资本转化为成本价格、剩余价值率转化为利润率以及在这一基础上的剩余价值转化为利润问题，这是考查转化形式的第一阶段。本章研究的是利润进一步转化为平均利润、利润率进一步转化为平均利润率并在这一基础上将商品价值转化为生产价格的问题，这是考查转化形式的第二阶段。揭示这些转化形式如何进一步掩盖了资本主义剥削关系，如何掩盖了剩余价值的起源和性质。

第一节
不同生产部门资本的不同构成和由此引起的利润率的差别

导读：不同生产部门利润率的平均化是因为不同生产部门利润率的差别，所以在研究平均利润率之前，应该先研究不同生产部门利润率的差别问题。这一节，我们来研究不同生产部门由于有机构成和周转时间的不同而引起的利润率差别，目的是要揭示这种差别与等量资本获取等量利润的矛盾。

在上一章中，我们分析的是，在劳动剥削程度不变时，利润率会随着不变资本各个组成部分的价值变化以及资本的周转时间的变化而变化。由此自然可以得出结论说，如果其他条件不变，不同生产部门所使用资本的周转时间不同，或者这些资本的有机构成部分的价值比率不同，那么同时并存的不同生产部门的利润率就会不同。

不同生产部门资本有机构成差别对利润率的影响

一　资本有机构成的含义

各个产业部门的资本是按一定比率构成的。从内容上看，是由生产资料和劳动力这两个部分按照一定比率构成，其中，生产资料所占的比重越大，说明技术基础越雄厚，因此，我们称这种构成为技术构成。但是，技术构成只有通过价值形式才能综合反映出来。所以，从形式上看，资本技术构成表现为不变资本和可变资本的比率，这种形式我们称之为价值构成。同时，我们把由资本技术构成决定并且反映这种技术构成的资本价值构成，叫作资本的有机构成。生产资料或者不变资本所占总资本的比重越大，那就说明资本有机构成越高；反之，则越低。

资本家预付的可变资本只包含工人为生产自己的必需生活资料而付出的劳动量，但是可变资本所推动的活的劳动量总是大于它所包含的劳动量，超出必要劳动量的那部分构成剩余价值或者利润，归资本家所有。我们在研究不同生产部门利润率差别的时候，必须辨析清楚可变资本所包含的劳动量和它所推动的活劳动量之间的区别。

二　资本有机构成不同对利润率的影响

不同的生产部门，资本有机构成不同，利润率也不同。这是由于资本有机构成不同从而可变资本的量也就不同，因而它们所推动的活劳动的量也就不同。可变资本所推动的活的劳动量总是大于它所包含的劳动量，因此，也总是表现为一个大于可变资本的价值。这个价值取决于两个因素：一个是可变资本所推动的工人的人数；另一个是工人所完成的劳动量。当剩余价值率固定，而且商品按它的价值出售时，那么，剩余价值量或者利润量会出现差别，利润率不相等。我们假定有甲、乙、丙三个工业部门，资本有机构成分别为：高（B∶K＝9∶1），中（B∶K＝8∶2）、低（B∶K＝7∶3），三个工业部门分别投入等额资本1000，剩余价值率均为100%，商品按照其价值出售，则有下面的计算表格：

部门		资本			剩余价值率S′	剩余价值S	商品价值	利润率L′
		不变资本B	可变资本K	预付总资本Z				
高位构成	甲	900	100	1000	100%	100	1100	10%
中位构成	乙	800	200	1000	100%	200	1200	20%
低位构成	丙	700	300	1000	100%	300	1300	30%

由上表的例子可以得出：不同生产部门的等量资本，由于它们的有机构成

不同，会获得不同的利润。其中，资本有机构成比较高的部门，例如甲部门，利润率水平比较低；资本有机构成比较低的部门，例如丙部门，利润率水平比较高。而资本有机构成处在中间位置的部门，例如乙部门，它的利润率则处于平均水平。由于等量资本按照可变资本部分在一定量总资本中占有不同的比重而推动不等量的劳动，等量资本也就占有不等量的剩余劳动或者说生产不等量的剩余价值。这与资本家要求等量资本获得等量利润形成尖锐的矛盾。这种情况会引起不同生产部门之间激烈的竞争，因而会引起资本在不同部门之间的转移。例如，上例中的甲生产部门的资本家，是不甘心以这么低的利润率进行生产的。所以，他会把资本存量的相当一部分从本部门中抽出来然后转移到乙生产部门或者丙生产部门。资本在不同生产部门之间转移的结果是：利润率比较高的生产部门，即丙部门，由于资本的大量投入而使得生产大大增加，生产出来的产品供过于求，那么该生产部门的商品价格必然会下降从而引起利润率的下降。相反，利润率比较低的生产部门，即甲部门，由于资本的抽出并大量地转移出去，导致生产大大缩减，产品会供不应求，商品价格就会上涨从而使得利润率提高。

在等量资本要求获得等量利润的这一竞争规律作用下，这些不同部门的不同利润率会平均化为一般利润率，按照一般利润率计算一定量资本的利润，就是平均利润。各部门转移资本后的情况如下：

部门		资本			剩余价值率S′	剩余价值S	商品价值	商品价格	利润率L′	平均利润率	平均利润
		不变资本B	可变资本K	预付总资本Z							
高位构成	甲	900	100	1000	100%	100	1100	1200	10%	20%	200
中位构成	乙	800	200	1000	100%	200	1200	1200	20%	20%	200
低位构成	丙	700	300	1000	100%	300	1300	1200	30%	20%	200

资本有机构成低的生产部门利润率高；相反，资本有机构成高的部门利润率低。不同部门投入等量的资本得到的是不等量的利润。在其他条件不变的情况下，三个部门的有机构成不同，分别为：9∶1、8∶2、7∶3，每个部门投入等量的资本都是1000，剩余价值率相同，都是100%。很明显，三个部门的商品价值都不同，甲部门是1100，乙部门是1200，丙部门是1300。如果商品按照其价值出售，它们的利润率又会不同，甲部门是10%，乙部门是20%，丙部门是30%。因此，有机构成的差别造成了利润率的不同。

■ 资本周转时间的不同导致的利润的差别

除资本有机构成的差别外，不同生产部门的周转时间的差别也会引起利润率的差别。在其他条件相同时，利润率与周转时间的长短成反比。周转时间之所以会影响利润率，是因为周转时间的长短可以使同量的可变资本发挥不同的效能，因而能带来不同的剩余价值量。

所以，周转时间的差别，是等量资本在相同的时间内产生不等量利润，从而提供不等的利润率的原因。

第二节
一般利润率的形成和商品价值转化为生产价格

导读：这一节研究一般利润率的形成和商品价值转化为生产价格。一般利润率的形成又叫作平均利润率的形成，那它到底是怎样形成的呢？为什么说利润平均化是资本本性的要求？当利润转化为平均利润之后，商品的价值最后又转化成什么？

平均利润率的形成

我们首先做出以下假定条件：

第一，有五个生产部门，分别为甲、乙、丙、丁、戊，它们的资本量相等；

第二，它们的剥削程度相同，剩余价值率都是100%；

第三，它们的不变资本的固定部分都是一次性消耗掉，其价值全部转移到产品中去；

第四，它们的周转时间相同。

在上述假定条件下，由于资本有机构成不同，就会有不同的利润率，见下表：

生产部门	资本			剩余价值率S′	剩余价值量S	商品价值W	利润率L′
	不变资本B	可变资本K	预付总资本Z				
甲	80	20	100	100%	20	120	20%
乙	70	30	100	100%	30	130	30%
丙	60	40	100	100%	40	140	40%
丁	85	15	100	100%	15	115	15%
戊	95	5	100	100%	5	105	5%
合计	390	110	500		110	610	
平均	78	22	100		22	122	22%

分析上表的数据，我们知道，投资在五个部门的资本总额为500，剩余价值

总额为 110，它们生产商品的价值总额是 610。如果我们把这 500 看成一个资本，甲、乙、丙、丁、戊是它的不同部分，如五个车间，那么，500 总资本的平均构成就是 390B＋110K，用百分比表示的平均构成为 78B：22K。每 100 的资本就会获得平均 22 的剩余价值或者利润。因此，平均利润率＝剩余价值总额 / 社会总资本 ×100%＝ 110 / 500×100%＝ 22%。每个部门的产品（或者每 100 资本的产品）都按 122 的价格出售。

按照前面的假定条件，这样本来就已经对平均利润和平均利润率的形成做了说明。但是为了避免误解，马克思又把前提略加改动，假定固定资本的价值不是全部，而只是部分地转移到产品中去，但那也不会改变我们原先的结论。

生产部门	资本			剩余价值率S′	剩余价值量S	利润率L′	已经用掉的不变资本B1	商品价值W（B1＋K＋S）	成本价格（B1＋K）
	不变资本B	可变资本K	预付总资本Z						
甲	80	20	100	100%	20	20%	50	90	70
乙	70	30	100	100%	30	30%	51	111	81
丙	60	40	100	100%	40	40%	51	131	91
丁	85	15	100	100%	15	15%	40	70	55
戊	95	5	100	100%	5	5%	10	20	15
合计	390	110	500		110				
平均	78	22	100		22	22%			

从上表可以看出，虽然不变资本的固定部分消耗的快慢不同，并因此在相同的时间内把不等量的价值转移到产品中去，但这对利润率的形成并没有影响。对比两个表格我们可以得出结论：无论不变资本的价值是全部加入产品，还是部分地加入，产品的价值超过成本价格的余额都是不变的。在确定利润率时，仍然是按照每 100 资本计算的。

利润率平均化是资本本性的要求

资本的本性要求是，等量资本无论投在什么部门，都要获得等量的利润。如果资本有机构成高、资本周转速度慢的企业或者部门只能够获得低的利润率，试想一下，资本家还会经营跟机器制造业相类似的这一类资本有机构成高、资本周转速度慢的企业或者部门吗？如果资本有机构成低、资本周转速度快的企业或者部门都能够获得较高的利润，则利润的驱动力将驱使资本家都把资本投入这些企业或者部门，这样必然造成激烈的竞争，竞争的结果也必然导致利润平均化，同时，这一矛盾也决定了利润必须平均化。

那么，利润的平均化是怎样实现的呢？利润的平均化是通过部门之间的竞争和资本的自由转移来实现的。追求利润是资本的本能，也是资本家进行生产经营的目的。所以，资本家不允许资本投入低利润率的部门，而是向往将资本投入高利润率的部门，这样一来，各个资本家为了争取更加有利于自己的投资场所，相互之间必然会展开激烈的竞争。而这种竞争是通过资本在不同部门之间的转移来进行的。以机器制造业和食品工业为例，机器制造业投入不变资本方面比重较大，因而资本有机构成高，但它的利润率很低。相反，在食品工业中，资本家投入不变资本方面比重较小，因而资本有机构成低，但它的利润率很高。机械制造业的资本家是不甘心于自己的生产部门只能获得低利润的，于是，他会将本部门的一部分资本转移到利润率高的生产部门中去，如食品工业。但是，当大

▶ 弗里德里希·冯·恩格斯

弗里德里希·冯·恩格斯（1820～1895），德国思想家、哲学家、革命家、教育家，全世界无产阶级和劳动人民的伟大导师，马克思主义创始人之一。恩格斯是卡尔·马克思的挚友，被誉为“第二提琴手”，他为马克思从事学术研究提供了大量经济支持。马克思逝世后，恩格斯将马克思遗留下的大量手稿、遗著整理出版，并众望所归地成为国际工人运动的领袖。

量的资本都涌向食品工业部门的时候，食品工业部门的资本增加了，生产规模自然就扩大了，从而产品也会随之增加。在社会需求一定的时候，食品工业部门商品的供给量就大于社会需求量，商品价格就会下跌，从而利润率也跟着下降。而机器制造业这个工业部门由于原有的资本被抽走了一部分，资本减少了，生产就会缩小，产量也减少。当出现供不应求的时候，产品价格就会上升，利润率也跟着上升。当机器制造业部门的利润率提高到食品工业部门的利润率以上时，资本又会朝相反的方向转移。这种资本在不同部门之间移动的结果使利润趋向于平均化。从这个资本转移的运动过程来看，是一连串的多米诺骨牌效应：资本转移引起了资本在各部门之间分配比例的变化，各部门分配比例的变化导致各部门生产比例发生变化，生产比例的变化引起商品供给量与需求量之间的不平衡，商品的供给与需求失衡引起价格的变动，价格的变动导致利润率的变化，直到各部门的利润率趋于平均，各部门的竞争才趋于停止。

生产价格的形成

利润转化为平均利润，商品的价值就转化为生产价格。求出不同生产部门的不同利润率的平均数，把按这个平均率计算而得出的平均利润加到不同部门的商品的成本价格上去，由此得出的价格，就是生产价格。或者说，商品的生产价格等于成本价格加上平均利润。

生产部门	资本			剩余价值率S′	剩余价值量S	已经用掉的不变资本B1	成本价格（B1＋K）	商品价值W（B1＋K＋S）	个别利润率L′	平均利润率	平均利润	生产价格（B1＋K＋平均利润）	生产价格与价值之差
	不变资本B	可变资本K	预付总资本Z										
甲	80	20	100	100%	20	50	70	90	20%	22%	22	92	＋2
乙	70	30	100	100%	30	51	81	111	30%	22%	22	103	－8
丙	60	40	100	100%	40	51	91	131	40%	22%	22	113	–18

续表

生产部门	资本			剩余价值率S′	剩余价值量S	已经用掉的不变资本B1	成本价格（B1＋K）	商品价值W（B1＋K＋S）	个别利润率L′	平均利润率	平均利润	生产价格（B1＋K＋平均利润）	生产价格与价值之差
	不变资本B	可变资本K	预付总资本Z										
丁	85	15	100	100%	15	40	55	70	15%	22%	22	77	＋7
戊	95	5	100	100%	5	10	15	20	5%	22%	22	37	＋17
合计	390	110	500		110	202	312	422		22%	110	422	0

从上表的数据可以看出：

一　平均利润率的形成是生产价格形成的前提，平均利润率的形成过程就是生产价格的形成过程

平均利润的形成过程是怎样的呢？由于投在不同生产部门的资本有不同的有机构成，所以，在其他条件相同的时候，会推动不等量的活劳动，生产不等量的剩余价值，因此，不同生产部门的利润率本来是极不相等的。但是，这些不同的利润率通过竞争而平均化为一般利润率。原来商品的价值 W ＝成本价格＋利润，但随着利润转化为平均利润，商品的价值也就转化为生产价格，所以，生产价格＝生产成本＋平均利润。资本有机构成低的生产部门，生产价格小于商品价值，如上表中的乙部门和丙部门，生产价格与商品价值之差为负数。相反，资本有机构成高的部门，生产价格大于商品价值，如上表中的丁部门和戊部门，生产价格与商品价值之差为正数。而中等资本有机构成则代表了社会平均资本有机构成，生产价格等于或者大体上符合商品价值，如上表中的甲部门。

二　生产价格是在价值的基础上形成的，它是价值的转化形式

价值是生产价格的基础，生产价格的变动受到价值变动的制约，即受到生产商品的社会必要劳动时间的变动的制约。因为无论是成本价格变化还是平均

利润变化，归根结底是商品价值的变化，是生产商品所耗费的活劳动和物化劳动的变化。先从成本价格变化来说，成本价格包含不变资本 B1 和可变资本 K，这些生产要素价值的变化主要来自生产这些要素价值的社会必要劳动时间的变化。从平均利润率来看，即使利润率发生了变化，也是由于不变资本和可变资本的价值变化而引起的。只要决定总资本生产的商品价值总额中的一个因素或者几个因素发生变化，平均利润就会发生变化。虽然商品价值中的剩余价值与生产价格中的平均利润，从个别部门来看，数量确实不等，但是平均利润无非就是社会总剩余价值不考虑各个生产部门资本有机构成的高低，一律按照预付资本的大小在各生产部门之间进行平均分配所取得的部分，从整个社会来看，平均利润的总量和剩余价值的总量总是相等的（在上表中可以清楚地看到），改变的只是在不同部门之间的分配。因此，商品的生产价格的总和等于它们价值的总和。

三　生产价格规律并没有否定价值规律

从个别部门来看，虽然一些部门资本有机构成高，商品生产价格高于它的价值，如上表中的戊部门，生产价格比价值高 17；一些部门资本有机构成低，商品生产价格低于它的价值，如上表中的丙部门，生产价格比价值低 18。但是，从整个社会来说，资本有机构成高的部门的生产价格高于价值的总额，与资本有机构成低的部门的生产价格低于价值的总额，总是相等的。在上表中，生产价格高于价值的总额为（2+7+17）= 26，生产价格低于价值的总额为（－8）+（－18）=－26，两相比较，正好相互抵消。所以，从社会全部商品的总和来说，加入某种商品的剩余价值多多少，加入另一种商品的剩余价值就少多少，因此，商品生产价格中包含的偏离价值的情况会互相抵消。这也说明了，价值规律在通过生产价格来贯彻自己时，并不是使商品价格在每一个场合都与其价值相等，而是使商品的总价格与总价值相等。所以，生产价格规律没有否定价值规律，而只是价值规律作用的形式发生了一定的变化。

四 生产价格与价值有一定的区别

生产价格和价值在质上和量上都有区别。在质上，价值是由生产商品的抽象劳动创造的。商品生产价格＝生产成本＋平均利润，生产成本是由所耗费的资本构成的，包括不变资本与可变资本，平均利润则是按照预付资本的比例所获得的利润，所以总地来说，商品生产价格表现出只与资本发生联系，而与活劳动没有直接的联系。在量上，生产价格与价值之间有一定的差额，或者说，生产价格与价值相背离。具体表现在三个资本有机构成不同的部门：资本有机构成高，其产品的生产价格高于价值，如表格中的丁部门和戊部门；资本有机构成低，其产品的生产价格低于价值，如表格中的乙部门和丙部门。只有资本有机构成相当于社会平均资本有机构成的部门，其产品的生产价格才与价值大体上相等。

价值转化为生产价格之后，价值规律的作用形式发生了变化：原来的商品交换是以价值为基础进行的，而现在的商品交换则是以生产价格为基础进行的；原来的市场价格是围绕价值上下波动，现在的市场价格则是围绕生产价格上下波动。因此，商品价值规律也就转化为生产价格规律了。

第三节
平均利润形成与市场

导读：这一节主要研究实现利润平均化的主要杠杆——竞争。首先概述平均利润率的形成是怎样进一步掩盖剥削的本质，竞争怎样使利润平均化。主要解决四个问题：商品按价值交换与按生产价格交换的区别，既有理论上的，也有历史上的；部门内部的竞争与市场价值的形成，部门之间的竞争与生产价格的形成；为何称为超额利润以及获得超额利润的方式。

平均利润的形成进一步掩盖了剥削的本质

在剩余价值转化为利润的过程中，只有形式上的差别，没有量的差别。但是，当利润转化为平均利润以后，量的差别就出现了。当平均利润和平均利润率形成之后，各个部门的剩余价值和平均利润量，价值和生产价格的量都发生了背离。因此，价值和剩余价值的真正源泉就被掩盖起来了，从而进一步掩盖了资本主义剥削。

在平均利润率形成后，平均利润与剩余价值的数量，在总量上是相等的，但是对各个单独的部门的本身来说，平均利润不等于剩余价值，因为各个部门实际获得的平均利润与它本身所创造的剩余价值在数量上发生了差别，实际获得的利润或者大于它本身创造的剩余价值，或者小于它本身创造的价值，或者大体上等于它本身创造的价值，也就是说，利润量就不一定和它们生产的剩余价值量相一致。从整个社会来考查，平均利润的形成过程就是不同部门的资本家通过竞争这一个平台重新分割剩余价值，使全社会的剩余价值在各部门资本家之间重新分配的结果，从而使等量资本获取等量利润。这时，平均利润无论在质上还是在量上都表现为全部预付资本的产物，利润的真正来源也就完全被掩盖了。

竞争使利润平均化

平均利润率和生产价格的形成是竞争的结果。

第一，在资本主义生产过程中，一些中等构成或者平均构成的部门，商品的生产价格与商品价值是一致的，利润和剩余价值也是一致的。

第二，其他一些生产部门，不管是资本有机构成高的部门还是资本有机构成低的部门，利润率也要同中等构成或者平均构成的部门趋向一致，这是通过竞争和资本转移实现的。原来资本有机构成高的部门的较低的利润率，同原来资本有机构成低的部门的较高的利润率，会通过资本之间的竞争，使资本从一个部门自由地转移到另一个部门，逐渐趋向于平均，资本转移的结果是一切部门都得到大致相同的利润率。

第三，不同生产部门的利润的总和，必然等于剩余价值的总和；社会总产品的生产价格的总和，必然等于它的价值的总和。

第四，不同的生产部门，尽管在资本的构成上存在着差别，但它们都能够从社会总资本所产生的总剩余价值中分到同资本量相当的份额，也就是说，等量资本能够获得等量利润，其中起到决定作用的就是竞争。一切其他资本在竞争的压力下都力求和中等构成的资本拉平，不管它们本身生产出多少剩余价值，都力求通过它们商品的价格来实现平均利润，而不是实现这个剩余价值，也就是说，力求实现生产价格。在竞争没出现之前，各种商品都是按照价值出售的，现在，由于竞争的作用，各种商品都是按照生产价格出售，即按照以等量资本获取等量利润的这个价格出售。

生产价格是商品价值的转化形式，但商品不是一下子就按照生产价格进行交换，而是在一定的历史条件下，在商品按照价值交换的基础上通过竞争而逐步形成的。因此，我们先来分析一下商品按照价值进行交换，然后再分析商品是怎样从按照价值进行交换转化为按照生产价格进行交换的。

商品按价值交换先于按生产价格交换

一　商品按价值交换与按生产价格交换的区别

商品是按照它们的价值出售，还是按照它们的生产价格出售，是完全不同的两件事。商品按照价值出售和按照生产价格出售，代表着历史发展的不同阶段。在商品按照它们的价值出售时，商品只是当作一般的商品来交换的，而在商品按照它们的生产价格出售时，商品不只是当作商品来交换，还是当作资本的产品来交换的。

我们假定生产资料不是被资本家占有，而是由工人直接占有并且自己使用生产资料，生产出来的商品互相交换，不管是从单个商品价值还是从社会总价值来看，在同一劳动时间内，生产资料转移的价值不同，吸收的活劳动也不同；但是有一样是相同的，在同一劳动时间内，各个工人新创造的价值部分是相等的。工人对于生产资料补偿部分所占的比例是不关心的，因为补偿的部分与他支出的部分是相等的：因此在这种假定下，利润率的差别对工人来说是一件无所谓的事情，只要生产资料能够得到补偿即可。工人真正关心的是在扣除生产资料价值补偿之后，在同一劳动时间能否得到相等的价值。

如果生产资料归资本家占有，情况就会发生根本的变化。工人出卖的是劳动，而资本家支付的是他的资本，不是劳动，资本家要求支付的这些资本能够在剩余价值的总量中，分到和它们各自的量成比例的一份，或者说在它们的量相等时，要求分得相等的一部分，即等量资本获取等量利润。

从这两个生产资料占有者的对比中，我们可以看到，按照价值进行交换和按照生产价格进行交换是在不同历史条件下发生的，商品按照它们的价值或者接近于它们的价值进行的交换，比按照它们的生产价格进行的交换，所要求发展的阶段要低得多。按照它们的生产价格进行的交换，需要资本主义发展到一定的高度。也就是说，生产价格是资本主义的产物，而且是资本主义发展到一定阶段的产物。

商品按照价值出售说明商品的价格变动受到价值规律的支配。在货币价值不变的情况下，如果生产商品的社会必要劳动时间减少了，价格就会降低；如果生产商品的社会必要劳动时间增加了，价格就会提高。

二　商品按价值交换需要具备的条件

商品按照价值进行交换需要具备以下三个条件：

第一，商品交换不是偶然的暂时的现象，而是经常的大量的现象；

第二，商品生产者双方生产的商品量大体与需要量一致，也就是说，供求基本上保持平衡；

第三，没有人为的垄断，都可以自由贸易。

三　怎样理解按照价值进行商品交换

我们应该怎样理解按照价值进行商品交换呢？第一，不能将它理解为商品的价格每时每刻都与价值完全一致，而是说，商品价值是价格围绕着运动的中心，价格的涨落是围绕着这个中心进行的；第二，商品不是按照各个商品的个别价值出售，而是按照市场价值出售。

何为市场价值？它又是怎样来确定的？

作为市场价格的中心的价值，就是市场价值。它相对于个别价值而言，不是由生产商品的个别劳动时间所形成的价值，而是由生产商品的社会必要劳动时间所形成的价值。这个市场价值，一方面应看作一个生产部门所生产的商品的平均价值；另一方面应看作在这个部门的平均生产条件下生产的，并构成该部门产品的很大数量的那种商品的个别价值。

市场价值总是接近于在平均条件下生产的，占本部门产品的极大数量的那种商品的个别价值。在一般情况下，市场价值就由这种占多数的商品的个别价值来决定，只有在极端特殊的组合下，当最好或者最坏的条件下生产的商品占极大多数时，市场价值才由最好的或者最坏的条件下生产的商品的个别价值来调节。

以上对市场价值形成的论述，同样也适用于生产价格。因为价值规律支配着价格运动，商品生产上的必要劳动时间减少或者增加，会使生产价格降低或者提高。另外，商品的总价值调节总剩余价值，而总剩余价值又调节平均利润，那么价值规律也就调节了生产价格。

部门内部的竞争形成市场价值

竞争首先是在一个部门内实现的，是使商品的不同的个别价值形成一个相同的市场价值和价格。这种竞争主要来自两个方面：一是同种商品生产者之间的竞争，把社会需要的商品量供应到市场上来；二是同种商品购买者之间的竞争，使社会需求量与供应量均衡。

一　部门内部的竞争首先是在同种商品生产者之间在同一个市场上展开的

要使商品的个别价值转化为市场价值，必须具备两个前提条件：第一，这种商品要有使用价值，能够满足人们某种需要；第二，商品内包含的劳动量代表着社会必要劳动量。

同一生产部门商品的市场价值是按照以下方法具体决定的：

第一，如果在中等条件下生产出来的商品占绝大部分，在较坏条件和较好条件下生产出来的商品占小部分，并且两端相互拉平，那么，该生产部门商品的市场价值就由中等条件下的商品的个别价值来决定；

第二，假定商品供给量不变，在较坏条件下生产出来的商品占绝大多数，那么该生产部门商品的市场价值就由较坏生产条件下生产出来的商品的个别价值来决定；

第三，如果在较好条件下生产出来的商品占绝大多数，那么该生产部门商品的市场价值就由较好生产条件下生产出来的商品的个别价值来决定。

二　部门内部的竞争其次是在同种商品的购买者之间进行的，使供给和需求平衡

研究同种商品的购买者之间的竞争时，我们先来了解一下供给和需求的概念。

何为供给呢？供给就是生产量的总和，即能够提供给市场的产品或者是已经存在于市场上的产品。这些产品不仅具有满足人们需要的使用价值，而且它以一定量存在于市场上，具有市场价值。

何为需求呢？需求就是消费量的总和，也可以说是商品购买量的总和，即人们为了进行生产消费或者个人消费而对生产资料和生活资料的购买。理解需求要注意两点：一是需求是有支付能力的需求；二是需求既包括生产资料的需求，也包括消费资料的需求。

决定商品市场价值三种方法中的任何一种，都只能在商品供给量和社会需求量平衡时，才按照规定的市场价值出售，如果供给量大于或者小于需求量，价格就会偏离市场价值。具体表现在：如果供给量大于需求量，大量的商品积压在市场上，那么商品的市场价格就会小于市场价值；相反，如果供给量小于需求量，市场上对商品的需求旺盛，那么商品的市场价格就会大于市场价值。这种市场价格和市场价值的偏离，是生产的商品和按市场价值出售的商品

量之间的差额引起的，具体地说，有三种变化情况：生产量本身发生了变化，变得过小或者过大了；或者供给不变，但需求量发生了变化；或者供给和需求都发生了变化，只是变化的程度不同而已。

供求关系对商品生产和商品流通起着自发调节的作用。供求关系一方面说明它决定了市场价格与市场价值的偏离；另一方面是说明它能抵消这种偏离的趋势。供求调节生产，如果一种商品供大于求，价格就会低于价值，资本就会从这个部门转移出来，使这个部门的生产规模缩小，产量下降；如果一种商品供小于求，价格就会高于价值，其他部门的资本就会流到这个部门，从而这个部门的生产规模会因为资本的流入而扩大，产量也就增加了。供求调节流通，供给按照和价格相同的方向运动，如果价格高，供给就会增加，如果价格低，供给就会减少。然而，需求是按照与价格相反的方向运动，如果价格高，需求就会减少，如果价格低，需求就会增加。

供求和市场价值的关系　第一，市场价值决定供求。供求关系并不说明市场价值，只说明市场价格与市场价值的偏离；相反，市场价值说明供求关系的变动。第二，供求可以间接影响价值。当需求很强烈的时候，由最坏条件下生产出来的商品的价值来调节时价格也不会降低，那么这种由最坏条件下生产出来的商品就决定市场价值。这种情况，只有在需求超过通常的需求，或者供给低于通常的供给时才会发生。

供求关系对市场价值的影响　供给与需求的关系，就是生产者与消费者、卖者与买者的关系。供给是卖方，向买方提供商品；需求是买方，向卖方购买商品。买卖双方展开竞争。如果商品需求大于供给，就形成了以卖方为主体的市场，买方就会分化瓦解，商品形如被拍卖，价高者得。同时，卖方也会联合起来，力图抬高商品的价格以取得更多的货币收入。这个时候，商品的市场价格就会高于市场价值。如果商品供给大于需求，就形成了以买方为主的市场，卖方就会分化瓦解，商品以更低的价格出卖。同时，买方则会联合起来，讨价还价以压低商品的价格，最终能够买到便宜的商品。这个时候，商品的市场价格就会低于市场价值。

部门之间的竞争形成生产价格

如果说部门内部的竞争，其结果是确定统一的市场价值，那么，部门之间的竞争则是争夺有利的投资场所，从而形成生产价格。因为只有部门之间的竞争，才能使不同部门的利润率平均化，形成商品的生产价格。

部门之间的竞争，以市场价值为前提，它是在资本主义条件下才充分发展起来的。它是一种比较复杂、与简单商品买卖不同的关系。因此，要了解这一过程，就必须弄清楚资本主义生产的性质。

在资本主义生产中，预付资本不仅要在价值上得到补偿，并且要得到与自己的量成比例的一份利润，即等量资本获取等量利润，它是一种社会权力，每个资本都要按照它在社会总资本中所占的份额来分享这种权力。这是因为：第一，资本主义生产并不关心它所生产的商品具有怎样的特殊使用价值，具有什么样的特殊性质，它关心的只是剩余价值，至少预付等量资本就要得到相等的一份利润。劳动也是如此，它并不关心劳动的特殊性质，它可以根据资本的需要，从一个生产部门转移到另一个生产部门。第二,一个生产部门如果能够与另一个生产部门提供一样的利润，那么它们是同样的，没有什么差别。由此，部门之间就会展开竞争。

部门之间的竞争是怎样进行的？如果商品按照它们的市场价值出售，不同的生产部门，由于资本有机构成不同和周转时间不同，就会有不同的利润率。但资本会从利润率较低的部门抽走，被投放到利润率较高的部门。通过这种不断的流出和流入，通过资本在不同部门之间根据利润率的升降进行分配，供求之间就会形成这样一种比例，以至于不同的生产部门都有相同的平均利润，因而价值也就转化为生产价格，这就是部门之间的竞争使市场价值转化为生产价格的运动。在生产价格形成之后，市场价值就围绕生产价格而波动。部门之间的竞争和利润平均化促使社会劳动时间总量按照社会需要在不同生产领域之间进行分配，这就是生产价格规律对社会生产的调节作用。

部门之间的竞争使资本由低利润率部门向高利润率部门的转移取决于两个条件：第一，资本有很大的灵活性，能够自由转移，容易从一个生产部门转移到另一个生产部门。不过这有三个前提条件：首先，要有完全的商业自由，没有自然垄断之外一切形式的垄断；其次，信用制度已经有了充分的发展，资本能够大量地集中起来并且能够随时交给资本家去使用；最后，不同生产部门已经受到资本的控制。第二，劳动力有很大的灵活性，能够根据资本的需要从一个生产部门转移到另一个生产部门。这也有个前提条件：废除了限制劳动力自由转移的法律；工人对自己的劳动内容是无所谓的并且消除了一切职业偏见；一切生产部门的劳动都已经最大限度地化为简单劳动，工人受资本主义生产支配。

只有这些条件具备之后，资本和劳动才能够在各个部门之间自由地流动，部门之间的竞争和利润平均化才能够顺利地进行。这些条件也说明了，为什么商品按照生产价格出售比按照它们的实际市场价值出售更加需要资本主义生产发展到一定的阶段。

平均利润体现一定的生产关系。因为平均利润是由资本所占有的剩余价值总量平均化而形成的，所以，平均利润和生产价格这些范畴反映了总资本对劳动力的共同剥削关系。在平均利润率形成以后，每一单个资本家，同每一个特殊生产部门的所有资本家总体一样，参与了对工人的剥削，并参与决定这个剥削的程度。这不仅是出于一般的阶级同情心理，而且是出于直接的经济利益关系，因为在其他条件不变的前提下，平均利润率的高低正是取决于总资本对总劳动的剥削程度。因此，我们在这里得到了一个如同数学一样精确的证明：为什么资本家在他们的竞争中表现出彼此都是虚伪的兄弟，但面对着整个工人阶级却结成真正的共济会团体。也就是说，在剥削工人的时候，资产阶级很团结，这样，工人不仅受到直接雇佣他们的个别资本家的剥削，而且受到整个资产阶级的剥削；工人不仅与本企业资本家对立，而且与整个资产阶级对立。

超额利润

超额利润就是超出平均利润以上部分的利润。

首先，市场价值包含着每个生产部门中在最好生产条件下生产的商品的超额利润。因为市场价值在一般情况下是由中等的生产条件决定的，而生产价格也是由每个生产部门的平均成本加上平均利润构成的，在较好条件下生产的商品的个别价值或者个别成本较低，因此就能够提供一个超额利润。

其次，排除危机与生产过剩的情况，超额利润这一点也适用于市场价格。不管市场价格与市场价值或者生产价格的偏差有多大，对相同的商品，总是支付相同的价格，但这些商品又是在极不相同的个别条件下生产的，因此，在较好的条件下生产的商品，就会获得一个超额利润。

最后，超额利润还有其他形式，它们是由土地经营者和土地所有者的垄断造成的，但这种超额利润不参与利润率的均衡，而是转化为地租。对此将在后面的章节中详细考查。

第十二章

利润率趋向下降的规律

Capital

上一章考查了利润和利润率的本质，揭示了不同的生产部门的不同利润率由于竞争而形成一般利润。本章则进一步考查一般利润率变动的规律，即一般利润率是如何随着资本主义生产的发展、资本有机构成的提高而必然趋向于下降，以及在资本主义生产方式下阻碍这种利润率下降的各种因素，阐述利润率下降规律对促使资本主义各种内在矛盾的加剧作用。

第一节
平均利润率趋向下降的本身

导读：这一节主要来研究平均利润率下降的规律及其产生的原因，这种规律在资本主义发展阶段不同的国家会有什么样的表现？在资本主义社会，存在一些表面上看起来似乎矛盾的现象：一般利润率下降，利润量却增加；商品价格下降，商品总额中包含的利润量却增加。如何解释这些现象呢？下面将一一揭晓。

利润率趋向下降的规律及其产生的原因

平均利润率的下降是一种必然趋势，是一种客观规律，不以人们的主观意志为转移。

利润率是剩余价值同总资本的比率，它的公式是 $L' = S/(B+K) = S/Z$。影响利润率的三个因素中有任何一个因素的变化都会在其他两个因素不变的情况下决定利润率的大小。如果工资和工作日长度不变，一定量的可变资本就代表一定量由它推动的工人数量。假定100元代表被推动的工人有30个，在剩余价值为100%的情况下，30个工人创造的剩余价值就是100元。通俗地说，在 $L' = S/(B+K)$ 这个公式中，剩余价值S与可变资本K是同步增长的，可变资本增加，剩余价值也增加。所以，我们来假设可变资本和剩余价值都不变，剩余价值率依然是100%，利润率就会随着不变资本B和总资本Z的变化而变化，在这里我们列举五种情况：

序列	不变资本B	可变资本K	剩余价值率S′	剩余价值S	利润率L′=S/（B+K）
①	50	100	100%	100	66.6%
②	100	100	100%	100	50%
③	200	100	100%	100	33.3%
④	300	100	100%	100	25%
⑤	400	100	100%	100	20%

从上表中可以看出，不管是同一个资本家不断提高资本有机构成，还是看作五个不同构成的资本，同一个剩余价值率，由于不变资本不断增加，有机构成不断提高，利润率表现为不断下降。

如果资本构成的这种变化不是发生在个别部门，而是发生在一切生产部门，那这种变化就意味着社会总资本的平均有机构成的变化。也就是说，上面的五种情况当作社会总资本发展的五个不同的阶段，每个阶段的资本有机构成当作社会平均有机构成，那么在资本主义生产中，随着不变资本同可变资本相比的日益增加，使得社会总资本的平均有机构成不断提高，由此得出的结果是：在剩余价值率不变的情况下，利润率必然会不断下降。

或许你会有疑问：我们是从任意的假设中推出利润率的下降的，其实不然。我们所假定的资本构成序列是表示资本主义生产的实际趋势。这又是为什么呢？随着资本主义生产方式的发展，可变资本同不变资本相比，会相对地减少，这既是资本主义生产方式的规律，也是劳动的社会生产力不断发展的另一种表现。在前面的内容中，我们也提到，一方面，剩余价值是资本主义生产的目的，资本家为了榨取更多的剩余价值，就要不断地进行资本积累，扩大生产规模，同时也不断改进生产方法，这样生产技术不断进步，劳动生产率不断提高，因而会引起不变资本部分的显著增加，可变资本部分相对减少，资本有机构成不断提高。另一方面，由于投在劳动上的资本比投在生产资料上的资本相对地减少了，因而同量的劳动可以把更多的生产资料转化为产品，单位产品包含的劳动量会随之减少，利润率因此而下降。这就是利润率下降的规律。

利润率的高低主要取决于剩余价值率的高低和资本有机构成的高低，当剩余价值率不变时，随着资本积累的增加和资本有机构成提高，利润率就会出现下降的趋势。利润率日益下降的趋势是劳动的社会生产力日益发展在资本主义生产方式下所特有的表现。

利润率下降规律在资本主义发展阶段的不同国家的表现

社会资本平均构成的高低，反映了资本主义发展的不同水平。因此，利润率下降规律会在一国内资本主义发展的不同阶段表现出来，也会在资本主义发展阶段的不同的国家之间表现出来。假定剩余价值率100%不变，在资本构成为50B∶100K时，利润率为66.6%，在资本构成为400B∶100K时，利润率为20%。由此表明，同一个剩余价值率，在资本主义发展较低阶段，因资本有机构成低，所以利润率高；在资本主义发展较高阶段，因资本有机构成高，所以利润率低。这种情况反映在不同的国家则表现为，资本主义发达国家的社会平均有机构成比不发达国家高，而利润率则比不发达国家低。

但是，以上假定的前提是剩余价值率相同，而实际上资本主义发展阶段不同的国家对劳动的剥削程度不一样，即剩余价值率不一样。一般来说，不发达国家由于劳动生产率低，工人生产自身必需生活资料的劳动时间长，因而提供的剩余劳动就少，结果为资本家生产的剩余价值就少，剩余价值率自然就低了。而发达国家则相反，发达国家的劳动生产率高，工人生产自身必需生活资料的劳动时间短，因而提供的剩余劳动就多，结果为资本家生产的剩余价值就多，剩余价值率自然就高了。这样，两个发展阶段不同的国家的利润率的差别，会由于发达国家的剩余价值率比不发达国家高而互相抵消。

在考查不同国家的利润率时，还须注意以下两种情况：

第一，不能用一国的利息率水平去衡量它的利润率水平，不能说，利息率高利润率就高。因为在资本主义不发达的国家，利息率的高低，主要取决于高利贷者对地租所有者的贷款，而与利润率无关。在这些不发达的国家，利息往往包含着全部的利润，甚至比利润还多，而不像在资本主义生产发达的国家，利息只是利润的一部分。

第二，在比较资本主义发展阶段不同国家的利润率时，要考虑劳动强度这个因素。一般来说，发达国家由于生产力水平高，劳动强度相应提高，在一个较短的工作日内可以比不发达国家一个较长工作日内生产更多的剩余价值，因而会有更高的剩余价值率。以英国和奥地利为例，在工作日同样分割的时候，在世界市场上，英国5小时的剩余劳动比奥地利7小时的剩余劳动代表更高的价值。因此，同奥地利相比，英国的工作日可以有较大的一部分形成剩余价值。

以上两点进一步说明了，如果按照实际情况而不是从抽象的假定前提出发的话，发达国家的利润率就不一定低于不发达国家的利润率，有时还可以相反地表现出来。

尽管发达国家由于剩余价值率比不发达国家要高，从而会抵消发达国家与不发达国家之间的利润率的差别，但利润率下降的规律仍然起作用。为什么呢？就一定量的社会平均资本来看，随着劳动生产率的提高，资本有机构成不断提高，虽然剩余价值率也相应地同时提高，但因为总资本中不变资本部分增加，可变资本部分减少，由可变资本推动的活劳动会减少，剩余价值和总资本相比也减少了，因而，利润率也必然下降。举个例子，假如发达国家和不发达国家的预付总资本量相等，都为100，但资本有机构成不同，剩余价值率不同，为了比较方便，用下面的表格表示：

	不变资本B	可变资本K	剩余价值率S′	剩余价值S	生产总价值B+K+S	利润率L′=S／（B+K）
发达国家	80	20	100%	20	120	20%
不发达国家	20	80	50%	40	140	40%

从上面的表格中可以看出，虽然发达国家100%的剩余价值率比不发达国家的50%的剩余价值率高出1倍，但是后者可变资本量占80%，它推动的活劳动比前者（可变资本只占20%）大3倍，因而不发达国家的剩余价值量仍然比发达国家多1倍，从而表现在利润率上不发达国家也比发达国家大1倍。这就证明了：一个同样的甚至不断提高的剩余价值率，随着资本有机构成的提高，它的利润率却不断下降。这个规律也可以说明：一定量的社会平均资本随着资本

有机构成的提高，表现为劳动资料的部分越来越大，表现为活劳动的部分越来越少。

利润率的下降和利润量的增加

利润率趋于下降的规律绝不排斥整个社会资本或者单个企业资本利润量的不断增加，不仅不排斥，而且伴随着利润率趋于下降而来的，就是利润量的不断增加。马克思把利润率的下降和绝对利润量的同时增加称之为“二重性的规律”。为什么利润率在趋于下降的同时，利润量却会不断地增加呢？原因在于：

第一，利润率的下降，不是由于总资本的可变资本组成部分的绝对减少，而只是由于它的相对减少，由于它同不变资本组成部分相比的减少。资本有机构成也可以在不变资本和可变资本同时增加的情况下提高，只需要满足一个条件就行，那就是不变资本增加的比例要大于可变资本增加的比例。举个例子，为了比较简单明了地区分不变资本与可变资本之间绝对量和相对量的复杂变动关系，可用如下表格的形式表示：

工人人数	不变资本B	可变资本K	剩余价值率S′	剩余价值S	资本有机构成B：K	利润率L′
200	400	200	100%	200	2：1	33.3%
300	1500	300	100%	300	5：1	16.6%

我们假定，工人由200人增加到300人，不变资本由400元增加到1500元，可变资本由200元增加到300元，资本有机构成由原来的2：1提高到5：1，那么在工作日和剩余价值率不变的情况下，剩余价值量也由200元增加到300元。结果是：剩余价值的绝对量增加了100元，即增加了50%，可变资本和不变资本的比例由1：2下降到1：5，利润率则由33.3%下降到16.6%。可见，这里利润率的下降同样是因为可变资本在总资本中所占比例相对下降，不变资本所占比例相对增加引起的；而利润量的增加则是因为可变资本的绝对量增加因而剩余价值即利润的绝对量增加的结果。所以，尽管利润量不断下降，资本所使

用的工人人数增多，即它所推动的劳动量增多，从而剩余劳动的绝对量也增多，由剩余劳动生产的剩余价值的绝对量也增多，从而它所生产的利润的绝对量仍然能够增多，并且在不断增多。

第二，在工人人口已定时，如果剩余价值率提高了，不管这是由于工作日的延长还是劳动强度的提高，还是由于劳动生产力的发展而引起的劳动力价值的下降，那么剩余价值量，即绝对的利润量，必然会增加，尽管可变资本同不变资本相比是相对地减少了。

总之，在利润率趋于下降的同时，由于可变资本和劳动力的增加，利润量同时不断增加；而且即便可变资本和劳动力没有增加，但由于剩余价值率的提高，利润量也必然会提高。

利润率的下降和利润量的同时增加，是资本积累作用的必然结果。在利润率下降时，要使利润量保持不变或者增加的条件是总资本增加的比例必须等于或者大于可变资本所占百分比下降的比例。利润率下降和利润量增加的这种双重作用，只是在总资本的增加比利润率的下降更为迅速的时候才能够表现出来。

商品价格的下降和商品利润量的增加

“单个商品的价格下降和商品总额的利润量同时增加”是利润率下降、利润量增加这个二重规律的另一种表现形式。

一　单个商品价格下降，利润量绝对减少，利润率下降

随着生产力的发展以及资本有机构成的相应提高，会使越来越少的劳动推动数量越来越多的生产资料，从而商品的总量增加，但每一个商品中包含的活劳动和物化劳动减少，单个商品的价格下降。单个商品价格的下降，意味着它所包含的劳动量比以前减少了，因此，除个别情况外，即使剩余价值率提高，利润率也会下降。这是因为：

第一，商品中包含的无酬劳动的量比以前减少了，从而利润部分也必然减少。

第二，代表新追加的活劳动部分的价值比代表转移的物化劳动部分的价值相对减少了，这是资本有机构成提高在单个商品价格中的表现。活劳动的大大减少对一定量的资本和单个商品来说，都是绝对的，因而利润率必然下降。

在计算利润率时，要区分按商品的成本价格计算的利润率和以年为单位计算的实际利润率，前者是以所费资本即商品的成本价格总和为基础来计算的，后者是以所用资本总额为基础并且按一年来计算的。区分这两种计算方法，说明一个重要的问题：在考查资本主义商品时，不能就商品本身孤立地进行，而要把它作为资本的产物，就其和总资本的关系来考查。只有这样，才能真正揭示资本主义生产运动的规律。

二　商品价格下降，预付资本的总利润增加

利润率的不同计算方法，不会影响利润的绝对量。利润量总是和商品中包含的并由出售而实现的利润量或者剩余价值量相等。但是，利润量本身的变化表现在商品总量和单个商品中却是不同的。这是因为，由生产商品的劳动的二重性引起的使用价值量和价值量的对立运动，在资本积累和劳动生产力提高的情况下，表现为单个商品的价值量和剩余价值量减少，商品总量中的价值量和剩余价值量就增加。我们来分析以下几种情况：

第一，随着劳动生产力的发展，产品的数量增加，单个商品所包含的劳动量减少，商品的价格下降，利润量也必然减少。但是，只要资本在剥削程度不变的情况下，使用工人人数和以前一样多，那么总产品的利润量在任何情况下都不会比原利润量减少。因为单个产品的利润量的减少和产品数量增加的比例相同，只不过原有商品总额的利润量现在分配在更多的商品上，单个商品包含的利润量的总和仍然等

▶ **詹姆斯·德哈姆·斯图亚特**

詹姆斯·德哈姆·斯图亚特（1712～1780），是英国重商主义后期、古典经济学形成时期的一位经济学家。马克思对他评价很高，称他是建立了资产阶级经济学整个体系的第一个不列颠人。著有《政治经济学原理研究》一书。

于原有的利润总量。

第二，随着资本积累和劳动生产力的发展，资本有机构成提高，资本总量增加。尽管单个商品中包含的利润量减少，价格下降，甚至利润率按照单个商品计算也在下降，但是只要在使用的工人人数相同的条件下提高剥削程度，或者在剩余价值率相同的条件下增加工人人数，或者既提高剥削程度又增加工人的人数，剩余价值总量以及利润总量都会增加。只不过增加了的利润总量分配在增加了的单个商品上罢了。

单个商品价格下降，利润量减少，而商品总额的利润量增加，这是资本主义生产方式的性质产生的现象。这种现象在竞争中给人们造成一种错觉，似乎是资本家自愿从单个商品中取得较少的利润，然后以出售商品的总量的增加来得到补偿，通俗地说，就是认为他是薄利多销然后获取更多的利润；另外还会造成一种假象：似乎单个商品的价格的确定，不是由总产品价格除以总产品数量得出来的，而是反过来，先确定单个商品的价格，然后再乘以数量得到总产品的价格。在这种情况下，利润的真正来源完全被掩盖了。英国资产阶级经济学家詹姆斯·斯图亚特认为，让渡利润是由于商品的价格高于商品的实际价值而产生的。这样，利润就不是工人新创造的价值的一部分，而是资本家凭借自己的主观意志任意加到商品的价值上的。实际上，利润是由工人的无酬劳动创造的，决定利润量的是使用工人的人数和资本家对工人的剥削程度。

第二节
阻碍利润率下降的各种因素

导读：这一节考查阻碍利润率下降的各种因素。依据推理，随着资本主义生产的发展，固定资本会大量增加，资本有机构成会不断提高，按照上一节的分析，利润率是不断下降的。但是实际情况并非如此，因为有某些起反作用的因素在阻碍和抵消着利润率的下降。由此，我们列举了阻碍利润率下降的六个最普遍的原因。

在现实生活中，由于各种反作用因素的影响，利润率的下降受到了阻碍，甚至被抵消。就长期而言，利润率还是下降的，只是由于一些因素的影响，利润率具有下降的趋势，并不排除在一定时期内有上升的可能。

利润率的计算公式为 $L' = S/(B+K) = S/Z$。从公式中很明显能够看出，利润率与剩余价值量成正比，与预付资本成反比，所以，凡是能够引起剩余价值量增加和预付资本减少的因素，就会对利润率的下降产生反作用。

劳动剥削程度的提高

提高劳动的剥削程度，是阻碍利润率最常见和最重要的方式。一定量的资本所产生的剩余价值量，取决于剩余价值率和使用工人的人数。当工人人数已定的时候，剩余价值率的提高或下降就直接决定剩余价值量的增加或者减少。

在资本主义制度下，提高劳动剥削程度的方法是很多的，有延长工作日、提高工人的劳动强度、提高资本有机构成、大规模使用妇女和儿童劳动等。这些方法既提高了绝对剩余价值率，也提高了相对剩余价值率，所以既能获得更多的绝对剩余价值量，也能获得更多的相对价值量。这样对利润率的下降就起到一个阻碍、延缓和减弱的反作用。不同的剥削方法对利润率发生的作用是不同的，下面我们来具体探究各种方法对利润率下降起到的效果。

▶ 铸模车间

延长工作日　它不仅会增加剩余劳动量从而增加剩余价值量，而且不会引起资本有机构成的提高，实际上还会使不变资本相对减少，从而提高利润率。

提高劳动强度　它包括两个方面：一是让工人看管更多的机器；二是提高机器

的运转速度。这两个方面都会提高剩余价值量，从而提高利润率。从看管机器方面来看，可变资本不用增加从而会带来更多的剩余价值，但是看管更多的机器必须增加不变资本，这样一来资本有机构成提高了，剩余价值却减少了，从而使利润率下降了。从提高机器运转速度来看，除了追加原料外，对于机器本身的投资无须投入，与让工人看管更多的机器相比，这一方面对利润率的下降起的反作用更大。

提高资本有机构成 由于资本有机构成提高，一方面造成了一定量的可变资本带来了更多的剩余价值量，另一方面不变资本的增加造成一定量的总资本带来更少的利润量，这样剩余价值率提高了，利润率却下降了，但总地来说，利润率的下降会由于遇到剩余价值率的提高而受到阻碍。这是了解利润率趋向下降的真正秘密所在。

大规模使用妇女和儿童 这种做法会引起劳动力价值的下降和相对剩余价值率的提高，增加相对剩余价值量，从而提高利润率。

总之，在工人人数已定时，剩余价值率的提高会引起剩余价值量的增加，而剩余价值量的增加会阻碍利润率的下降。并且利润率下降的趋势会由于工作日的延长所产生的绝对剩余价值率的提高从而绝对剩余价值量增加而减弱。

工资被压低到劳动力价值以下

工资是劳动力价值的货币表现或劳动力价格。由于大量失业人口的存在，劳动力这一商品的价格经常低于价值。工资被压到劳动力价值以下，一方面，使资本家支出的可变资本价值减少，从而减少预付总资本的价值；另一方面，剩余价值相对增加。所以它是阻碍利润率下降的最显著的原因之一。

不变资本各要素变得便宜

只要生产生产资料的部门的劳动生产力提高了，不变资本的各要素就会变得便宜起来。这个结果，对使用这些生产资料的生产部门来说，劳动生产力的提高，虽然使劳动所消费的生产资料增加了，但是不变资本的价值量却不是按比例地增加，甚至不增加或者减少，即不变资本的价值构成不是和它的技术构成按同一比例提高，这就减弱了资本有机构成提高的速度，从而缓和了利润率的下降速度。

劳动生产力的发展，使正在使用的现有生产资料（机器、原料等）发生贬值，这也是阻碍利润率下降的反作用之一。

相对过剩人口

相对过剩人口是资本积累、劳动生产力发展的结果。相对过剩人口对利润率下降所起的反作用主要表现在：一方面，大量相对过剩人口的存在，是压低在业工人工资的一个条件，原有的某些生产部门宁愿采用人数众多而又廉价的劳动力来代替成本较高的大机器生产；另一方面，它会促使一些以利用过剩劳动力为基础的并且活劳动占优势的新部门的建立，例如，生产奢侈品的部门。在以上场合，资本有机构成低，可变资本的比重增大，而工资则在一般水平以下，这会使同量资本获得的剩余价值量或者利润量大大增加，从而阻碍利润率的下降。

对外贸易

▶《政治经济学及赋税原理》

大卫·李嘉图是英国资产阶级古典政治经济学的主要代表之一，也是英国资产阶级古典政治经济学的完成者。主要经济学代表作是1817年完成的《政治经济学及赋税原理》，书中阐述了他的税收理论。

资本主义生产的发展和市场发展是分不开的，在资本主义发展过程中，对外贸易具有重要的作用。对外贸易使生产规模扩大，对利润率的影响是二重的：一方面，通过外贸可以进口大量廉价的原材料、生活资料甚至机器设备等各种物资，使不变资本要素价值和劳动力价值降低，从而提高剩余价值率和利润率；另一

▶ 茶屋

这幅画上分别画了炒茶、挑拣茶、筛茶、包装茶叶、品茶等，让人对茶叶贸易有了初步的了解。18 世纪初，中国丝绸出口量渐减，茶叶开始代替丝织品，成为对外贸易中的主要货品。

方面，由于对外贸易的发展，促使生产规模扩大，加速积累，使资本有机构成提高，利润率下降。可见，对外贸易具有二重作用。

对外贸易会减弱利润率下降的趋势，甚至还会在原来的基础上进一步提高。我们来分析资本主义发达国家和殖民地进行贸易对一般利润率的影响：一方面，资本主义发达国家可以按高于本国商品价值但低于不发达国家同类商品价值的价格出售商品，从而获得超额利润；另一方面，一些殖民地国家由于资本有机构成低，发达国家直接对殖民地进行投资，利用当地廉价的劳动力和原料来进行生产，就地销售，因而也能获得高额利润。

对外贸易一方面促进本国资本主义生产方式的发展，造成更多资本的积累和资本有机构成的迅速提高，另一方面在国外也会引起生产过剩，从而使利润率下降。

在考查利润率下降趋势时要注意两个区别：

第一，由于社会生产力的发展，生产每个商品所耗费的劳动减少，从而商品价格下降；但是生产力的发展又会使资本有机构成提高并由此引起利润率的下降。但不应该把商品中包含的代表机器磨损部分的减少和资本有机构成的提高混为一谈。

第二，劳动生产力提高了，虽然单个商品中包含的追加的活劳动的总量减少了，但是由于有酬劳动部分绝对的或者相对的缩小，无酬劳动同有酬劳动部分相比却会增加。因而不能从单个商品中追加的活劳动日益减少这一事实中得出：无酬劳动在活劳动中的比例日益减少的结论。因此，利润率的下降可以和剩余价值率的提高结合在一起。

股份资本的增加

一些规模巨大的生产企业，例如，铁路、造船、运输部门，仅仅靠个别资本家来兴办这些企业是非常困难的，甚至是不可能的。只有通过股份公司发行股票将许多个别资本集中成巨额资本，才能兴办这些大企业。

创办资本有机构成高、生产规模大的企业，这些股份资本很难再将原有资本转移到利润率更高的生产部门中去，所以这类大企业的利润率低于平均利润率，因此它们不会参加一般利润率的平均化过程，正因为这样才减弱了利润率的进一步下降。如果它们参与平均利润率的过程，平均利润率会下降得更加厉害。从这个意义上来说，股份资本只是作为生息资本来计算和使用，不参加一般利润率的平均化，因而能够对利润率的下降起到阻碍的作用。

第三节
利润率下降规律的作用引起的各种矛盾

导读：这一节从资本主义生产的本质出发，对利润率趋向下降规律的内在矛盾进行了全面的分析。利润率趋于下降的规律是如何激发剩余价值的生产与实现之间的矛盾的？是如何反映资本主义生产扩大与价值增殖的矛盾的？在利润率趋向下降的规律的作用下，资本过剩和人口过剩又体现怎样的矛盾？

利润率下降激发了剩余价值生产和实现的矛盾

资本主义生产实质上是剩余价值的生产。但是剩余价值的生产和剩余价值的实现不是一回事，它们有各自的条件。

剩余价值生产的条件：

1. 必要的生产资料或者资本积累；

2. 必要的劳动人口；

3. 一定的劳动剥削程度。

剩余价值实现的条件：

1. 不同生产部门合乎比例；

2. 有相应的社会消费力。

剩余价值要现实地被资本家占有和支配，不仅要被生产出来，而且还必须得到实现。剩余价值的生产过程，包括直接的生产过程和流通过程。在流通中，生产出来的总产品如果不能卖掉或者不能全部卖掉，或低于生产价格出售，剩余价值就不能实现或者只能是部分实现，甚至资本不能得到补偿或者只能部分得到补偿。因为直接剥削的条件和实现这种剥削的条件不是一回事，两者不仅在时间上和空间上是分开的，而且在概念上也是分开的。前者只受社会生产力的限制，后者受到不同生产部门的比例和社会消费力的限制。所以剩余价值生产的规模和数量随社会生产力的发展而不断扩大，而剩余价值的实现却因为各个生产部门之间的比例经常遭到破坏和社会消费力相对狭小而受到阻碍。在生产领域中，资本家为了追求更多的剩余价值，在利润率下降的过程中必然会拼命积累资本，扩大生产规模，提高资本有机构成，获取超额利润。但是在分配领域中，由于资本积累的增长，资本有机构成提高后，工人阶级得到的在自己新创造的价值中所占比例越来越少，从而社会有支付能力的需求减少，剩余价值的实现就出现了困难。通俗地说，资本有机构成提高后，劳动力价值下降，工人没有多余的工资去购买资本家生产的东西，因而资本家的剩余价值就实现不了。所以资本主义生产无限扩大的趋势与社会有支付能力的需求相对减少的矛盾会逐步激化，生产与消费的矛盾发展下去必然导致经济危机的爆发。

生产扩大和价值增殖之间的冲突

在资本主义条件下，社会劳动生产力的发展表现在资本和劳动力两个要素的变化上。

从资本要素来看，一方面表现在资本总量上，即已经积累起来的生产资本的绝对量上；另一方面表现在资本构成上，投在可变资本的部分同总资本相比相对减少。

从劳动力要素来看，一方面表现为再生产劳动力所必需的必要劳动时间的缩短，从而剩余劳动相对增加，剩余价值率提高；另一方面表现为一定量资本所使用的劳动力的减少，从而活劳动所占比重下降。由剩余价值总量构成的利润总量取决于两个因素：剩余价值率和可变资本量。生产力的发展，前者会使利润率上升，后者会使利润率下降。用剩余价值率的提高来补偿工人人数的减少，存在着自然生理的限制，因此它只能阻碍并不能制止利润率的下降。

总之，生产力发展的多方面表现，有的会使利润率上升，有的会使利润率下降，但使利润率下降的因素多于利润率上升的因素，因而利润率还是有下降的趋势。

在资本积累过程中，生产力表现出来的互相矛盾的趋势和互相对抗的因素，从根本上反映了资本主义生产目的和达到目的所采取的手段之间的矛盾。资本主义生产的目的是：保存现有资本的价值和最大限度地增殖资本价值，为了达到这一目的必须发展生产力。但为此所使用的方法恰恰是和生产的目的相冲突的，它用来达到这个目的的方法包括：增加资本积累，提高资本有机构成，发展社会生产力。其结果是一方面工人人数增加，剩余价值率提高，剩余价值量增加；另一方面却是利润率降低，使现有资本贬值，靠牺牲已经生产出来的生产力来发展劳动生产力。生产越扩大就越和价值增殖这个目的发生矛盾，这是资本主义生产方式内在的不可克服的矛盾，是资本主义经济危机的本质。

生产扩大是如何与价值增殖的目的发生矛盾的呢？主要表现在以下几个方面：

第一，生产扩大，劳动生产力提高，使现有资本贬值，资本贬值会阻碍利润率下降，并成为资本加速积累的手段，但是这又会扰乱资本主义再生产过程现有的比例关系，从而引起生产过程的突然停滞和危机。

第二，生产力的发展，生产扩大，一方面刺激工人人口的增加，另一方面又会引起资本有机构成的提高，不断造成人口过剩，削弱劳动者的购买力，从而又使价值增殖和实现都受到限制。

第三，生产力的发展，资本有机构成的提高，又引起利润率的下降，从而延缓了资本在价值方面的积累。使用价值的积累又使价值方面的积累加速进行，而积累的增加为进一步提高资本有机构成提供了物质条件。

人口过剩与资本过剩的矛盾

资本过剩，是指不能由利润量的增加来补偿利润率下降的损失的资本的过剩；或者指因为资本数量小而不能独立作为资本使用，只能够以信用形式借给大企业支配的资本的过剩。资本过剩不是生产资料的绝对过剩，而是资本的本性在追求剩余价值的时候，不随着自己的量的增加来按比例地增加剩余价值，因而它没有作为资本的职能来发挥作用。资本过剩和利润率下降规律是密切相关的，它本质上是资本的积累过剩。资本过剩与人口过剩都是由资本积累规律决定的，它们处在对立的两极上，一极是不被使用的资本，另一极是不被使用的过剩人口。

▶ 赤色星期四

1932 年，美国失业工人同骑警搏斗。

资本过剩表现为：一部分资本全部或者部分闲置起来，一部分资本以较低的利润率来增殖。在劳动力不能增加和剩余价值率不能提高的情况下，利润率降低意味着利润量的绝对减少。

资本的这种生产过剩伴随着相当可观的相对过剩人口，二者并不矛盾。使劳动生产力提高、商品的产量增加、市场扩大、资本在量和价值方面加速积累和利润率降低的同样原因也会产生并且不断产生相对的过剩人口。相对过剩人口即为过剩的工人人口，这些过剩的人口不能作为过剩的资本来使用。资本过剩和人口过剩都是资本加速积累时，资本有机构成提高，劳动生产力发展，利润率下降的结果。资本输出国外就是一个很好的例证，资本输出不是因为国内没有可供剥削的劳动力，而是因为同量的资本在国外可以获得更高的利润。

人口过剩与资本过剩的矛盾，不仅加剧了资本主义国家内部资产阶级与无产阶级之间的矛盾，同时这种矛盾还延伸到了国外，即加剧了国内资产阶级与国际资产阶级之间、资本主义国家之间、宗主国与殖民地之间的矛盾。

第十三章

商品资本和货币资本转化为商品经营资本和货币经营资本

Capital
Capital

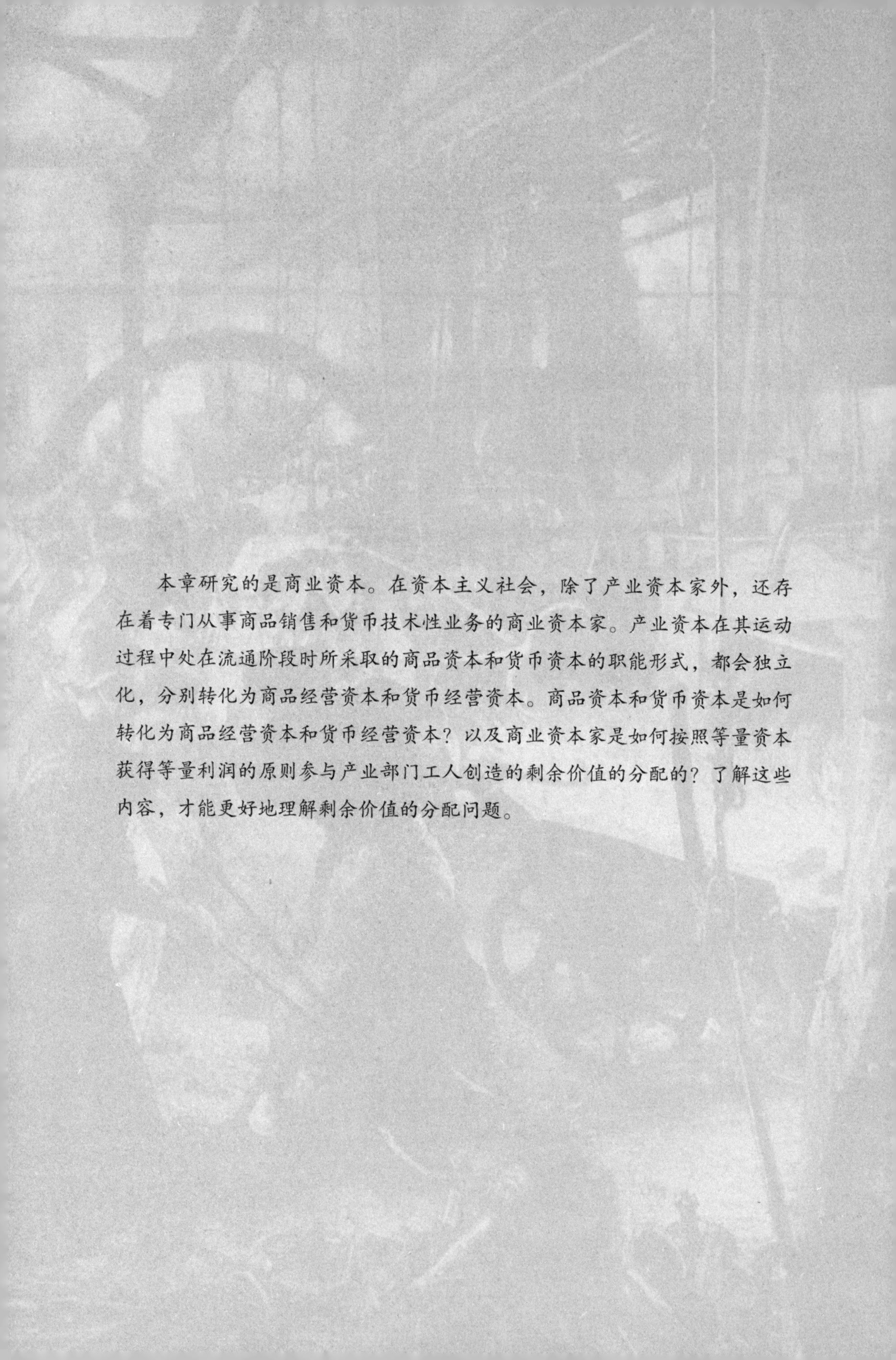

本章研究的是商业资本。在资本主义社会，除了产业资本家外，还存在着专门从事商品销售和货币技术性业务的商业资本家。产业资本在其运动过程中处在流通阶段时所采取的商品资本和货币资本的职能形式，都会独立化，分别转化为商品经营资本和货币经营资本。商品资本和货币资本是如何转化为商品经营资本和货币经营资本？以及商业资本家是如何按照等量资本获得等量利润的原则参与产业部门工人创造的剩余价值的分配的？了解这些内容，才能更好地理解剩余价值的分配问题。

第一节
商品经营资本

导读：这一节考查这一章的第一个概念，商品经营资本。值得注意的是，我们通常所说的商业资本是专门从事商品买卖而获得商业利润的商品经营资本，所以在这里商品经营资本与商业资本是等同的。商品经营资本是如何从商品资本转化而来的？它的运动形式是怎样的？它的形成需要具备什么样的条件？它对单个产业资本、社会总资本、资本价值增殖各起到什么样的作用？

商业资本是商品资本的转化形式

商业资本是从产业资本循环的商品资本中独立分化出来的，它与商品资本有着密切的关系。就社会总资本来说，它的一部分总是作为商品存在市场上，以便转化为货币；一部分以货币形式存在市场上，以便转化为商品。一旦这种处在流通领域中的资本独立起来，成为一种特殊资本的特殊职能，并且固定下来成为一种由分工给予特殊种类资本家的职能，商品资本就成为商业资本了。通俗地说，就是随着资本主义的发展，一部分商品资本逐渐从产业资本的运动中分离出来，它们的职能固定地由特殊种类资本家（即不从事生产活动，专门从事商品买卖的商业资本家）来完成，这样，商品资本就转化成了商业资本。商业利润是商业资本家从经营商品的买卖中获得，而这种商业利润的获得仍然是来源于生产领域，是剩余价值的一部分。商业资本作为独立发挥作用的资本，有着自己独特的周转方式。

商业资本又叫作商人资本，是历史上出现最早的资本形式之一。商业资本是在流通领域中独立出来的，所以属于流通资本，它分为两种形式：商品经营资本和货币经营资本。值得注意的是，我们通常所说的商业资本是专门从事商品买卖而获得商业利润的商品经营资本。商业资本是商品资本的转化形式。

商品经营资本运动形式的特征

商品经营资本也有其特有的运动形式。商业资本家无论是作为一般资本家还是作为商品经营者，首先，他是作为一个一定量货币的代表出现在市场上：他先预付一定量的货币，用来购买商品，然后再把购买来的商品卖出去，其目的就是要通过商品的买卖，让他预付的货币能够获得一个增殖额。假定他预付的货币额是X，用X购买商品，再把商品卖出去，就会得到X+ΔX（这个货币额加上它带来的利润）的货币。其次，作为商品经营者，他不生产任何商品，只是通过经营商品的买卖来赚取利润。商业资本家为了达到赚取利润的目的，必须运用他预付的货币额不断重复为卖而买的行为，因此，商品经营资本运动的形式可以用公式“G—W—G′”来表示。这一运动形式与产业资本的运动形式有不同的特征。

产业资本在它循环过程中的运动包括了购买、生产、销售三个连续的阶段，依次采取了货币资本、生产资本、商品资本的职能形式，执行着三种不同的资本增殖与价值实现的职能：货币资本用来购买生产资料和劳动力，为生产剩余价值做好准备；生产资本实现生产资料和劳动力的结合，生产剩余价值；商品资本通过出售商品来实现商品里面包含着的价值和剩余价值。这三种形态的资本独立地执行不同的职能，各自形成产业资本循环的一个阶段，其中任何一个阶段或者任何一个循环中断都使整个产业资本循环中断。例如，商品资本如果在流通过程积压起来，商品卖不出去，那么商品的价值和剩余价值实现不了，资本家预付的资本没有得到回流，就不能够用新资本购买生产资料和劳动力进行再生产，由此整个产业资本循环都会中断。商品经营资本的运动形式与产业资本的运动形式的不同在于：这是完全局限于流通过程中的资本的简单形式，不会因处在这一资本的自身运动和职能范围以外的生产过程所造成的间歇而中断，它是独立执行商品资本职能的资本。

首先，我们来考察商品经营资本运动的第一阶段：购买阶段（G—W）。

假定商业资本家用10000元从制衣工厂主那里购买了1000件上衣。这时，制衣工厂主靠商业资本家的货币实现了他的上衣的价值，他的商品资本转化为货币，从而能够继续进行再生产过程了。可是，从上衣到货币的形态变化来看，对上衣本身来说，这种形态变化却还没有完成，因为上衣这时在商业资本家手中仍作为商品资本，存在市场上等待出售，还有待完成它到货币的转化。所以对上衣来说，只不过是它的主人改变了，由制衣工厂主手中转到了商业资本家手中。而它本身此时的性质和它在过程中所处的地位，依然是商品资本，是待出售的商品。这种情况说明，把上衣卖掉的职能，由商业资本家从制衣工厂主手中接过来，成为商业资本家的特殊业务。

其次，我们来考察商品经营资本运动的第二阶段：出售阶段（W—G′）。

上衣由商品资本转化为货币资本，实际上是在商品经营资本运动的第二阶段实现的。只有经过第二阶段，即出售阶段，上衣才能由流通领域进入消费领域，最后完成商品资本的职能。在制衣工厂主把生产出来的另一批上衣投入市场之前，如果商业资本家原来的1000件上衣没有完全卖掉（即原来从制衣工厂主那里买进的上衣还没有完成运动的第二阶段，也就是把上衣完全转化为货币资本），则商业资本家就不能重新购买上衣，这时制衣工厂主的再生产过程就会中断。这一例子也清楚地说明，商业资本家的活动只是为了把生产者的商品资本转化为货币所必须完成的活动，只是对商品资本在流通过程中和再生产过程中的职能起着一个中介作用的活动。可见，商品经营资本，就是商品资本的转化形式。只不过商品资本必须在市场上完成的职能，已经不是产业资本家的附带活动了，而变为商业资本家专门从事的活动，它已经作为一种特殊投资的业务而独立起来。在今天，随处可见的超级购物市场、个体商店等就是这种商品经营资本发挥作用的生动体现。

最后，我们用商品经营资本的流通形式（G—W—G′）与商品资本的流通形式（W′—G—W）做对比来说明商品经营资本的性质和特征。

在商品资本的流通形式（W′—G—W）中能够很明显地看出来，同一货币经过了两次转手。如制衣工厂主出售上衣，取得货币，然后再用这个货币去购买新的商品，即新的生产要素，包括生产资料和劳动力，在这种场合，制衣工厂主出售的商品和购买的商品不是同一种商品，出售的商品是上衣，而购进的商品是再生产过程需要的生产资料和劳动力。而在商品经营资本的运动形式（G—W—G′）中也能够明显地看出来，同一商品经过了两次转手。如经营上衣销售的商业资本家用10000元购进了1000件上衣，然后再把这1000件上衣卖掉，从流通中取得货币资本收入和利润收入。在这里，同一商品，即1000件上衣被卖了两次。

从商品经营资本的运动形式中可以知道，当商品由产业资本家手中转到商业资本家手中时，商品还没有最后卖掉，商业资本家还要继续进行出售活动，才能使商品资本的职能最终完成。这种情况也表明，产业资本家G′—W的形态变化，对商业资本家来说却是G—W—G′一种独特的资本的演化。所以商品经营资本是一种执行商品资本职能的资本。

商品经营资本形成的条件

商品经营资本的形成，必须具备以下两个条件：

第一，商品资本是在一个和它的生产者不同的当事人手中完成最终转化为货币的过程。只有具备这样的条件，才形成了一种特殊的社会分工，即产业资本家专门从事生产活动，而生产出来的商品的销售就从产业资本的职能中分离出来，作为另一种专门的职能让另外的流通当事人（商业资本家）担任。单是这一点，商品经营资本还不能取得独立资本的形式，因为如果产业资本家自己雇佣推销员之类的商业代理人来经营商品买卖时，商品资本就不会转化为独立地执行资本职能的形式。在这个时候从资本关系上看，它还是处在流通领域中的产业资本的一部分，因此，商品资本转化为商品经营资本还需要第二个条件。

第二，流通当事人（商业资本家）要有预付的货币资本（自有或者借入）。如果流通当事人没有预付的货币资本作为独立的投资，只能以产业资本家的一个推销员或者是代理人的身份出现，那么这时的商品资本仍然是作为产业资本出现。如果流通当事人独立投资，他先用预付资本从产业资本家那里购得商品，再把这种商品转售给其他人，以 G—W—G′ 这种特殊的形式表现出来，在这种情况下，商品资本就从产业资本里面分离出来，转化成商品经营资本独立执行职能。

只有具备以上两个条件，商品资本才能转化为具有一个独立地执行职能性质的商品经营资本。商品经营资本特有的流通形式 G—W—G′ 是同一个商品资本的相继出售，而 G—W—G′ 的循环则是为这个商品资本的最终出售起到一个中介的作用。对产业资本流通过程起中介作用的这种活动，就是商业资本家使用的货币资本的唯一职能。通过这种职能，商业资本家把他的货币转化为商品，然后再把商品转化为货币（当然是增殖了的货币），随着这一过程的结束，商品资本就转化成商品经营资本。

商品经营资本的作用

一 商品经营资本对单个产业资本的作用

由于商品经营资本与产业资本的职能分离而独立化，专门从事商品的买卖活动，它从来不采取生产资本的形式而总是处在资本的流通领域中，因此，在商品经营资本顺利进行的条件下，它对单个产业资本起到积极的作用。如果没有专门从事商品买卖的商品资本家，产业资本家同时兼任两种角色，即商品生产者和商品销售者。这样的话，他要把他生产的产品全部卖给消费者以后，才能收回原来预付的资本和取得利润收入，然后再转入再生产过程。但是商品的销售过程是需要相当长的时间的，如果等到这个销售过程最终完成然后再进入再生产过程，这样就会造成再生产的中断。为了使再生产过程能够顺利地进行，产业资本家就不得不缩小生产规模，从中抽出一部分资本作为准备金，当他生产的商品还停留在市场上的时候，准备金就发挥它的作用投入再生产过程。但是，当商业资本家介入的时候，情况就不同了。产业资本家可以将他生产的商品售卖给商业资本家，更为迅速地完成商品资本到货币资本的转化，从而缩短商业资本的循环过程，并且能够节省产业资本循环过程中的准备金，使产业资本家能够把它的资本中的较大部分不断地用于真正的生产过程，从而扩大生产规模。同时，由于商品经营资本的存在，商业资本家把他的全部时间都用在出售商品上，这对产业资本家来说，节省了出售商品的时间，使他的再生产过程能够顺利地进行并且把精力集中在生产的监督和管理上。

二　商品经营资本对社会总资本的作用

商品经营资本对社会总资本的作用体现在以下三个方面：

第一，由于实现新的特殊的社会分工，专门从事商品买卖业务的商业资本形成了，它所使用的资本可以小于产业资本家亲自从事商业活动所需要的资本。

第二，在商业资本家专门从事买卖活动之后，可以节省各方面的开支，分工和商业事务的专业化，不仅可以使产业资本能够较早地完成由商品到货币的转变，而且对于商品资本本身来说也加快了形态转变的过程，从而使社会总资本的运动加快。

第三，就商业资本和产业资本的关系来说，商业资本可以同时为许多的产业资本推销商品，商业资本的一次周转不仅可以代表一个生产部门许多资本的周转，而且可以代表不同生产部门若干资本的周转。举个例子，现在的超级购物市场就可以体现这种作用。在超级市场内部，既提供生活用品类服务，也提供食品类服务，甚至提供娱乐健身服务，这样，商业资本既可以为一个产业部门中的许多资本服务，如生活用品类中的制衣业、制鞋业等；也可以为不同产业的资本服务，如食品工业、日用品工业等。所以，商业资本的周转可以不受某一个产业资本周转的限制，它可以在产业资本周转一次的时间里完成多次周转。从整个社会范围来看，既可以缩短各部门产业资本周转的时间，也可以减少流通中资本的数量。

三　商品经营资本对价值增殖的作用

商品经营资本是在流通领域中执行职能的资本，因而它既不能生产价值也不能生产剩余价值，但是，它有助于流通时间的缩短，间接增加了生产价值的时间。由于缩短流通时间，加速了产业资本周转，促进产业资本积累，因而提高了利润率；另外，它促进了整个社会资本的周转，减少了在流通领域的资本量从而增加了在生产领域的资本量。

第二节
商业利润

导读：这一节专门研究商业利润的来源及其实现的方式，从而揭露商业利润的实质。商业资本参与利润平均化对生产价格有何影响？商业资本家在经营商品买卖时，不仅要预付货币资本购买商品，而且还要预付流通费用，为什么我们在这里着重研究纯粹流通费用的补偿及其取得利润的方式？商业工人劳动有何特点，他们是否会像产业工人一样是商业资本家剥削的对象呢？

商业利润的来源及其实现方式

商业资本在流通中专门从事商品买卖活动，就其真正为卖而买的职能来说，它既不创造价值，也不创造剩余价值，只对商品价值和剩余价值的实现起着流通中介作用。流通资本的这种性质绝不会因为商业资本家代替了产业资本家专门进行商品买卖活动而有所改变。但流通中执行职能的资本和生产中执行职能的资本一样，都是资本再生产过程必不可少的，因此，按照等量资本获取等量利润规律，商业资本必然也和产业资本一样，获取年平均利润。如果商业资本执行职能却没有利润收入，那么商业资本家就不会投资经营商业了。如果商业利润率低于生产部门的利润率，则一部分商业资本就会转化为产业资本；反之，如果商业利润率高于生产部门的利润率，则一部分产业资本就会进行竞争而发生转移，转化为商业资本。由于商业资本家和产业资本家之间的竞争，资本在商业部门和生产部门之间自由转移，这种自由转移的结果是商业利润与产业利润平均化，各自获得平均利润。没有哪一种资本比商业资本更容易改变自己的用途，更容易改变自己的职能了。

商业资本不创造价值和剩余价值，所以商业资本以平均利润率的形式获得的商业利润，只能是产业资本在生产过程中所创造的剩余价值或者利润的一部分，它是剩余价值的一种特殊形式。那么，问题出现了：商业资本家究竟是通过怎样的方式来分享产业资本家所榨取的剩余价值的呢？解决了这个问题，商业利润的真正来源才能够彻底地说明白。因为商业利润的实现有假象。由于商业资本不像产业资本那样必须经历一个生产过程，它必须在流通中实现商业利润，而且还必须通过流通获得它的商业利润。这就会给人们造成一种假象：商业资本家的商业利润好像来源于流通，是一种单纯的加价，是他高于商品的价值出售的结果。

其实商业利润的来源是总生产资本所生产的剩余价值的一部分，它是产业资本家将其所剥削工人而获得的剩余价值的一部分转让给商业资本家形成的。归根结底，商业利润的来源最终是工人所创造的剩余价值。商业利润不在流通中产生，而在流通中实现，它是产业工人创造的一部分剩余价值的转移，是商业资本参加平均利润化的结果，也体现了商业资本家与产业资本家共同剥削工人的关系。产业资本家之所以要向商业资本家转让一部分利润，使商业资本家参与剩余价值的分配，是因为商业资本从产业资本的商品资本中分离出来独立执行一部分职能，即商品销售，以至于让整个产业资本的利润得到提高。

商品经营资本已经作为独立经营的资本出现，它是一种不参加利润的生产而只分享利润的资本，那么它是怎样参加到不同部门的产业资本之间的利润平均化过程的呢？下面举个例子说明商业资本参与利润平均化的过程以及商业利润的获得方式。

假定某资本家一年中预付的总产业资本是 720B＋180K ＝ 900，S′ ＝ 100%，这样生产出来的产品的价值便是 720B＋180K＋180S ＝ 1080，平均利润率为 180S / （720B＋180K）× 100% ＝ 20%。假如除了总产业资本外，社会上还需要追加商业资本 100，来实现商品流通，它也参与利润平均化的过程，也要按照自己大小的比例从利润中分得一份。这样，全社会的总资本就是产业资本加上商业资本，即 900＋100 ＝ 1000。整个社会的平均利润率就会变成 180 / （900＋

100）×100%＝18%，比原来100商业资本加入前下降了2%。在180的全部剩余价值中，产业资本900按照18%的比率获得的利润为900×18%＝162，商业资本100按照18%的比率获得的利润为100×18%＝18。原来价值为1080的商品，由于商业资本参与了利润平均化，所以产业资本家应按1080－18＝1062的价格卖给商业资本家，自己的900资本获得162的产业利润。商业资本家仍然按照1080的价格出售商品，这样他的100资本就获得了18的商业利润。

商业资本之所以能够实现利润，只是因为产业资本在商品的价格中实现的并非全部的剩余价值或利润，例如，上面的产业资本家实现的不是原来的1080的价格，而是1080－18＝1062的价格。因此，商人的出售价格1080之所以高于购买价格1062，并不是因为出售价格高于总价值，而是因为购买价格1062低于总价值1080。可见，商品经营资本虽然在流通中只能通过流通才能获得商业利润，但这并不是一种单纯的加价，不是一种高于商品的价值出售商品的结果，而是商品经营资本按照它在社会总资本中所占的比例参加决定平均利润率的结果。商品经营资本虽然不参加剩余价值的生产，但是参加剩余价值的瓜分，由此知道，商业利润是产业资本利润的一种扣除。

商业资本家参与利润平均化对生产价格的影响

商业资本参加利润平均化，关于生产价格的公式也就出现了一个更加确切和更有严密性的规定。原来，商品的生产价格＝成本价格＋平均利润。这个生产价格是未加进商业资本的（我们假设产业资本家自己生产并且自己销售商品）。现在加入了商业资本之后，商业资本参加利润平均化，所以，产业资本的平均利润必须分解为产业利润和商业利润，所以，商品的生产价格＝成本价格＋产业利润＋商业利润。同时，计算平均利润率的公式也应该相应改为：平均利润率＝剩余价值总额／（产业资本＋商业资本）。由此能看出，商业利润不过是商业资本家按照平均利润率瓜分产业资本家剥削来的一部分剩余价值而已。

商业资本参与剩余价值的分配后，产业部门的平均利润率由20%降低到18%，从表面上看，似乎对产业资本不利，其实不是这样的。如果没有商业资本在流通领域发挥它独立的、对剩余价值的实现起着中介作用的职能，生产企业必须在流通领域垫支比商业资本数量更大的资本，除此之外，还会延长资本的周转时间，从而利润率下降得更多。商业资本虽然不创造价值和剩余价值，但它在商品交换中起着一个中介的作用从而能够加快商品价值和使用价值的实现，因而对生产企业来说是有利的。

从上面的分析中，我们可以知道：

第一，同产业资本相比，商业资本越大，产业利润就会越少；相反，商业资本越少，产业利润就会越大。

第二，产业资本的平均利润少于实际的利润。利润率的计算公式为：S/（B+K），而剩余价值率的计算公式为：S/K，由此看出，本来利润率已经表现为少于剩余价值率了，而商业资本又参加剩余价值的分配，这就使得平均利润率与剩余价值率的差别变得更大了，上述例子中，产业资本的剩余价值率为100%，利润平均化之后，实际利润率为20%，当商业资本参加平均利润后，最终的平均利润率则是18%，从而进一步掩盖了资本主义剥削的本质。

商业流通费用的补偿

以上研究的商业利润是假设商品经营资本全部用于购买产业资本的商品，没有付出其他的费用，但其实这是假设而已，在商业资本运动的实际情况下，商业资本家除了预付购买商品的资本外，还需要支付一定的商业流通费用。流通费用是商业资本家在商品流通过程中所耗费的各种费用，其中一部分是生产性流通费用，另一部分是纯粹流通费用。

▶ 苏伊士运河

苏伊士运河从公元前7世纪开始修建，1869年11月17日第一艘船驶过苏伊士运河。苏伊士运河缩短了亚欧大陆之间的航行时间，被称为“帝国经济扩张的生命线”。

商品经营资本包括用来购买商品

的货币资本、生产性流通费用、纯粹流通费用三个部分。如果对商品经营资本进行纯粹的考察，我们就要撇开生产性流通费用。为什么呢？我们来比较一下生产性流通费用和纯粹流通费用的不同。

生产性流通费用是由于移动商品使用价值的位置和保存使用价值的活动所引起的费用，如包装费、保管费、运输费等，它们是生产过程在流通领域的继续和延长，可以增加商品的价值，这部分费用可以直接加到商品的价值中去。

纯粹流通费用是指由商品买卖而耗费的流通费用，它是为了实现商品的价值，对商品交换起着中介作用所需要的费用。马克思从类似生产资本的意义上也把这种费用分为不变资本和可变资本。不变资本包括事务所、广告费、纸张、邮资等；可变资本是为雇佣商业工人预付的工资，这两种资本都是商业资本家追加的资本。不仅作为资本本身要得到补偿，而且作为资本它还要获得利润。

生产性流通费用可以用其自身新创造的价值和剩余价值从增加了的商品价值中得到补偿；而纯粹流通费用不加入直接的生产过程但是加入流通过程因而加入再生产的总过程，它不转移资本价值，也不创造新价值，它的消耗只能从产业部门生产的商品价值中进行补偿，而且只能从商品的剩余价值中部分进行补偿。在这里，我们着重考察的是纯粹流通费用。它作为商业资本家的预付资本是如何取得利润的呢？

还是拿前面举的例子来说明这个问题。商业资本家在预付100的资本后，还要预付追加资本50作为流通费用，那么全部剩余价值就由生产资本900加上商业资本150，即一共1050的总资本来分配了。这样一来，平均利润率就既不是原来没有商业资本参加时的180/900×100%=20%，也不是商业资本家只预付100购买商品的货币资本时的180/（900+100）×100%=18%，而是在预付了

▶ 巴拿马运河

巴拿马运河于1903年开始修建，它是连接太平洋与大西洋的重要海上交通枢纽，建成后的几十年里它为美国带来了巨大的财富。资本家获取最大化收益的一个重要举措是选择最适合的运输方式和最短的运程，以便减少交换成本。

100 购买商品的资本加上追加 50 的流通费用后变成了 180 /（ 900+100+50 ）×100%≈ 17%。在 180 的剩余价值中，产业资本 900 按照 17%的比率获得的利润为 900×17%= 153，商业资本 100 按照 17%的比率获得的利润为 100×17%= 17，追加的 50 流通费用按 17%的比率获得的利润为 50×17%= 8.5。原来价值为 1080 的商品，由于商业资本和追加的流通费用参与了利润平均化，所以产业资本家应按 1080 －（ 17+8.5 ）= 1054.5 的价格卖给商业资本家，自己的 900 资本获得 153 的产业利润，商业资本家 100 资本获得 17 的商业利润，追加的 50 流通费用获得 8.5 的利润，这样商业资本家再按照 1080+50 = 1130 的价格出售商品，这样他的 150 的商业资本就获得了 17+8.5 = 25.5 的利润。由此可见，商业资本家预付在纯粹流通费用上的资本，参加利润的平均化，并在商品的出售价格中实现其利润。

上例中商品的总价值为 720B+180K+180S = 1080，马克思之所以说商人出售商品的价格为 1130，是因为没有在 180 的剩余价值中扣除纯粹流通费用 50 自身的补偿。前面也说过，纯粹流通费用既不转移资本价值，也不创造新价值，它的消耗只能从产业部门生产的商品价值中进行补偿，而且只能从商品的剩余价值中部分进行补偿。形象地说，在剩余价值 B+K+S 当中，B+K 用来补偿已经消耗掉的生产资本，纯粹流通费用就只能从 S 中来补偿了。所以，50 的纯粹流通费用，需要从 180 的剩余价值中扣除；同时，它作为商业资本家预付的资本还要加到总资本“900+100”上，参加平均利润率的形成。因此，实际的平均利润率应该是：（ 180 － 50 ）/（ 900+100+50 ）×100%= 12.38%。这样，在 180 的剩余价值中，产业资本 900 按照 12.38%的比率获得的利润为 900×12.38%= 111.42，商业资本 100 按照 12.38%的比率获得的利润为 100×12.38%= 12.38，追加的 50 流通费用按 12.38%的比率获得的利润为 50×12.38%= 6.19。原来价值为 1080 的商品，由于商业资本和追加的流通费用参与了利润平均化，所以产业资本家应按 1080 －（ 12.38+6.19 ）= 1061.43 的价格卖给商业资本家，自己的 900 资本获得 111.42 的产业利润，商业资本家 100 资本获得 12.38 的商业利润，追加的 50 流通费用获得 6.19 的利润，这样商业资本家再按照 1061.43+12.38+6.19 = 1080 的价格出售商品，获得 12.38+

6.19 = 18.57的利润。这样，商品的总价格与商品的总价值相等，商业利润和纯粹流通费用也都得到了补偿。

纯粹流通费用的支出，会减少和降低产业资本的利润和平均利润率，看起来好像对资本家不利。实际上不是这样的。这种费用在必要的限度内，虽然会使平均利润率降低，但是从整体上来说对资本家仍然是有利的。为什么呢？第一，对产业资本家来说，如果他自己直接经营商品的买卖，那么停留在不会使商品价值增殖的流通领域的时间就会延长，从而妨碍他管理生产、榨取剩余价值的职能，这样一来就会使原来的资本获取更少的利润。第二，如果产业资本家自己经营商业，他不仅要预付追加资本以便在他的产品全部出售以前能够继续购买新的生产资料和劳动力来进行再生产过程，而且他像商业资本家一样不可避免地花费纯粹流通费用以便实现他的商品资本的价值，这样一来，不能产生剩余价值的纯粹流通费用还是要从商品价值中得到补偿，无论对单个产业资本家来说还是对整个产业资本家来说平均利润率还是会进一步降低。所以说，商业资本家预付纯粹流通费用的资本，参加利润率的平均化，以商业利润的形式扣除产业资本的利润，比产业资本家自己经营商业时要好得多。

商业劳动的特点

商业雇佣工人与产业雇佣工人既有相同的一面，也存在着差别。为了便于比较和区别，我们采取表格的形式去分析这两类工人。

	产业雇佣工人	商业雇佣工人
相同点	他们都是劳动力的出卖者，被资本家用可变资本购买的雇佣工人；雇佣目的都是增殖预付资本的价值；劳动力价值都是由生产和再生产这种劳动力所需要的生活资料的价值所决定	

续表

	产业雇佣工人	商业雇佣工人
不同点	在生产过程中创造价值和剩余价值	在流通领域中单纯地进行商品买卖，既不生产价值也不生产剩余价值
	剩余劳动创造剩余价值，是产业资本家利润的直接来源	商业工人的剩余劳动不会创造剩余价值，但是会为商业资本家创造占有剩余价值的条件
	是一种生产性的劳动	除了一部分保管、包装、运输等外绝大部分从事商品买卖的活动，是非生产性劳动

商业工人的工资和他们帮助商业资本家实现的利润，不保持任何的比例，商业工人之所以能够给资本家带来利润，不是因为他直接创造了剩余价值，而是因为他的无酬劳动帮助资本家减少了实现剩余价值的费用，从而帮助商业资本家在剩余价值中分得一份。可见，在资本主义生产方式中，商业资本家就是靠这种劳动来完成商品资本的职能，剥削工人获取商业利润得以发财致富。

不难看出，流通费用对产业资本家来说是一种必要的破费，而对商业资本家来说，流通费用却表现为利润的源泉。投在这种流通费用上的支出，对商业资本家来说，是一种生产投资，所以，他所购买的商业劳动，对他来说与创造剩余价值的劳动一样，同样是商业利润的来源，是一种直接的生产劳动。商业资本家通过扩大商业活动的范围，来扩大对商业工人的剥削，而且随着资本主义的发展，商业知识的普及，商业劳动的简单化，使能够从事商业的人越来越多，加剧了商业工人之间的竞争，更有利于商业资本家对于商业工人的剥削。商业资本家是通过剥削商业工人的剩余劳动来获得产业资本家让渡给商业资本家的那一部分剩余价值的，所以商业工人的剩余劳动是商业利润的直接来源。

同时，我们揭开一层一层的剥削关系，也不难看出，商业利润是商业资本家分得产业资本家的剩余价值的一部分，产业资本家的剩余价值是通过剥削产业工人的剩余劳动而来的，而商业资本家是最终通过剥削商业工人的劳动来获得这部分商业利润。所以总地来说，商业利润不仅体现了商业资本家对商业工人的直接剥削，而且也体现了商业资本家对产业工人的直接剥削。

第三节

商业资本的周转与价格

导读：这一节是在上一节研究商业利润的基础上进一步研究商业资本的周转对商品价格的影响。商业资本周转与产业资本周转相比有什么特点？商业资本周转有何积极和消极的作用？它对商品价格的影响程度是怎样的？学习这一节，我们可以对资本主义周期性的经济危机有更深入和更透彻的理解。

商业资本周转的特点

商业资本的周转和产业资本相比较，商业资本的周转具有以下特点：

第一，产业资本的周转，既包含了生产时间也包含了流通时间，包括资本主义的整个生产过程或者再生产过程。而商业资本的周转只包括流通时间即买和卖的流通时间，这是因为商业资本是商品资本从产业资本中分离出来的独立运动，简言之就是商品资本的独立化运动。这个运动过程是：商业资本家先是买，即从产业资本家那里购买商品；然后是卖，即从产业资本家购买来的商品再转售给消费者（包括卖给工人进行生活性消费以及卖给另一产业资本家进行生产性消费和生活性消费），周转形式表现为：G—W—G′（G+ΔG），所有过程都是在流通过程中进行的。

第二，从流通过程来看，产业资本的形态变化 W1—G—W2 和商业资本的形态变化 G—W—G′ 也不同。在产业资本的运动 W1—G—W2 中，产业资本一方面卖出生产出来的商品取得货币；另一方面又用货币购买新的生产要素（生产资料和劳动力），卖和买是两种不同的商品（所以用 W1 和 W2 来表示），同一货币在产业资本家那里转了两次手。而在商业资本的运动 G—W—G′ 中，商业资本家一方面用货币购买产业资本家的商品；另一方面又将商品出卖收回货币。商业资本家购进商品然后又卖出商品，在他那里转手两次的是同一商品，而不是同一货币了，因为 G′ 不同于原来的 G，它已经包含着商业资本家预付商业资本 G 的增殖额。

第三，产业资本的反复周转表示总生产过程的周期性和更新，它一次周转包含着多次的循环，而且把生产、分配、交换、消费都包括在内了，所以，它是资本运动的基本的完整的形式，成为资本主义生产方式的基础。而商业资本则是产业资本循环过程中商品资本分离出来独立发挥职能的部分，商业资本每完成一次循环也就完成了一次周转。

用表格的形式来对比产业资本和商业资本，区别就更清晰了：

流通过程	产业资本	商业资本
资本周转时间	生产时间和流通时间	对商品买和卖的时间
发挥作用的领域	生产领域和流通领域	流通领域
买卖客体的变化	卖出商品然后买进生产要素，同一货币转两次手	购买商品然后卖出商品，同一商品转两次手
资本周转与循环	一次周转包含多次循环	一次周转完成一次循环

商业资本的周转次数和货币作为流通手段的流通次数十分相似，因为商业资本周转一次所实现的商品价值和同量货币流通一次所实现的商品价值是相等的。但是它们之间有很大的差别：

第一，在货币流通中，同一货币要经过不同人的手，购买商品所支出的货币就不再返回购买者的手中。而在商业资本周转中，商业资本家的货币支出是作为资本支出的，它不是花费，而是垫支，货币要重新返回到商业资本家的手中。

第二，在货币流通中，投入流通的货币和从流通中换回的商品在价值量上是相等的。而在商业资本周转中，货币回到商业资本家手中的时候是带着一个增殖额回来的，也就是说，从流通中取回来的货币比投入流通时的货币要多，因而在价值量上是不相等的。而这个不相等的量就是产业工人所创造的一部分剩余价值，此时变成了商业资本家的商业利润。

商业资本的周转既受生产时间的制约也受消费的制约。由于商品经营资本只是对产业资本的周转起到一个中介作用，而产业资本的更新，则是整个再生产过程（其中包括消费过程）的不断更新，其中生产时间的长短对产业资本的周转时间也是一个制约。产业资本必须不断地把商品投入市场，并从市场购回生产资料和劳动力，商品经营资本才能够保持迅速周转。此外，商品经营资本的周转不仅依赖于生产，而且还联结着消费，它只有把从产业资本家那里买进来的商品卖给消费者，才能不断地进行周转。总之，商业资本的周转无非是生产与消费的中间环节，从买进商品方面看，它依赖于生产；从卖出商品方面看，它又依赖于消费。所以，生产时间和消费对商业资本的周转有一定的制约作用。

商业资本周转的作用

商业资本的独立化，一方面可以促进经济的发展。只有当商业资本的数量不超过社会必要的比例限度时，才能对产业资本起到有利的作用。另一方面商业资本的独立化也能使它的周转运动在一定的界限内不受再生产过程的制约，甚至还会驱使再生产过程超越它的各种制约，从而加深生产与消费之间的矛盾。当商品堆积起来卖不出去的时候就会导致经济危机的爆发。为什么呢？首先，由于资本主义信用制度的发展，商业资本能够支配社会总货币资本的一个较大的部分，因

▶ 美国经济危机后的失业者

1929 年 10 月 24 日，美国爆发了资本主义历史上最大的一次经济危机。纽约大街上流行这样一首歌谣："梅隆拉响汽笛，胡佛敲起钟。华尔街发出信号，美国往地狱里冲！"

▶ 在经济危机时期，资本家宁可倒掉过剩的牛奶也不愿施舍给饥饿的人们。

此，它使商业资本有可能在它原先购买的商品未全部出售之前，反复重新购买，这样一来，就给产业资本发出虚假的需求信号，促使产业资本扩大生产，导致生产过剩，从而诱发经济危机。另外，商业资本家在购进商品之后，商品并没有最终进入消费，而是商人把商品囤积居奇或者转手倒卖，形成虚假的商业需求，促使产业资本家盲目扩大生产，造成生产与消费的脱节，隐藏了经济危机。其次，由于商业资本的独立化，它的运动是产业资本在流通领域内的运动，对产业资本有内在的依赖性；另外它又可以在产业资本之外进行相对独立的循环运动，具有相对独立性。这种对产业资本的内在的依赖性和自身外部的相对独立性，加重了生产与消费之间的不平衡，在一定情况下会加速经济危机的爆发，使危机以更加激烈的方式表示出来。

在危机中发生的现象是：危机首先暴露和爆发在大商业和银行的领域，而不是在零售商业。为什么呢？在所谓的大繁荣时期，商业资本家大量购进商品，虽然在这个时候售出的商品也很多，但还是有大量的商品堆积和储存起来成为待售商品。已经开始的生产过剩被暂时掩盖起来，到达一定点的时候，商品就会滞销，货币回流速度迟缓，在大商人那里暴露出这些危机，支付危机和货币危机随即爆发，一下子把表面上的繁荣消灭了。

当然，出现危机的真正原因是资本主义生产的性质。独立的商业资本运动，只是加速了这种危机的爆发，让资本主义生产的矛盾更激烈一些，让危机这场暴风雨来得更快一些。

商业资本周转速度对商品价格的影响

商品的价格不是任意决定的，商业资本家出售商品有两个界限：第一个是商品的生产价格；第二个是平均利润率。商业资本周转对生产价格和利润的影响不同于产业资本周转。产业资本周转的速度快，可以直接增加年剩余价值量和提高年剩余价值率。但是，由于商业资本不直接创造价值和剩余价值，所以它周转的次数和速度不会直接影响利润率，但会直接影响到商业价格。因为如果商业资本周转的速度越快，它周转的商品数量就会越多，而将这一定量的商业利润分摊到单个商品的份额就必然越少。商业加价的多少，一定资本的商业利润中加到单个商品的生产价格上的部分的大小，和不同营业部门的商业资本的周转次数或者周转速度成反比。

对个别商人来说，他的资本周转如果超过平均速度，可以获得超额利润。如果他的资本周转十分快，即使他以比别人低的价格出售商品，但仍然可以赚得平均利润以上的利润。

第四节
货币经营资本

导读：这一节考察商业资本的另一种形式——货币经营资本。货币经营资本虽然与借贷资本、银行资本很接近，一旦货币经营资本的业务活动得到充分的发展，与借贷和信用结合起来就转化成银行资本了，但是在这一节里面还只是分析纯粹形态上的货币经营资本。这种资本的本质与职能是什么？它是如何产生和发展的？它有什么样的作用？

货币经营资本的本质与职能

货币经营资本是指从产业资本和商品经营资本中分离出来并且独立进行经营活动的货币。它的职能是完成产业资本和商品经营资本在流通过程中的各种技术性的业务。在上一节研究商品经营资本定义的时候，得出商品经营资本其实就是产业资本中的商品资本的独立化形式。货币经营资本也一样，它其实是产业资本中的货币资本的独立化形式。

作为货币经营资本，它的职能是专门从事货币的技术性业务，包括货币的收付、账目的登记、差额的计算和结算、贮藏货币的保管、汇款、货币的兑换等。货币的这些技术性业务，对整个社会资本的运动来说是必不可少的。它本来是产业资本家和商业资本家自己从事的，由于社会分工的结果则独立分化为一种特殊资本的职能。这就要求在资产阶级分离出一部分人来，并预付一定量的货币资本，当作专门的职能替整个资产阶级经营这些技术性业务，从而使预付在这些职能上的资本成为货币资本。

货币所经营的业务，既是从货币本身的各种职能中产生的，又是从资本在货币形式上必须执行的各种职能中产生的。这是因为货币资本不是单纯地执行货币的职能，它是产业资本中货币资本职能的独立化形式，所以，作为资本的它要获取利润，瓜分剩余价值。

货币经营资本的产生和发展

货币经营业，即经营货币商品的商业，在资本主义以前就已经产生和存在了，它首先是从国际贸易中发展起来的。国际贸易的往来引起了兑换业和金银贸易的产生，即在贸易的收支中，各国铸币要相互兑换或者把各国的铸币兑换成世界货币。除此之外，各国在贸易中不同的金银要进行鉴定和折算，或者把金银作为商品（制造奢侈品的原料）进行贸易。因此，兑换业和金银贸易就成为了货币经营业的原始形式。

随着资本主义生产和贸易的发展，一方面，作为支付手段和购买手段的准备金增加，除此之外，暂时闲置的货币资本和新积累起来的货币资本也会增加，用于贮藏的货币不断增加，由于货币贮藏的增加，就引起了货币的保管、记账等业务的发展。另一方面，与商品买卖活动密切联系的出纳、支付和结算等业务也发展起来。一旦借贷的职能和信用制度同货币经营业的一些职能结合在一起，货币经营业就得到了充分的发展，货币经营资本也就发展成为银行资本。银行资本这一范畴会在下一章里详细分析。

货币经营资本的作用

货币经营业的作用，是担任货币流通的各种技术性业务，使之集中、缩短和简化。具体表现在以下几方面：

第一，货币经营业不形成货币贮藏，只是提供技术手段，通过它的管理，使作为购买手段和支付手段的准备金的贮藏减少到经济上的最低限度。

第二，货币经营业不购买贵金属，只是在商品经营业买了贵金属以后对它的分配起着一个中介作用。

第三，货币经营业在货币执行支付手段职能时，会使差额的平衡易于进行，并且通过各种结算机构减少平衡差额时所需要的货币量。

第四，货币经营业在货币执行购买手段职能时不决定买卖的范围和次数，只能缩短买卖引起的各种技术活动，并由此减少周转所必需的货币现金量。

由于货币经营资本是由货币经营资本家预付的，作为一种独立化的资本，也像商品经营资本一样必须获得利润。它不创造价值，而只是有助于价值的实现，所以，它获得利润的方式也和商业利润一样，在产业工人创造的剩余价值中扣除。

第十四章

利润分为利息和企业主收入、生息资本

Capital

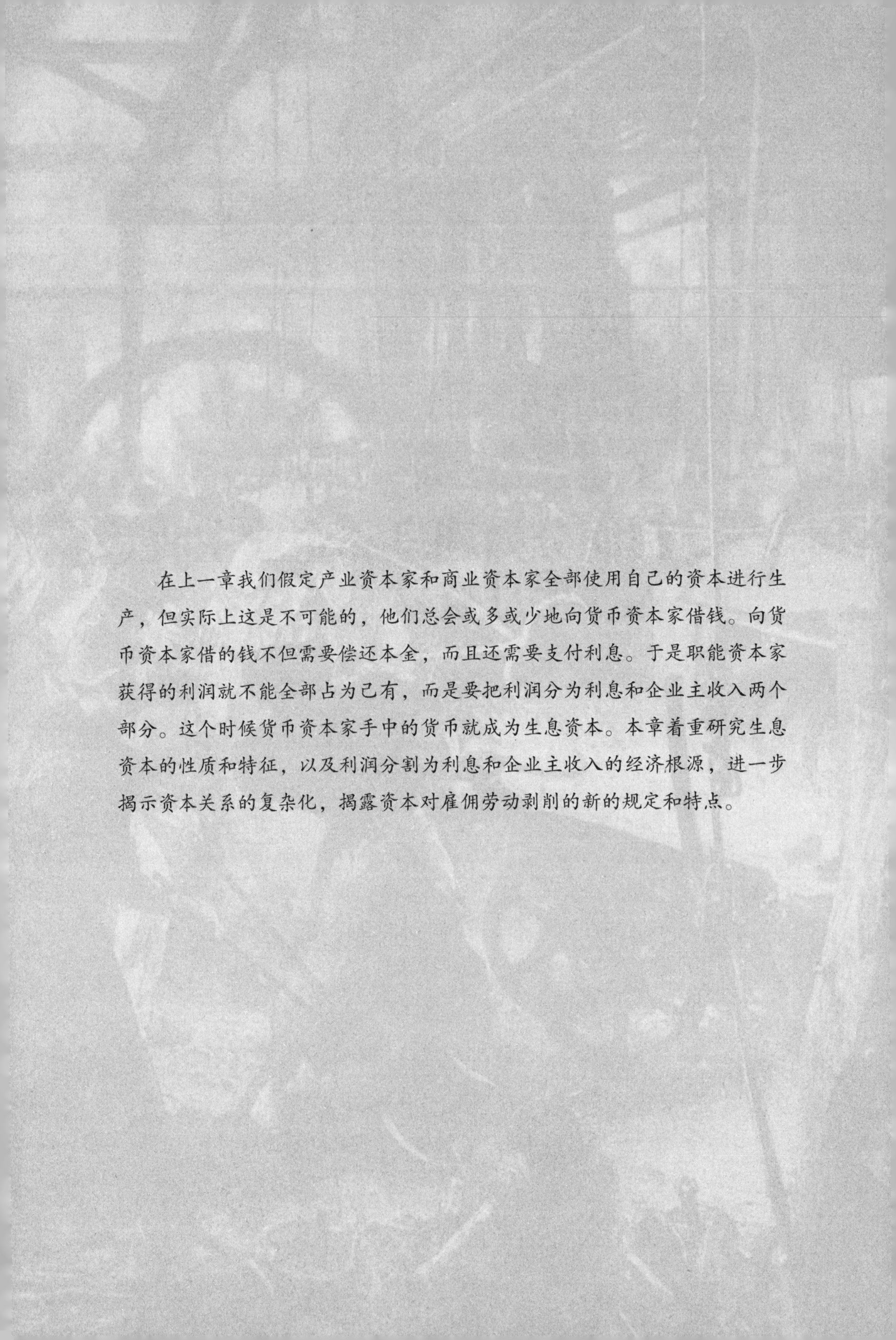

在上一章我们假定产业资本家和商业资本家全部使用自己的资本进行生产，但实际上这是不可能的，他们总会或多或少地向货币资本家借钱。向货币资本家借的钱不但需要偿还本金，而且还需要支付利息。于是职能资本家获得的利润就不能全部占为己有，而是要把利润分为利息和企业主收入两个部分。这个时候货币资本家手中的货币就成为生息资本。本章着重研究生息资本的性质和特征，以及利润分割为利息和企业主收入的经济根源，进一步揭示资本关系的复杂化，揭露资本对雇佣劳动剥削的新的规定和特点。

第一节
生息资本

导读：这一节分析生息资本的特殊运动形式和利息的本质。什么叫作生息资本？它是如何形成的？为什么生息资本是一种特别的商品？它有怎样独特的运动形式和特征？利息的概念和本质是什么？本节将详细地介绍这些内容。

生息资本的概念与形成

生产和实现剩余价值的资本叫作职能资本，职能资本包括产业资本和商业资本。在社会资本中，除职能资本外，还有一种资本叫作生息资本。

在资本主义社会，货币资本所有者为了获取利息，将自己的货币作为资本商品贷给职能资本家使用，这种货币资本就是生息资本，它是资本所有者通过货币借贷关系来获取利息的一种资本形态。在这里值得注意的是，生息资本并不是职能资本，不是产业资本运动中货币资本职能的独立化形式（那是货币经营资本，上一章内容讲到），而是从产业资本和商业资本等职能资本运动中游离出来的闲置货币资本转化而来的。它的形成与资本主义再生产过程有着密切的联系。

产业资本和商业资本等职能资本在循环过程中经常会由于各种原因出现一部分暂时闲置的货币资本。另外一些企业在生产过程中由于货币逐步折旧、持大量货币待购或者逐步进行积累等原因也会游离出大量暂时闲置的货币资本。资本的本性是不费吹灰之力索取剩余价值，而这些暂时闲置的货币资本不能为其货币所有者带来剩余价值，这就与资本的本性产生了矛盾。如果一些生产企业由于扩大生产规模以及因临时性需要而急着补充货币资本来维持正常生产，或者一些企业由于扩大经营范围以及因季节性、临时性需要而要借入货币资本来维持正常经营，与此同时，如果某个企业手中拥有大量的闲置资本，那么这些急需货币资本来维持生产和经营的企业就会通过货币资本市场和借贷手段向这些拥有大量闲置资本的企业借入生产资本或者经营资本。这样一来，便产生了资本的借贷关系，从产业资本和商业资本运动中分离出来的这部分闲置货币资本就转化成生息资本。

生息资本是一种特别的商品

货币作为生息资本变成了一种特别的商品。在资本主义生产方式下，货币能够转化为生息资本，并通过这种转化，使货币资本自行增殖其价值；它能够使资本家榨取工人的剩余价值并且据为已有。因此，货币除了具有作为货币时的使用价值外，还取得了一种作为资本职能的追加的使用价值。货币转化为资本而生产的利润就属于这种追加的使用价值。所以，就其作为可能的资本，或者说作为生产利润的手段的这种属性来说，它变成了商品，一种特别的商品。

生息资本除了是一种特别的商品资本外，还是一种所有权资本。生息资本的买卖和交换是在不放弃资本所有权的条件下，转让了资本的使用权，它体现了资本所有权与使用权的分离。生息资本的运动形成了一种信用关系，使资本具有双重存在：一方面是所有权资本，生息资本家拥有货币资本的所有权，他的生息资本不会自行增殖，但是可以凭借这种所有权获得利息；另一方面是职能资本，这部分资本以借贷形式由生息资本家借给职能资本家之后就变成了执行资本职能的增殖手段，能够生产或者实现剩余价值。所以，生息资本的贷出并不是放弃了它的所有权，而是暂时转让其使用权。生息资本家手中的生息资本是所有权资本，并不是职能资本，必须当他把货币借给职能资本家使用时的资本才是职能资本。

生息资本的独特的运动形式

生息资本的运动与商业资本的运动不同，与单个商品流通也不同，它有自己独特的运动特点：既不是被付出，也不是被卖出，而只是被贷出，贷款、偿还和付息构成资本运动的三要素。生息资本运动的起点是甲（生息资本家）贷给乙（职能资本家）的货币，货币在乙手中实际转化为资本，完成 G—W—G′（G+ΔG）的运动，作为 G′，即 G+ΔG 回到甲手中，其中 ΔG 就是利息。所以生息资本独特的运动形式就是：G—G—W—G′—G′，贷给商业资本家时，其运动形式就是：G—G—W—G′—G′；贷给产业资本家时，其运动形式是：G—G—W…P…W′—G′—G′。详细解释一下生息资本的运动过程：首先，生息资本家把自己所持有的货币贷给职能资本家（G—G）；其次，职能资本家就用贷回来的货币进行投资，生产出商品（G—W），这种商品是包含着剩余价值的，所以，出售后会回流更多的货币（W—G′）；最后，职能资本家把货币还给生息资本家（G′—G′），在这里，要值得注意的是，第一个 G′ 跟第二个 G′ 在数量上是不等的。这是因为在一般情况下，职能资本家不可能把自己赚到的所有利润都给生息资本家，如果这样的话，借贷回来的资本用作投资生产和经营没有给他带来利润，一开始就没有借贷的需要了。所以，很明显，第一个 G′ 要大于第二个 G′。

对比商业资本、产业资本的运动，更能够看出生息资本运动的特点。在商业资本运动公式 G—W—G′ 中，同一商品转手两次，表示一个形态的变化，完成了商品的买和卖。在产业资本运动公式 W—G—W 中，同一货币换位两次，最初的商品是刚从生产领域生产出来的商品，而最后的商品则是产业资本家新购买的生产要素（包括生产资料和劳动力），它表示了商品的完全的形态变化。而在生产资本运动公式 G—G—W—G′—G′ 中，货币的第一次换位，只是表示货币由甲转到乙手中，既不是商品形态变化的要素，也不是资本再生产的要素，这种换位的发生一般是在一定的法律形式和条件下进行的；在货币的第二次换位时，在商业资本家或者产业资本家那里才变成具有形态变化的要素或者是生产要素。这里表现为货币的双重支出。

与货币作为资本的这种双重支出相适应的，是它的双重回流。因为生息资本的运动是以货币从甲贷给乙为起点，甲一直拥有这个货币的所有权，所以资本的循环就不能以 W—G′ 结束，按照法律契约交易原则，而应该从乙流回甲，也就是以 G′—G′ 结束。这就是货币的双重回流。这时候，乙不仅要把原来从甲那里借来的资本等量地还给甲，而且要把他借来的资本额赚得的利润的一部分作为利息交给甲，即以 G+ΔG 交给甲。这是因为甲把这个货币作为资本，作为创造剩余价值的价值借贷给乙的，所以乙理所当然要分一部分剩余价值给甲。生息资本的运动形式还体现职能资本家和货币资本家之间的关系。

生息资本的特征

生息资本的两个运动包括借贷资本家把生息资本贷给产业资本家以及产业资本家将资本连本带息还给借贷资本家。在这两个运动的中间是产业资本家把借来的资本用于生产的活动。而生息资本的这两个运动仅是以法律或者契约进行的活动，它同资本的现实再生产运动无关。因此，生息资本的独特形式的运动就是以偿还为条件的付出。

生息资本本身所具有的全部运动形式，就是把货币贷放出一定时期，然后把它连同利息一起收回。从表面上看，生息资本所采取的运动的形式好像完全和资本的现实运动相分离。因为生息资本家贷借出货币之后，职能资本家就把货币作为资本进行生产或者再生产过程，生产出商品、卖出商品后职能资本家再把贷款还掉，很明显，贷出的货币作为资本所进行的再生产过程是在贷出人与借入人之间的交易以外进行的。生息资本的贷放与偿还，好像只是取决于贷出人与借入人之间的协议，在双方进行的交易中，中介过程消失了，看不见了。所以说，资本作为货币的单纯形式，以一个定额付出后，经过一段时间，除了这种时间上的间隔没有任何的媒介外，随后以“定额+定额所带来的利润的一部分”流回，这就是现实资本运动的形式。

实际上，生息资本的运动形态，是一系列经济行为的表现，最终还是要由资本再生产过程所决定。也就是在资本的现实的运动中，借入的货币资本先转化为生产资料，经过一系列的生产过程把它转化为包含着剩余价值的商品，通过商品出售，商品再转化为货币，并在这个过程中带着一个增殖额回到借贷资本家手中。

利息的概念与本质

利息不外是利润的一部分。由于生息资本的所有权与使用权是分离的，假定年平均利润率是20%，一个拥有100镑货币的人就有使100镑货币变成120镑的权力，或者说产生20镑利润的权力，假如他把这100镑货币借贷给另外一个人，时间为一年，另外一个人把它当作资本使用，也就是把生产20镑利润的权力转移了。然后，另外一个人在年终时把所生产的利润的一部分比如说10镑付给100镑资本的所有者，他就是用10镑来支付100镑的使用价值（即产生20镑利润的职能的使用价值）。职能资本家支付给资本所有者的那部分利润就叫作利息。因此，利息就是一部分利润的特别的名称。

利息的本质是平均利润中落到货币资本家手中的那一部分。货币资本家把它的货币作为资本贷放出去，这个预付的价值额，在运动中不仅要保存自己，而且要增大自己的价值量。也就是说，必须带着一个剩余价值，作为G+ΔG的形式流回。在这里，ΔG就是利息，即平均利润中不是留在职能资本家而是落到货币资本家手中的部分。所以说，利息是平均利润的一部分。

第一，货币资本家让渡给产业资本家的是商品资本的使用价值。生息资本是一种特别的商品，当货币资本家把货币让渡给产业资本家时，也就是把资本这种商品让渡出去了。但是，货币资本的让渡与普通商品的让渡既有相同之处也有不同之处。相同之处是，各自让渡的都是商品的使用价值。唯独不同的是，普通商品的价值随着使用价值的消失而消失。而资本商品则有一种属性，由于它的使用价值的消费，它的价值不仅会保存下来，而且会增加它的价值。也就是说，货币资本家让渡给产业资本家的，是资本商品的特殊使用价值，即生产平均利润的能力。

与劳动的使用价值类似，劳动力一旦被资本家购买了，就会产生比它自身价值更多的价值，这种更多的价值就是利润。在这个意义上，贷出的货币同劳动力的使用有相类似的地方：借贷的货币资本一旦被产业资本家或者商业资本家使用，借贷货币资本的使用价值也会产生出比它自身价值更大的价值，即同劳动力的使用价值一样，拥有生产价值和增加价值的能力。

第二，产业资本家或者商业资本家支付给货币资本家的利息，只是利润的一部分。与普通商品的购买相比，普通商品既购买使用价值又支付价值，而借贷人购买的是资本商品的使用价值，但借贷人支付的不是它的价格或者价值。因为贷出者总是同一价值的所有者，不存在借贷人支付资本商品价值的问题。货币资本家通过让渡商品的使用价值给职能资本家，而职能资本家利用资本商品的使用价值生产平均利润，到偿还的时候就必须把它作为已经实现的资本，即原价值加上剩余价值来偿还，而货币资本家所获得的利息只是职能资本家所实现的利润的一部分。因为职能资本家借入资本商品，是看中了资本商品的使用价值能够替他生产利润，然而利润也不能全部归职能资本家，如果利润全部归职能资本家，还有谁会把资本商品贷给他呢？

把利息看作货币资本的价格，是一种不合理的观点，为什么呢？

第一，把利息看作货币资本的价格，与商品价格的概念相矛盾。什么叫价格？价格是商品价值的货币表现。但是，职能资本家支付给货币资本家的利息，仅仅是商品资本执行使用职能之后所支付的一部分利润，并不是全部利润，所以，利息就不能看作货币资本的价格。

第二，利息是货币资本的价格，这种说法从一开始就是不合理的。既然价格是商品价值的货币表现，作为一个一定货币额的货币资本已经表现了一个价值额，成为这个价值额的价格，怎么会在这个价格之外又出现另一个和价值有质的区别的价格呢？如果这个说法能够成立的话，那么商品就有了双重的价值和两个不同质的价格，例如，一个100镑的货币资本获得了10镑的利息，它就会有两个不同质的价格，一个价格是100镑，一个价格是10镑，这当然是很不合理的，所以，利息不是货币资本的价格。

第三，利息本来只是表示生息资本的增殖程度，也就是通过利息额，与预付资本的价值做比较计算出来的。但是，利息在表面上却表现为一个为货币资本而支付给贷款人的价格。所以，把利息作为货币资本的价格，是不合理的。

错误地把利息看作利润的价格主要有两个原因：

第一，在资本主义生产方式上，生产资本本身表现为商品是因为货币作为资本被提供到市场上。货币的使用价值是由货币资本家让渡而来的并且它能够获得利润，所以生产资本作为商品出现因而表现为能够作为资本商品来出售。

第二，普通商品的价格是由资本主义生产的内在规律来调节，价值决定价格。而供求的变动和竞争只是说明了市场价格同生产价格的偏离情况，并不能决定价格。从利润中分割出的利息的大小，完全和商品的市场价格一样，是由供求和竞争来调节的。这就会让人产生误会，认为货币资本价格（或者就是利息）跟普通商品的价格一样。但是忽略了一点，利息是由竞争来决定的。

在生息资本中，一切实际的东西都被隐藏起来而都表现为表面的东西。货币资本家把货币预付出去，职能资本家借入这些预付货币，表现为资本由贷出者手中转入借入者手中，所以资本与雇佣劳动的关系已经看不见了。职能资本家手中已经实现价值增殖的资本流回来后，表现为借入者把原资本连同利息一起还给贷出者，资本剥削工人的过程就看不见了。利息只是表现为：是在一定的期间支付给贷出者的货币额，它使利润的一部分的本质被掩盖了。

第二节
利润和利息率

导读：本节的关键词为利息、利息率、利润、利润率。利息与利润有何关系？利润率的特点是什么？利息与企业主收入产生于同一源泉，即产生于剩余价值，那为什么说利润分割为利息和企业主收入会从量的分割转化为质的分割？既然利润由量的分割转化为质的分割成为了一种固有的观念，那么这种质的分割会产生什么样的后果呢？

利息和利润的关系

由于利息是平均利润的一部分，利息由平均利润率决定，利息的高低由平均利润的大小决定。反过来说就是：利润的变动决定利息的变动，利息的变动与利润的变动成正比。

但是，当平均利润率已定的时候，利息率由金融市场上生息资本的供求状况所决定。如果生息资本的供给大于需求，利息率就会下降；反之，如果生息资本的供给少于需求，利息率就会上升。总地来说，生息资本的供给与需求之间的关系，决定着当时市场的利息状况。

但是，如果生息资本供求平衡时，利息率的高低又取决于另外一个因素，那就是一个国家的习惯和法律传统。不同的国家有不同的习惯和法律传统，自然就会有不同的利息率，这时的利息率就会由习惯和法律等因素决定，这些因素有：预期价格变动、生息资本风险大小、借贷时间长短等。利息率有其自己的特点，那就是中等利息率在每个国家的较长时间内都会表现为不变的量。

利息只是平均利润的一部分，所以平均利润是利息的最高限；那么利息有最低界限吗？有，但是它是偶然的、不定的，并且不可能少于零，用数学公式表示则为：0 ＜利息＜平均利润。之所以把平均利润看作有最后决定作用的最高界限，是因为利息只是平均利润的一部分而不是平均利润的全部，如果利息高于或者等于平均利润，这就表明了职能资本家借入的货币资本没有给他带来任何好处，对职能资本家来说，借入钱，钱却不生钱，这样的话他就不会劳心劳力去借钱从事经营了；另外，利息率也不会低于 0，如果低于 0 就表明了货币资本家把它的货币白白送给职能资本家使用，对货币资本家来说，借出钱，钱却不生钱，没有利润收入的货币投资，货币资本家是不会干的。利息的大小，是由预付资本的大小、平均利润率的高低和利息在平均利润中所占的比重三者来决定的，用公式来表示就是：利息＝平均利润（预付资本 × 平均利润率）× 利息在利润中所占的比重。

而利息率则是一定时期内利息量与生息资本的比率，用公式表示就是：利息率＝（一定时期的利息量 / 生息资本量）×100%。一般说来，利息率的变化趋势跟利息的变化趋势是一样的，即利息率的最高界限不能等于而只能低于平均利润率，利息率的最低界限不能为0，也就是说，利息率只能在平均利润与0之间上下波动，用数学公式表示则为：0＜利息率＜平均利润率。

利息率的特点

利息率在每个国家的较长时间内表现为不变的量。还记得商品市场价格对商品价值的关系吗？商品的市场价格不是由商品的个别价值决定的，而是由它的社会价值决定的。利息率与利润率的关系同商品市场价格与商品价值的关系相类似，也就是说，利息率不是由特殊产业部门的特殊利润决定的，而是由一般利润率决定的。这是因为一般利润率在较长的期间内才会发生变动，并且这种一般利润率的这种相对的不变性正是通过平均利息率的不变性表现出来。所以，利息率在每个国家的较长时间内都会表现为不变的量。

另外，市场利息率的决定和一般利润率的决定不同，市场利息率是不通过任何媒介而直接地由供求关系决定的，而一般利润率则是由总资本所生产的剩余价值、剩余价值和总资本价值的比率还有竞争等许多复杂原因决定的。利息率则是普遍适用并且每天都是一个确定的事实，这个事实对职能资本家来说甚至是从事活动时的前提。所以利息率是在一定期间作为固定的量出现的，表现为一个确定的量。

利息和企业主收入

一　利润分割为利息和企业主收入

利润从量上为什么要分割为利息和企业主收入呢？这是由于职能资本家使用的不是自有的资本，而是向货币资本家借入资本引起的。如果职能资本家使用的是自有的资本，所得的利润就全部归自己所有，那么就不存在从量上分割为利息和企业主收入的问题。反之，如果货币资本所有者不是将货币资本贷放给他人，而是自己把它投放到再生产过程中去，就不会参与利息率的竞争。货币资本家把货币贷给职能资本家是为了获取利息，而职能资本家借钱从事生产或者经营，是为了获得利润。在这里，同一资本额作为资本对两方来说取得了双重的存在：资本所有者把货币资本当作资本贷出，企业主作为资本使用者把货币资本作为借入资本。同一资本虽然获得了双重的存在，但是只有资本的使用才能带来平均利润。所以资本的所有者和使用者只能对同一资本所带来的平均利润进行分配，所以，利润就要从量上分割为利息和企业主收入。

二 利息从量的分割转变为质的分割

利息是利润，即剩余价值的一部分，这部分利润是职能资本家向货币资本家借入资本使用后必须支付给货币资本家的。事实上，利息分为利润和企业主收入，同产业资本本身的运动无关，而只有资本家分为货币资本家和产业资本家，才使这利润的一部分转化为利息，才创造出利息的这个范畴；并且，只有这两类资本家之间的竞争，才创造出利息。平均利润分为利息和企业主收入这种纯粹的量的分割，却会转变为质的分割。所谓“利润在质上的分割”，是指一旦职能资本家向货币资本家借入资本，利润在量上分割为利息和企业主收入之后，职能资本家的自由资本部分，甚至只是使用自有资本也被看作借入资本，将所得总利润分为利息和企业主收入，也就是说，原来只有借入资本才会把利润分为利息和企业主收入，现在不管职能资本家的资本是借入的还是自有的，都要将其利润分为利息和企业主收入。

利润从量上的分割为什么会转变为质的分割呢？原因有以下几个方面：

第一，由于大多数职能资本家都按照不同的比例兼用自有资本和借入资本从事生产或者经营，自有资本和借入资本的比例会在不同的时期发生变动，在观念上使得使用自有资本的企业同样会把利润分为利息和企业主收入，所以是经验使资本家必须把利息和企业主收入从质上区分开来。

第二，只要利息作为独特的范畴存在，那么总利润超过利息的余额就会采取企业主收入的形式。在这种场合，产业资本家认为自己既是资本的所有者，又是资本的使用者，作为资本的所有者，他要获得利息；作为资本的使用者，他要获得利润。此外，借贷资本不管是否实际作为资本使用，甚至在它只为消费而借出的时候都会提供利息这是事实，是这个资本形式有独立性这种观念固定下来了。

第三，货币资本当作生息资本，那么利息就当作这特殊资本的剩余价值形式，来同产业资本家相对立。而用自有资本经营的资本家，也会像他借贷了钱去经营一样，必然先把平均利润的一部分看作利息，看成是他的资本本身在生产过程之外的果实，再把扣除利息后的剩余部分利润看作单纯的企业主收入。

利润分割为利息和企业主收入的后果

利润和企业主收入是平均利润的转化形式，这种转化形式掩盖了资本剥削雇佣劳动的对立关系。因为就生息资本本身来说，不是以雇佣劳动为自己的对立面，而是以执行职能的资本为自己的对立面；就货币资本家本身来说，不是以工人为自己的对立面，而是以职能资本家为自己的对立面。似乎利息和企业主收入都不是雇佣工人所创造的剩余价值，而是资本本身所产生的结果。利息与企业主收入的对立掩盖了资本和雇佣劳动的对立，即企业主收入这种平均利润的转化形式，表现为只与利息形成对立，而与雇佣劳动无关。原因是：第一，在平均利润率已经定了的时候，企业主收入的高低不是由工资决定的，而是与利息率成反比，企业主收入越高，利息率就越低；企业主收入越低，利息率就越高。第二，职能资本家因它的资本执行了职能而得到企业主收入的要求权，所以企业主收入也就表现为来自资本在再生产过程中的职能，不像利息那样，无所作为却因为有资本所有权而得到利润的一部分。因此在职能资本家的头脑中会产生这样的观念：职能资本家的企业主收入是他作为“劳动者”执行职能的结果，是监督劳动的工资，并且他认为他的工资比普通工人的要高，因为这是比较复杂的劳动，除此之外这工资是他自己支付给自己的。这样平均利润转化为利息和企业主收入后，就使人们看不到资本和劳动的对立关系了。

利息和企业主收入的对立，掩盖了剩余价值的性质、起源和存在条件。资本家的职能是生产剩余价值，占有无酬劳动，并且是在最经济的条件下进行这种生产。利润分为利息和企业主收入，而利润又是剩余价值的转化形式，所以归根结底利息和企业主收入不过是剩余价值的不同部分。利润分割为利息和企业主收入并不能改变它们来源于剩余价值这一本质，它们已经是以利润的存在为前提了。而实际的情况是：由于在再生产过程中的资本的职能，同在再生产过程外的资本的单纯所有权的对立，人们已经看不清楚资本与劳动的对立关系了。

利息和企业主收入的对立，表现为两种资本家之间的关系，从而掩盖了资本主义生产关系的本质。在资本主义生产方式下，凭借资本所有权占有别人的劳动产品。这是资本主义生产过程本身所具有的独特资本主义规定性的结果，但是，利息这种形式却把资本的这种性质表现为生产过程之外的属于资本的东西，这样一来就把利息仅仅只表现为与劳动无相关的一个资本家和另外一个资本家的关系，而不是资本家与工人的关系。并且资本家之间的关系又是存在于资本同劳动直接对立的关系之外，因此，资本主义生产关系的剥削性质似乎完全消灭了。由于利息的存在，使利润的另一个部分企业主收入表现为监督劳动的工资，资本家本来所要完成的剩余价值的职能，现在因为利息的出现被表现为劳动的职能，因此给人造成了一种假象：企业主收入不再是剩余价值了，而是完成了劳动之后的报酬。另外，还会错误地认为，这个剥削过程本身也表现为单纯的劳动过程，执行资本职能的资本家与工人相比，不过是进行另一种劳动罢了。于是，资本主义的性质被抽掉了，在资本家的观念中，资本的所有权和资本的职能成为利润本身产生的理由，同时，资本家为自己取得的利润而辩护也是基于这个理由。

第三节
信用

导读：这一节不是详细地全面地研究资本主义信用制度，只是研究资本主义信用的两种基本形式——商业信用和银行信用，以及研究信用在资本主义再生产过程中的重要作用。何为商业信用？何为银行信用？这两种基本形式之间有何联系和区别呢？信用对资本主义再生产过程的作用体现在哪些方面？

信用又称为信贷，是从属于商品交换与商品流通的一种经济关系。它或者是指商品买卖中延期付款的行为，或者是指货币的借贷行为，不管哪种行为，都是以偿还为条件的价值的特殊运动形式。在不同的社会中会体现不同的经济关系，在资本主义制度下，资本主义信用体现资本主义的经济关系，它是生息资本的运动形式，其中生息资本主要是采取商品形式和货币形式。与之相对应，资本主义信用也分为商业信用和银行信用。

商业信用

何为商业信用？商业信用是职能资本家之间因赊购商品，采取延期付款的方式而形成的借贷关系。那么商业信用是怎样产生的呢？简单商品流通的公式是W—G—W，为买而卖，每个商品生产者都要在出卖自己生产的商品从而取得货币之后才能够去购买自己所需要的商品。举个例子来说：生产上衣的制衣厂主，只有把他生产出来的上衣全部卖出去取得货币收入，然后再用货币去购买生产资料和劳动力。但是由于不同的商品生产的时间长短不同，生产的季节不同，产地距离市场的远近不同，如果每个商品生产者都坚持先卖后买的话，商品流通就会中断，商品实现就会发生困难。为了克服这个矛盾，就在商品交换中实行延期付款、赊购赊销，即先购买商品，然后对商品支付的方式。这样，商业信用就产生了。这种信用交易使买卖双方形成一种借与贷的债务关系，卖方成为债权人，买方成为债务人，一旦债务到期，就要支付货币，因而货币的支付手段职能就产生了，并且它成为信用制度的自然基础。

随着资本主义生产方式的发展，商业和商品流通的范围扩大了，从而商业信用随之扩大、普遍化和发展。在赊购赊销的交易中，卖者把商品转让给买者，没有同时取得现款，而是得到约定延期支付的票据，到了约定之日起，卖者才能凭借票据取得货币。马克思把这种支付的凭据统称为“汇票”，这种汇票作为一种工具来推动商品买卖，在汇票期满而支付日到来之前，它是通过背书（债权人在汇票背面签字）作为支付手段来流通的，形成商业货币，执行货币的职能，起到互相抵消债权的作用。

银行信用

银行信用是信用制度发展到一定阶段的产物，信用制度的建立与发展一方面和商品经营业的发展联系在一起；另一方面又和货币经营业的发展联系在一起。在资本主义生产方式下，货币经营业的发展和商业经营业的发展是齐头并进的。

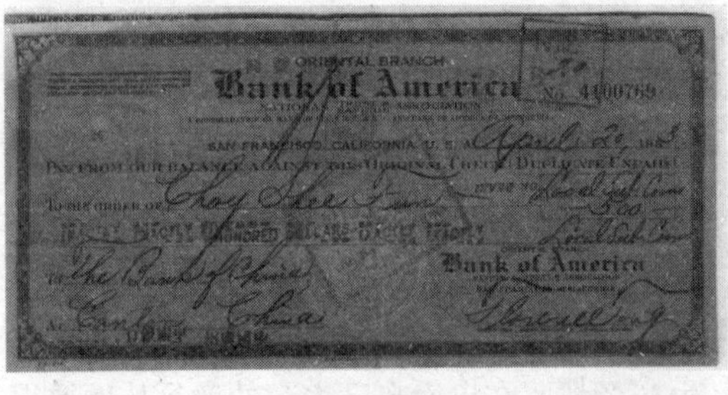

▶ 汇票

1933 年的加利福尼亚州美国银行东方支行汇票。

前面已经考察过货币经营资本是商业资本的一部分，但是那时候的考察只是纯粹性地考察，了解到货币经营资本从事的只是技术性业务，包括收付、记账、结算、保管、汇兑等，不包括进行借贷的信用业务，这是与信用制度相分离的货币经营业。但是在实际的生活中，货币经营业不仅从事货币的技术性业务，也从事信用业务，这种信用业务是伴随着商品经营业的发展而发展起来的，当货币经营业由特殊职能发展到一般职能的时候，纯粹的货币经营业也就发展成了银行业，并且建立了银行信用。货币的借入和贷出成为了银行的特殊业务，而银行家就成为了货币资本家和职能资本家之间的中介人。银行家一方面作为全体贷出者的代表，成为货币资本的总管家，同职能资本家对立；另一方面又作为全体借入者的代表，同所有的贷出者相对立。

银行资本来自两个部分，一部分是银行家自己的投资；另一部分是通过各种途径借入的资本。银行贷出的货币主要由借入提供，借入的途径包括：职能资本家暂时不用的货币资本，货币资本家的存款，各个阶层的小额积蓄和暂时不用的货币，消费者逐渐花费的收入。贷放的途径包括：各种形式的贷款，对存款进行良性的透支等。

银行家经营银行业跟一切职能资本家经营他们自己的业务一样，是为了赚取利润。银行资本经营获得的收入是银行利润。银行资本也是职能资本，同样参与利润平均化获得平均利润。银行存款和贷款的利息差额加上各种非信用业务就形成了银行利润。一般来说，银行的贷款利息率要高于存款利息率，其差额扣除了银行雇员工资和其他的经营管理费用，剩余的部分就构成了银行利润。

其实，银行利润归根结底是来源于生产部门的雇佣工人所创造的剩余价值的一部分。因为银行贷款给职能资本家，然后职能资本家用这笔款项去投入生产和经营，雇佣工人为他生产剩余价值，职能资本家把生产出来的带有剩余价值商品转化为带有剩余价值的货币之后，连本带息把钱还给银行。所以，总地来说，银行的利润都是来源于工人创造的剩余价值的一部分。

信用在资本主义生产中的作用

一　信用促进利润平均化的形成

平均利润的形成，是通过各部门之间的竞争而实现的。但是每个部门的产业资本都有各自的特定的自然形态和用途。因此，资本从一个部门转移到另一个部门就会发生很大困难，从而阻碍利润平均化过程。但是在资本主义信用制度下，资本家有可能依靠赊购商品和银行贷款迅速集中大量的资本，职能资本家运用货币资本进行新的投资，克服生产资料转移中的困难，促进了资本在不同部门之间的自由流动，从而使资本的自由转移更加便利化，所以利润平均化也就得以实现。马克思说："信用制度对利润的平均化或这个平均化运动起到中介作用，整个资本主义生产就是建立在这个运动的基础之上的。"

二 信用减少流通费用

首先，信用使流通中需要的货币量得到节省。这是因为：第一，用支票、汇票、银行券等信用货币作为流通手段和支付手段，可以代替相当数量的货币，减少了现金结算；第二，通过信用关系抵消债权债务而不使用现金；第三，信用可以使货币流通的速度加快，从而能够节省流通领域中的货币量；第四，商业信用的赊购赊销减少了商品流通所需要的费用；第五，纸币代替了金币从而节省金币和减少金币流通的费用。

其次，信用加快了资本的周转，减少了货币准备金，也节约了流通资本和流通费用。

三 信用促进了股份公司的发展

股份公司是资本家通过发行股票把分散的资本集中起来而进行合资经营的企业，它是随着资本主义大工业和信用制度的发展而出现的。股票是一种有价证券，凭它可以取得股息。股份公司的建立与发展，对资本主义经济的发展起过重要的作用。

▶ 美国耐克公司股票

第一，由于股份公司的形

成，促使生产资料和劳动力更加集中，大大推动了资本集中，提高了资本的社会化程度，企业生产规模惊人地扩大。原来一些难以兴办起来的大型工程，如修建铁路、运河等，通过集资的办法能够成功兴办起来。马克思说，假如必须等待积累使某些单个资本增长到能够修建铁路的程度，那么恐怕直到今天世界上还没有铁路，但是通过股份公司转瞬之间就把这件事情完成了。所以，股份公司对促进经济发展有很大的作用。

第二，形成了与私人资本、私人企业相对立的社会资本和社会企业。通过股份公司的形式联合起来的个人资本取得了社会资本的形式，股份公司私人企业表现为社会企业，这是作为私人财产的资本在资本主义生产方式本身范围内的扬弃。也就是说，资本主义的股份公司并没有改变资本主义私有制的性质，但是它的生产方式却发生了重大的变化：原来由单个资本家私人支配和经营的生产变成由资本家共同占有生产资料和共同管理。

第三，在股份公司内，资本的所有权和资本的经营权相分离，资本主义生产发展的这个结果，是资本再转化为生产者的财产所必需的过渡点，不过这种财产不再是各个互相分离的生产者的私有财产，而是联合起来的生产者的财产。

四　信用加大了资本集中的力度

资本主义信用的发展，使单个资本家既可以支配自己的资本，也可以利用信用这个工具在一定的界限内取得绝对支配别人的资本、财产和劳动的权利。信用制度一方面可以使社会上闲置的分散的小资本集合成大资本；另一方面又推动了资本兼并进程，资本集中的结果对市场经济的形成和发展起到了积极作用。

■ 资本主义信用的二重性

一方面，信用制度把用剥削别人劳动的办法来发财致富的资本主义生产的动力，发展成为最纯粹、最巨大的赌博欺诈制度，并使社会财富越来越集中在少数人手里；另一方面，它又创造了由资本主义生产方式转变到新的生产方式的一种过渡形式。

另一方面，信用制度加速了生产力的物质上的发展和世界市场的形成，为新的生产方式奠定好物质基础；另一方面，信用制度加速了资本主义一切矛盾的暴力的爆发，促进了旧生产方式解体的各种因素的发展，即信用制度加速资本主义经济危机的爆发。

第四节
银行资本的组成部分

导读：这一节主要是分析银行资本的组成，指出银行资本的绝大部分是虚拟资本。银行资本既可以从物质组成上分为两个部分，也可以从来源上分为两个部分。首先研究在物质组成上划分的银行资本，进而提出虚拟资本这个概念，然后分解虚拟资本的各种形式，最后从来源上探究银行资本。

银行资本的组成

银行是借贷双方的中介机构，而银行资本则是资本主义银行所掌握的资本。从物质成分上看，银行资本由两个部分组成：第一部分是现金（金或者银行券）；第二部分是有价证券。其中，有价证券还可以分为：商业证券（汇票）和公共有价证券。商业证券不能买卖，所以又把它称为无价证券。与之相反，公共有价证券可以买卖，如国债券、国库券、各种股票和不动产抵押单等。从来源看，银行资本可以分为自有资本（银行家自己的投资）和借入资本（主要是别人的存款）。但是不论银行家只用自有资本经营业务还是用借入资本经营业务，银行资本的这些物质组成差别依然存在，所以在这里，我们撇开这些来源，从物质上考察这些资本形式。

从物质成分看银行资本大部分都是虚拟资本。当借贷关系发展到一定程度时，尤其是利息这个经济范畴在资本主义经济生活中的普遍化，将一切可以获得的固定收入都看作一定数额的资本所带来的利息，就出现了虚拟资本这一个经济范畴。虚拟资本是生息资本发展的必然结果：每一个确定的以及有规律的货币收入，都表现为一定的资本的利息。例如，在年利息率为5%的情况下，年收入固定是25元，这25元可以看作500元资本的收入；在年利息率为10%的情况下，假如年收入固定是25元，那么这25元也可以看作250元资本的收入。虚拟资本就是由这样的联想产生的。虚拟资本的实质就是收入的资本化，是生息资本的特殊转化形式。

虚拟资本是以有价证券的形式存在、并能给持有者带来一定收入的资本，既然是“虚拟”，所以是它与现实资本相对而言的想象中的资本。与现实资本（包括货币资本、生产资本、商品资本）相比，它有自身的突出特点。现实资本是作为持有者的财产所有权为其带来收益，而虚拟资本则只是凭借权利证书索取收益，以有价证券生息。它使资金与现实增殖过程的联系消失，使资本可以增殖自身价值的观念牢固地树立起来。所以，人们又把虚拟资本的形成叫作资本化。

虚拟资本的主要形式

虚拟资本以有价证券的形式存在，其主要形式有：国债券、股票、汇票、货币准备金。下面逐一介绍这些虚拟资本。

一　国债券

国债券是指当国家向自己的居民借入债务时，发给债权人的书面凭证，债权人可以凭它从国家的年收入当中索取一定金额。如在年利息为5%时，持有100元国债券的人，每年可以获得5元的利息。因此，凡是持有国债的人，都可以把他每年由购买国债而得到的收入看作自己的资本的利息。

持有国债券的人，在债券期满之前，是不能要求国家解除契约归还本金的，但是可以把它当作商品卖给他人，即转卖。一般来说，国家发行债券所获得的货币收入，并不是用于生产性开支，而是用于非生产性开支，如政务开支，利息用税收来支付。因此，国债是一种虚拟资本，一旦国债卖不出去，资本的假象就会消失。

▶ 1935年时的美国1000万国债券

二 股票

股票是向股份公司投资入股并有权取得股息收入的凭证。股票代表资本的所有权证书，与国债券一样也是虚拟资本，不过同样是有价证券，股票和国债却有很大的区别：

	国债	股票
代表形式	不代表任何实际资本，只代表纯粹幻想的资本	代表已经投入企业使用的实际资本
利息来源	来自国家的税收	来自实际资本的剩余价值
稳定性	收益稳定可靠	收益有很大的风险
能否收回本金	到期后国家必须偿还本金给债权人	不能向股份公司收回本金
转让方式	在未到偿还期之前，国债持有人可以通过出售将国债转让他人	股票持有者如果想收回本金，只能通过股票市场进行转让

表面上看起来，股票这种资本似乎获得了双重存在：一方面是作为现实的股份资本；另一方面是作为股票的价值。但是，这个资本是不能双重存在的：一次是作为所有权证书即股票的资本价值；另一次是作为在这些企业中实

际已经投入或者将要投入的资本。它只存在于后一种形式，股票只是对这个资本所实现的剩余价值的相应部分的所有权证书。股票代表现实资本，可以买卖，但是不能支配现实资本。

股票不是按照股票面值而是按照股票价格出售的。股票价格＝股息／利息率，股息＝股票票面价值 × 股息率。假如一张股票票面价值为 100 元，企业提供的股息为 10%，而通行的利息率为 5%，所以，股息＝ 100×10%＝ 10 元，股票价格＝ 10／5%＝ 200 元，也就是说，股票出售的价格是 200 元，相当于 200 元资本。所以，有价证券的价值只是资本化的收益，是一个幻想资本按现有利息率计算可得的收益。

股票价格的这种独特的决定方法，使它成为投机的对象。在危机时，股票价格会跌落，一方面是因为利息率的提高；另一方面是因为预期收入减少从而使大量的有价证券抛入市场，以便转化为货币。相反在繁荣时期，股票的价格又会上升，一方面是因为利息率的降低；另一方面是因为预期收入的增加从而驱使大家都去购买它。

三　汇票

汇票是指产业资本家或者商业资本家的支付凭证。对贷款人来说，这种汇票是有息证券，也就是说，在资本家购买汇票的时候，他会扣除汇票到期以前的利息。这就是所谓的“贴现”。至于扣除多少，要视当时的通行利息率而定。在汇票买卖时，它所代表的资本仍在生产过程和流通过程中运动着，所以，汇票也是一种虚拟资本。

四　货币准备金

由金或者银行券构成的货币准备金，在资本主义生产发达的国家总是表现为贮藏货币的平均量，但这种货币贮藏的一部分，本身又是没有任何价值的证券，只是对支付的一种凭证。

从来源上探究银行资本

银行资本从来源上看分为自有资本和借入资本。

银行首先要有自己的投资构成银行自有资本。因为想要获取更多存款者的信任，前提是自己要有雄厚的资本。但是银行存款的数量总是会大于自有资本的数量，自有资本除了用来发展信贷业务之外，还用来作准备金。

银行的借入资本主要是存款，包括金、银行券以及汇票等。存款起着两重作用：一方面，它会作为生产资本被贷出去，它并没有保留在银行的保险柜里面，而只是作为贷款记在账面上；另一方面，为了便于存款人之间互相支付，这种支付用支票来进行，从而也只在账簿上转账收付。所以，除了准备金之外，全部的存款，都不过是当作存款记在银行的账簿上，它从来不会真正存在那里。

随着生息资本和信用制度的发展，一切资本好像会自我膨胀，增长一倍甚至几十倍，因为有各种方式会使得同一资本在不同人手里以不同的形式反复出现。例如，甲把 100 元存入银行，乙通过汇票贴现获得这 100 元之后，把它支付给自己的债权人丙，丙又将这 100 元存入银行，依次类推，反复进行，这样一来，同一个 100 元的货币资本，反映在银行账户上，就会有数百元之多。因此，这种货币资本大部分是虚拟的、幻想的。

银行的准备金大部分也是虚拟资本，为什么呢？银行自有的准备金一般由金和银行券组成，而准备金当中真正的黄金很少，大部分是银行券，而由银行发行的没有黄金保证的银行券，就是虚拟资本。

第五节

货币资本和现实资本

导读：这一节，主要是探究货币资本与现实资本的区别与联系。这里所说的货币资本是指借贷货币资本，现实资本是指职能资本。随着信用制度的发展，货币资本积累与现实资本积累之间呈现出复杂的关系。二者有什么样的区别？在什么情况下，货币资本积累与现实资本积累是一致的？在什么情况下，它们又是不一致的？

生息资本与现实资本积累的关系

银行资本大部分是由有价证券构成的，所以，有价证券的积累是货币资本积累的特殊形式。由于银行资本大部分是虚拟资本，所以它并不能够反映现实资本的积累。以国债和股票为例：国债券的积累和现实资本的积累毫无关系。因为国债券的积累，只不过表明了国家债权人的增加，他们有权把国家收入的一部分事先划归自己所有。事实上，用发行国债借来的资本已经被花费掉了，它只不过是已经消灭的资本的纸质复本。它之所以表现为积累，只是凭借它可以取得利息。股票与债券不同，股票固然是现实资本的证书，但是有了这种证书并不能支配和提取现实资本，它只是有权索取这个现实资本所获得的剩余价值的一部分。因此，如果说国债券是已经消灭的资本的纸质复本，那么股票就是现实资本的纸质复本。股票之所以会成为生息资本，不仅是因为它可以保证一定的收入，而且因为它可以通过出售把自己的资本价值收回来。如果股票是新发行的，由于扩大再生产引起的，那么它的积累与现实资本积累就是一致的。

但是，股票的价格变化并不完全反映现实资本的运动变化。股票的价格变动取决于股息、利息率和股票的供求关系，股票价格的这种脱离现实资本价值变动方式使它成为投机的对象，成为资本集中的工具。

在发达的资本主义信用制度下，货币资本的积累，实际上是银行家手中的财产的积累。这种积累可以按不同于现实资本积累的方向进行，因为银行资本大部分是虚拟资本，所以生息资本的积累并不反映现实资本的积累。

商业信用与现实资本的关系

前面已知商业信用是职能资本家之间采取延期付款的方式赊购商品而形成的借贷关系。因为商业信用贷出去的是商品资本，所以商业信用的扩大能够反映现实产业资本的扩大，也就是说，商业信用和现实资本的运动是相一致的。但是，如果当商业信用和银行信用交织在一起的时候，却会发生很大的变化。因为随着商品经济的发展，商业信用已经不能满足商品经济发展的需要了，这时候银行信用会克服商业信用的局限性，所以会使得商业信用与现实资本的关系不那么一致了。

借贷货币资本与现实资本的关系

货币借贷资本积累与现实资本积累有时是一致的，有时是不一致的。在产业周期紧接着危机过后的那个阶段，即萧条阶段，借贷货币资本的积累与现实资本积累的不一致表现得最为明显。在萧条阶段，借贷资本大量闲置不用，低微的利息率起着支配作用。而这种低微的利息率说明市场不活跃，商品

▶ 世界银行的标志

世界银行集团向全世界发展中国家提供低息贷款、无息信贷和赠款。它是一个国际组织，其一开始的使命是帮助在第二次世界大战中被破坏的国家的重建。今天它的任务是资助国家克服贫困，各机构在减轻贫困和提高生活水平的使命中发挥独特的作用。

就卖不出去，物价就下跌，生产就处在停滞状态。借贷资本的增加正是由于产业资本的收缩造成的。而在复苏和繁荣阶段，由于生产的恢复和扩大，商业信用的扩张，资本回流的加速，借贷资本相对充裕。借贷资本与货币资本的变动是相一致的。在危机阶段，生产过剩，产业资本过剩，投机猖狂，商业信用瘫痪，商品和有价证券价格下降，借贷资本奇缺，利息率达到最高限度，借贷资本的缺乏与产业资本的过剩并存。

总的来说，出现经济危机的原因不是货币的缺乏，而是生产与消费的对立。经济危机表现为货币危机和信用危机，但是货币危机和信用危机并不是经济危机爆发的根源，一切都是生产过剩造成的。

▶ **国际货币基金组织的标志**

于1946年3月正式成立，总部设在华盛顿。在经营上有其独立性，与世界银行并列为世界两大金融机构，其职责是监察货币汇率和各国贸易情况、提供技术和资金协助，确保全球金融制度运作正常。

第六节
流通手段与贵金属

导读：这一节将简单介绍一些与货币流通规律具有相似性的一种流通规律，即银行券的流通规律；然后探究一下贵金属的流动与经济危机的关系。在资本主义制度下，为什么说金银是社会财富的代表？因为贵金属在各国之间流动的原因是汇兑率的变动，所以最后涉及一下汇兑率的概念和决定因素。

银行券的流通规律

▶ 日占时期的台湾银行券

银行券是由银行发出的信用货币，它作为流通手段和支付手段，其流通也受货币流通规律的支配。货币流通规律是：流通中所需要的货币量，是由流通中商品价格总额和货币流通的速度决定的。流通中对银行券的需要量，也是如此。信用制度的发展节约了支付时间，因流通的速度加快而节省了银行券的流通量。

由于银行券是贵金属货币的代表，能够兑换黄金，同流通中的货币起到同样的作用，所以也受同一规律的制约，即银行券的流通量是以交易上的需要来调节的。在经济繁荣时期，银行券的流通很顺畅，而危机一旦爆发，在市场上就会发生对银行券的追逐，每个人都想尽可能地获得货币并贮藏起来，所以，大家都需要支付手段，需要银行券的时候，银行券就像金银一样在流通中消失了。

贵金属在各国之间流动

贵金属在国际间的流动包括两种情况：一种是贵金属在不产金银的区域内流动，这种流动是国际收支综合的结果；另一种是贵金属从它们的产地流入其他国家，这时候的贵金属有三种用途：补偿铸币的磨损和国内货币流通量的增加；用于奢侈品的贵金属消费量的增多；用于增加中央银行的贵金属储备。

贵金属的流入、流出与经济危机的关系。贵金属输入发生在经济萧条时期，因为在经济危机后的萧条时期，国内商品价格低，商品输出国外容易获利。除此之外，贵金属输入还会发生在经济复苏时期，生产恢复，容易吸收外资，金银就会依照正常情况下各国形成的特别贮藏的比例进行再分配。贵金属的流出，在大多数情况下总是对外贸易状况变化的特征，而这种变化又是情况再次接近危机的预兆。

金银是社会财富的代表

在资本主义生产方式中，金银与其他财富形式的区别在于，它们是财富的社会性质的独立表现，是资本主义商品经济的基础。作为私有者个人的财富之所以表现为社会的财富，是因为这些个人为了满足自己的需要而互相交换不同的质的使用价值，也只有拥有了货币才使得自己拥有所需要的使用价值。所以，金银是社会财富的代表。

汇兑率

何为汇兑率？汇兑率是以本国货币表示外国货币的价格，或者是两个国家之间货币的兑换比率或者比价。决定汇率的因素有两个：一是要兑换的两种货币的含金量之间的比价；二是货币供求关系。

第十五章

超额利润转化为地租

Capital

这一章研究资本主义地租理论，该理论是马克思剩余价值学说的一个有机组成部分。要理解资本主义地租是如何由超额利润转化而来，首先要分析土地所有权和资本主义地租的一些基本原理，从而得出资本主义地租的实质。其次再详细研究资本主义地租的两种基本形式——级差地租和绝对地租。最后再考察非农业用地中的地租以及土地价格的产生和变动趋势。

第一节
导论

导读：这一节考察资本主义土地所有权。资本主义土地所有权是怎样形成的？它又有哪些特征？研究地租之前之所以要研究土地所有权，是因为一切形式的地租都是土地所有权在经济上的实现，都要以土地所有权的存在为前提。

资本主义土地所有权的形成

土地所有权是指土地所有者垄断占有土地，可以按照自己的意志支配和处置土地的权力。地租就是土地所有权在经济上借以实现的形式，是土地所有者纯粹凭借土地所有权而获得的收入。正是这种垄断在资本主义生产基础上的实现，才产生资本主义地租。所以，土地所有权不仅是人对土地的占有，而且是通过人对土地的占有而表现出的人和人之间的社会关系。

资本主义土地所有制是指凭借土地所有权从雇佣工人创造的剩余价值中获取地租的一种土地占有形式。我们所考察的土地所有权形式，是土地所有权的一个独特的历史形式，它是受资本和资本主义生产方式的影响转化而来的。也就是说，资本主义的土地所有权和历史上农奴制的小农土地所有权没有什么区别，只不过历史上的这种土地所有权现在受到资本和资本主义生产方式的影响而已。

资本主义生产方式的结果是：它改变了农业中最不发达的单纯经营和机械沿袭下来的经营方法，在私有制条件下一般能够做到的范围之内，转化为农艺学的自觉的科学的应用。它一方面使土地所有权从统治和从属的关系下完全解放出来；另一方面使作为劳动条件的土地同土地所有权和土地所有者相分离。土地对土地所有者来说只代表一定的货币税，这是凭借他对土地的垄断权从产业资本家即租地农场主那里征收而来的，这样土地所有权就取得了纯粹经济的形式：它一方面使农业合理化，从而使得农业有可能按社会化的方向经营；另一方面把土地所有权变成荒谬的东西。

资本主义土地所有权的特征

资本主义土地所有制与封建土地所有制相比有以下三个明显的特点：

第一，资本主义土地所有权消除了各种非经济的特权。在封建制度下，由于封建主占有土地和存在超经济强制，使农奴或者农民造成人身依附或者半依附状态，通俗地说就是地主剥夺了农奴或者农民的人身自由，强制掠夺他们的各种剩余产品。在资本主义制度下，资本主义地租是以资本主义土地所有制为前提的，土地所有权与人身依附关系相互分离，农业劳动者摆脱人身依附，从统治和服从的关系中完全解放出来，农民成为自己劳动力的所有者，具有人身自由。资本主义土地所有者只能依靠土地所有权，按照纯粹的经济契约来获得地租。

第二，资本主义土地所有权与经营权完全分离。在封建制度下，封建主既占有土地，又经营土地。在资本主义制度下，土地所有权是一种单纯的财产权。土地所有者仅仅凭借土地所有权，把土地租给农业资本家以收取地租。这样，土地所有权就获得了纯粹经济的形式。

第三，在资本主义农业中，存在着三个并存而又相互对立的阶级：大土地所有者、农业资本家、农业雇佣工人。实际上耕作土地的是农业雇佣工人，他们同工业中的雇佣工人一样，不占有任何生产资本，只是靠出卖自身劳动力，创造大于自身价值的剩余价值；而从事实际经营的是农业资本家，他们把资本投入农业这个生产部门，剥削农业工人获取剩余价值；而大土地所有者不参加农业耕作也不参加农业经营管理，只是凭借土地所有权获得农业资本家所支付的取得土地使用权后的货币额。在这里能够很明显地看出，农业雇佣工人所创造的剩余价值，由农业资本家和土地所有者共同瓜分，农业资本家获得平均利润，土地所有者获得地租。这样一来，农业资本家、土地所有者与农业雇佣工人就构成了剥削与被剥削的关系。

第二节
资本主义地租

导读：这一节研究资本主义地租。首先要清楚区分地租与租金这两个概念；其次去探究资本主义地租产生的前提条件，研究资本主义地租时应该避免哪些错误；最后研究资本主义地租分为哪两种基本形式。

地租不同于租金

为了准确地考察资本主义地租，必须严格区分资本主义地租和租金。资本主义地租是指农业资本家为了取得土地的使用权而交给土地所有者的超过平均利润以上的超额利润。而资本主义租金是指农业资本家在一定时期内为了使用土地本身而向地主缴纳的全部货币额。农业资本家付给土地所有者的“地租”，往往不是真正的地租，而是租金。真正的地租和租金是有区别的：真正的地租是为了使用土地本身而支付的货币额，又叫作狭义地租；而租金是指农业资本家为了取得经营权向土地所有者支付的全部货币额，又叫作广义地租。也就是说，租金除了包括真正的地租之外，还包括由其他原因引起的各种费用，这些费用包括土地上的固定资产折旧费和利息、平均利润和工资的部分扣除。

在研究资本主义地租时，应该避免三个错误：

第一，在社会发展过程中，各个历史阶段的土地所有权形式不同，地租形式也就不同，不能够把不同历史阶段的不同地租形式混同起来。例如，在封建时期，封建的土地所有制与人身依附相联系，农业雇佣工人没有人身自由，在超经济的强制下，地租不仅包括全部剩余产品，而且还包括部分必要产品。在资本主义时期，资本主义的土地所有制没有人身依附关系，农业雇佣工人具有人身自由，土地所有者只是对土地拥有单纯的所有权，但有资本家剥削劳动者。所以，总地来说，资本主义地租是以资本主义土地私有制为前提的，建立在剥削具有人身自由的农业雇佣工人的基础之上，地租的数量不再是雇佣工人的全部剩余劳动产品或者部分必要劳动产品，而是农业雇佣工人创造的剩余价值的一部分，即超过平均利润的一部分，因而资本主义地租是超额利润的转化形式。

第二，不能够把剩余价值存在的条件当作地租的存在条件。资本主义地租是超过利润的余额，即超过商品价值中由剩余价值构成的平均利润以上的余额，是剩余价值的独特的组成部分。一切地租都是剩余价值，是剩余劳动的产物，但是不能反过来说，凡是剩余价值都是地租，不能说只要把一般剩余价值的存在条件解释清楚，也就可以把资本主义地租解释清楚了。因为形成一般剩余价值的条件和形成地租的条件是不同的。

第三，不能把资本主义商品生产的特征同地租的特征混同起来。资本主义商品生产的特征是：随着工业生产的发展和农业人口的增加，对农产品的需求会增加，对土地本身的直接需求也会增大，这样一来，农产品越来越商品化，地租和土地价格就会相应增加。而地租的特征是：随着农产品作为价值（商品）而发展的条件和它们的价值的实现条件的发展，土地所有权在这个未经它参与就创造出来的价值中占有不断增大部分的权力也发展起来，剩余价值中有一个不断增大的部分也就转化为地租。

资本主义地租的形态

资本主义地租分为两种形态，级差地租和绝对地租。级差地租指的是在某种自然条件被垄断的有利情况下，由于土地质量、地理位置等差别而引起的产品按照生产价格出售而出现的超额利润。绝对地租是指地主凭借对土地的所有权，在最劣等地上所获取的地租。为什么在最劣等土地上也能获得一个超额利润呢？这是因为农产品市场生产价格的决定不同于工业，一般来说，工业产品市场生产价格是由中等的生产条件所决定的。而在农业农产品市场生产价格是由最劣等地的生产条件所决定的，于是在最劣等地生产也能获得一个超额利润，绝对地租也就存在了。

第三节
级差地租

导读：这一节将对资本主义地租的形式之一——级差地租进行总的考察，阐明级差地租的一般性和一般特点。然后再对级差地租的两种形式级差地租Ⅰ和级差地租Ⅱ进行解读，阐明它们之间有什么联系和区别。

级差地租的形成

在分析地租时，假定土地产品和其他一切商品一样，是按照生产价格出售的，生产价格＝成本价格＋平均利润。如果农业资本家要获得平均利润，那么转化为级差地租的利润只能是超过平均利润的部分，即超额利润。问题是：商品生产价格的一部分（超额利润）是怎样转化为地租的？

以工业部门中采用蒸汽机为动力的工厂和采用瀑布为动力的工厂为例。尽管谈的是工业中的情况，但是通过这个例子可以说明真正的农业上的级差地租。

假设一个国家的绝大多数工厂以蒸汽为动力，生产的商品的成本价格是100元，利润率为15%，那么，社会生产价格＝成本价格＋平均利润＝100＋

$100 \times 15\% = 115$ 元。

再假设有少数工厂以自然瀑布为动力，生产的商品的成本价格是90元，那么，个别生产价格=个别成本价格+平均利润= $90+90 \times 15\% = 103.5$ 元，那么个别生产价格和社会价格之间的差额为 $115 - 103.5 = 11.5$ 元，这就构成了在特别有利条件下的生产者的差额利润。

这种由于以自然瀑布为动力的工厂产生的并且构成级差地租的超额利润同其他一般的超额利润有什么共同点和区别呢?

共同点是：它们都不是由于市场价格高于社会生产价格产生的，而是由于个别成本低于一般成本而使得个别生产价格低于社会生产价格或者是由于个别利润高于平均利润而产生的。社会生产价格与个别生产价格之间差额的大小取决于两个界限，一个是个别生产价格，另一个是社会生产价格。而超额利润的多少与个别生产价格大小成反比，与社会生产价格的大小成正比。

区别是：利用自然瀑布作为动力的工厂主所得的超额利润，应该把它归功为一种自然力，即瀑布的推动力。瀑布是自然存在的，它既不是资本和劳动本身单纯利用的结果，也不是已经并入资本的自然力单纯利用的结果。与把水变成水蒸气的煤不同，煤本身是劳动的产物，它具有价值，需要支付一定的生产费用，而瀑布是一种自然的生产要素，它的产生不需要任何劳动，是来自某种较大的自然生产力。

▶ **尼亚加拉大瀑布**

尼亚加拉大瀑布位于加拿大安大略省和美国纽约州的交界处。尼亚加拉瀑布的水量多，冲力大，加、美两国均已在瀑布附近河段上建立大型水电站，装机容量400万千瓦，其中一个是世界最大的水力发电厂，所发电力供两岸需要并输送外地。

这些自然生产力有以下几个特点：第一，这种生产力和自然力的利用结合在一起，但是不像并入了资本的自然力一样能够由资本自由支配，这种自然力是一种垄断了的自然力，如瀑布。只有支配这些特殊地段及其附属物的人才可以支配它。第二，这种自然力在自然界只存在于某些地方，它不能由一定的投资创造出来，而且这种被人垄断了的自然力是与土地密不可分的。第三，这种自然力既不是该生产部门的一般条件，也不是该生产部门一般都能创造的条件，它有其固定的性质，是土地的资本主义垄断的结果。

级差地租的一般特点

第一，级差地租是在商品按照生产价格出售的前提下产生于个别生产价格和社会生产价格的差额。它是由于土地自然条件的差别以及因土地的有限性而产生的土地经营的垄断。

第二，级差地租的产生不是因为资本所占劳动的生产力的绝对增加，而是因为资本占有较高的土地自然力这一有利的条件，相对于那些没有垄断占有到较好自然条件的资本来说，它有较高的生产率。

第三，自然力并不是超额利润的源泉，它只是超额利润的自然基础。价值是由劳动创造的，剩余价值来自雇佣工人创造的剩余价值。自然力之所以会引起超额利润的产生，是因为它是特别高的劳动生产力的自然基础，并且由于存在着土地经营的垄断使这个自然力的个别生产价格低于社会价格。因此，构成级差地租的超额利润的源泉是雇佣劳动的剩余劳动，而不是自然力。

第四，土地所有权对超额利润的创造没有任何关系，即使这块土地无主，但只要这块土地有较高的自然力，超额利润也会存在。拥有土地所有权的土地所有者只不过是把已经生产出来的超额利润转化为地租的形式，从资本家的口袋拿过来装进自己的口袋而已。所以，土地所有权不是使超额利润创造出来的原因，而是使它转化为地租形式的原因，或者说只是使这部分利润被土地所有者占有的原因。

第五，自然力不是劳动生产物，因而没有价值，没有价值的地方也就没有价格可言。所谓“自然力的价格”完全是一个不合理的表现。土地所有权使超额利润转化为地租，地租又带来了“土地价格”这一不合理的表现，所谓“土地价格”只不过是资本化的地租而已。

级差地租的形式

级差地租有两种形式，即级差地租Ⅰ和级差地租Ⅱ。级差地租Ⅰ是指等量资本投在相等面积的土地上，因土地的肥沃程度和地理位置的不同造成生产率差异而形成的超额利润。级差地租Ⅱ是指等量资本连续投在同一块土地上，每一次投资生产率有差异而形成的超额利润。我们先来研究一下级差地租Ⅰ。

一　级差地租Ⅰ

级差地租Ⅰ的形成有两个条件：一个是土地肥力；另一个是土地的地理位置。

土地肥力　如果撇开气候等要素不说，自然肥力的差别就是由表层土壤的化学结构即所含植物养分的差别形成的。不过在自然肥力相等的各块土地上，自然肥力能够被开发和利用多少，还取决于农业化学和农业机械的发展水平。这就是说，土地的有效肥力不仅仅是由自然肥力决定，它还和农业化学和农业机械的现有发展水平相联系，可以用化学方法（如施加肥料改造土壤结构）和机械方法（用特殊耕犁改变耕作方法，以及修建水利设施等）对土壤进行人工改造，改变土壤的肥沃程度。

土地的地理位置　土地的地理位置是指距离城市的远近和交通条件的好坏。第一，土地距离市场位置的远近，对耕种土地的顺序是个决定性的因素，凡是离市场近的土地，流通费用就少，因为它可以节省运输费用，降低成本，从而使农产品的个别生产价格低于社会价格。相反，距离市场远的土地，流通费用就大。第二，土地的肥力和位置可以发生相反的作用，一块土地地理位置可能很好，但是肥力很差，或者说地理位置不好，但是肥力很好。这种情况说明了在土地的开发利用中要视土地的用途而决定究竟是先开发和利用肥沃的土地，还是先开发土地肥力虽然很差但是距离市场很近的土地。

二　级差地租Ⅱ

级差地租Ⅱ是怎样形成的？如果等量资本不是投在不同的土地上，而是连续投在同一土地上产生不等的生产率，由生产率低的资本所生产的农产品的个别生产价格决定市场价格，从而生产率高的资本就会产生一个超额利润，这个超额利润就会转化为级差地租，就是级差地租Ⅱ。至于级差地租Ⅱ实体的这部分超额利润是否转化为地租以及在何种程度上转化为地租，则取决于土地所有者和农业资本家之间的契约和斗争。因为土地所有者与农业资本家之间会签订一个租约，租约约定农业资本家使用这块土地的时间。在租约的有效期内，在连续的时间内追加投资在同一土地上的资本从而产生的利润率，是归农业资本家所有的；当租约期满之后，如果资本家和土地所有者继续缔结租约，土地所有者往往会考虑提高地租，从而把农业资本家追加投资产生的超额利润部分或者全部占为已有。因此，土地所有者与农业资本家会围绕着租约期的长短而展开长期的斗争。

三　级差地租Ⅰ和级差地租Ⅱ的关系

级差地租Ⅰ和级差地租Ⅱ之间既存在联系，又存在区别。

<table>
<tr><th colspan="2">对比项目</th><th>级差地租Ⅰ</th><th>级差地租Ⅱ</th></tr>
<tr><td rowspan="4">联系</td><td>实质</td><td colspan="2">实际上终究只是投在土地上的等量资本所具有的不同生产率的结果，都是超额利润的转化形式</td></tr>
<tr><td>产生基础</td><td colspan="2">都是资本主义对土地经营的垄断</td></tr>
<tr><td>源泉</td><td colspan="2">都是来自农业雇佣工人的劳动所创造的平均利润以上的那部分剩余价值</td></tr>
<tr><td>反映的关系</td><td colspan="2">都反映了土地所有者、农业资本家和农业雇佣工人之间的关系</td></tr>
<tr><td rowspan="3">区别</td><td>产生先后</td><td>是级差地租Ⅱ的基础和前提，先于级差地租Ⅱ产生</td><td>是在级差地租Ⅰ的基础上产生和发展起来的</td></tr>
<tr><td>标志</td><td>对土地实现粗放经营，以扩大耕地面积为主</td><td>对土地进行集约化经营，对同一块土地追加投资，进行深耕细作</td></tr>
<tr><td>依靠基础</td><td>以土地的自然肥力为基础，依靠自然生产力</td><td>以技术条件为基础，以技术来提高生产力</td></tr>
</table>

资本量的大小对于级差地租Ⅱ的形成有着重要的作用。工业产品价格由中等生产条件来决定，农业和工业不同，农产品价格不是由中等地生产条件来决定的，而是由劣等地生产条件来决定，因此，资本不需要达到“平均资本量”，只要达到了“最低资本量”就可以取得平均利润，如果高于“最低资本量”就能够取得超额利润，从而转化为级差地租Ⅱ。所以从这方面来看，级差地租Ⅰ和级差地租Ⅱ的实质是一致的，即投在土地上的等量资本所具有的不同生产率的结果，都是超额利润的转化形式。

第四节
绝对地租、建筑地段地租和矿山地租

导读：在分析级差地租时，我们假定最坏的土地是不支付地租的，但是现实生活中并非如此，即使是最坏的土地也要交纳地租，那么这种地租是怎样产生的？产生的原因是什么？它的形成有哪些条件？地租不仅存在于农业，而且在一些非农业用地中也存在着地租，称之为非农业地租，它主要包括建筑地段地租和矿山地租两种。

绝对地租

绝对地租是指在资本主义所有权存在的条件下，不论租种优等地还是劣等地，土地所有者都一概要收取的地租。

之前分析级差地租的时候，假定劣等地不交纳地租，并且劣等地的生产条件决定生产价格。事实上，土地所有权的存在使得租种任何等级的土地都需要绝对地交纳地租，这样一来，劣等地的农产品的价格只有上涨到既为农业资本家提供平均利润，又为土地所有者提供超额利润即地租时，农业资本家才会耕种土地。

一　绝对地租产生的原因

绝对地租形成的原因是土地所有权的垄断。农业中有限的土地被私人土地所有者占有以后，别人无法再拥有对土地这种生产资料的私有权，这就形成了对土地的垄断。那么土地所有权是怎样体现它的价值的呢？单纯法律上的土地所有权并不能为土地所有者带来任何利益，土地不出租，也不能为土地所有者带来任何收益，因此，它在经济上就没有任何价值。实际上，土地所有权在经济上的价值体现在土地所有者与农业资本家之间建立一定的经济关系后收取的地租，因此，土地所有权垄断是绝对地租产生的原因。

从本书前面的章节中已知工业品有这样的特性：它们的价值高于生产价格，但是它们不会因此而提供一个可以转化为地租的超过平均利润的余额。原因在于工业资本可以在工业各部门之间自由投入和转移而不会受到任何的阻碍，自由竞争使得利润率平均化，从而使这个余额抵消在各个资本投入的量中，即使工业中也存在着超额利润，但是由于工资资本的自由竞争和利润的平均化使得这个超额利润不是长期的、稳定的。而农业则不一样，在农业中由于土地所有权的存在，使得资本不能够自由地转移，阻碍了农业利润在各个部门之间的平均化，使这种来自农产品价值与生产价格差额的超额利润成为了农业资本家长期的、稳定的收入进而形成了绝对地租。

绝对地租量的确定，究竟是等于价值和生产价格的全部差额还是等于这个差额的一部分，完全取决于供求状况和新加入的土地数量。土地所有权垄断的存在阻碍和排斥资本自由转入农业，限制部门之间的竞争和农业部门的超额利润参与社会平均化的过程，因而农业利润不参与利润平均化，农业剩余价值不参与全社会的利润平均化。正因为这种土地私有权的存在使得农产品不仅能够而且必须按照高于社会生产价格的价值出售，这样一来，价值与生产价格的差额就会形成一定量的超额利润，农业资本家获得平均利润的同时，价值高于生产价格的超额利润便形成了绝对地租。

二 绝对地租形成的条件

绝对地租的存在仅仅是一个历史事实，是农业发展阶段所特有的，到了更高阶段就会消失。

当农业发展落后于工业发展时，农业资本有机构成低于工业资本有机构成，一定量的农业资本和同等数量的工业资本相比，推动更多的活劳动，在剩余价值率相同的情况下，会生产较多的剩余价值，从而农产品的价值会高于社会生产价格，这使得租种劣等土地的农业资本家把农产品按照高于生产价格出售时，为在平均利润以上有一个余额用来交纳绝对地租提供了前提条件。随着科学技术的发展，农业资本有机构成已经出现赶上甚至超过工业资本有机构成的趋势，生产的剩余价值减少了，从而农产品的价值不可能超过它的生产价格，上述意义的地租就会随之消失。但是在资本主义生产条件下，土地所有权垄断决定了绝对地租必然存在，这时作为绝对地租的实体的超额利润不再是农产品的价值高于社会生产价格的超额利润了，而是农业资本家一部分平均利润的扣除，即把平均利润的一部分转化为地租。

建筑地段地租和矿山地租

凡是有土地私有权的地方，租用土地就必须支付地租，因此，地租不仅存在于农业，一些非农业用地也存在着地租。非农业用地地租主要包括建筑地段地租和矿山地租。研究这些非农业地租的形成，既要遵循农业地租的一般规律，又要注意其自身的特殊性。

一 建筑地段地租

建筑地段的地租是资本家为建筑住宅、工厂、商店建筑物而向土地所有者租用土地所交纳的地租。建筑地段地租的基础和一切农业用地地租的基础一样，是由真正的农业地租来调节的。但它与农业地租相比，又有自己的特征。

第一，土地地理位置对级差地租的形成具有决定性影响。地理位置优越的地方，如大城市中心、交通枢纽、车站、港口这些地段的地租比远离这些地段的地租要高很多倍。

第二，这种地租彻底暴露了土地所有者的寄生性和榨取社会发展成果的残酷性。因为土地所有者不直接参与任何经营活动，不做任何贡献，也不冒任何风险，只是利用社会发展的进步不断收取高额地租，坐享其成。

第三，垄断价格在这种地租上起着很大的作用，高昂的地租引起高昂的房租和房价，对处于社会底层的贫穷劳动人民进行无休止地榨取，使雇佣工人没有容身之所。

随着资本主义的发展，建筑地段的地租会不断提高，其原因是：第一，人口的增加，随之而来的是住房需要的扩大。第二，人类的生产和生活离不开土地，因为空间是一切生产和一切人类活动所需要的要素，特别是当土地是为了再生产或采掘的目的而被利用时，土地所有者必然以上述原因为理由，不断地提高地租。第三，建筑投机的主要对象并不是建筑物本身，而是地租。所以，建筑投机家这种投机的狂热促使地租不断上涨。

二　矿山地租

在采掘工业中，资本家为租用矿山而向矿山土地所有者交纳的地租就是矿山地租。真正的矿山地租的决定方法和农业地租是完全一样的。所以矿山地租也有级差地租和绝对地租两种基本形式。

▶ **朗达谷**

位于南威尔士的朗达谷，是英国传统的煤矿区。早在19世纪，这里就成为了英国主要的产煤区。“二战”期间，这里更成为了英国能源的重要保障。

矿山的级差地租：由于各个矿山的蕴藏品位不同，有贫矿、富矿之分；另外也由于距离市场和交通枢纽的远近不同，所以矿山的单位矿产品的个别价格有高有低。又因为矿产品的社会生产价格是由劣等生产条件来决定的，因而经营富矿或者中等矿的资本家就可以获得超额利润，从而形成级差地租。

矿山的绝对地租：在采矿业中，一方面，由于不需要购买原料，不变资本的支出就减少，从而资本有机构成通常是低于工业资本有机构成，矿产品的价值就高于生产价格；另一方面，土地所有权的存在限制了矿山的自由投资和自由竞争，从而使矿产品能够按高于生产价格的价值出卖，从而形成了绝对地租。

除了这两种基本形式之外，矿山还存在着垄断地租。某些稀有的矿产品可以按照垄断价格出卖，从而形成了垄断地租。

第五节
土地价格

导读：这一节研究土地价格。土地本身是一种自然存在的天然的东西，它为什么会有价格呢？影响其价格的因素有哪些？随着资本主义经济的发展，为什么土地价格会有提高的趋势？

土地有价格的原因及其影响因素

未经人类活动改造过的土地是自然界存在的天然的东西，它不是劳动生产物，因而土地本身不会有价值，所以也就不存在以土地价值为基础的土地价格。但是在资本主义制度和土地私有权存在的条件下，商品关系普遍性使得凡是被私人占有的有用的东西都可以当作商品来买卖。当土地被土地所有者占有而作为商品买卖时，没有价值的土地也可以作为买卖的对象，从而取得了价格的形式。

土地之所以有价格，是因为凭借土地所有权可以获得地租，因而从实质上说，土地价格就是资本化的地租。土地价格相当于这样一笔货币资本价值，如果把这笔货币资本存入银行，所得的利润相当于购买这块土地后将其出租每年所获得的收入。土地价格的决定可以用公式来表示：土地价格＝地租 / 利息率。例如，土地所有者某块土地每年可获得地租收入 100 元，卖掉土地的价格如果存入银行，每年必须同样获得 100 元的利息，地价才能为土地所有者接受，再假定银行存款利息率为 5%，则土地价格为 100 / 5%＝ 2000 元。

从公式中我们可以看出，影响土地价格水平的因素有两个：一是地租数量的大小；二是银行利息率的高低。

地租数量的大小：由于土地价格是资本化的地租，在银行利息率一定的情况下，土地价格的高低与地租额的大小成正比。地租额越高，土地价格就越高；地租额越低，土地价格就越低。

银行利息率的变化：在地租数量一定的情况下，土地价格的高低与银行利息率成反比。银行利息率越高，土地价格就越低；银行利息率越低，土地价格就越高。

为什么土地价格有提高的趋势

在资本主义社会，土地价格具有上涨的趋势。原因如下：

第一，由于所有权对土地的垄断，随着市场对农产品和土地需求的增加，其权力也就发展起来了，增加地租的数额，从而提高土地的价格。

第二，由于经济的发展和人口的增长，对住宅的需求是逐渐增加的，拥有对土地所有权的土地所有者在一定程度上会增加地租数额，从而间接提高土地价格。

第三，未开发的土地和闲置的土地会越来越少，土地的供求关系在总体上呈现出紧张的趋势，土地供不应求，价格自然提高。

第四，在繁华的大城市里，建筑投机的对象不是房屋而是地租，建筑投机者对这种投机的狂热使地租不断上涨以至于使土地价格不断上涨，投机者不过是通过建造房屋在地租的上涨中发财而已。

第十六章

各种收入及其源泉

Capital

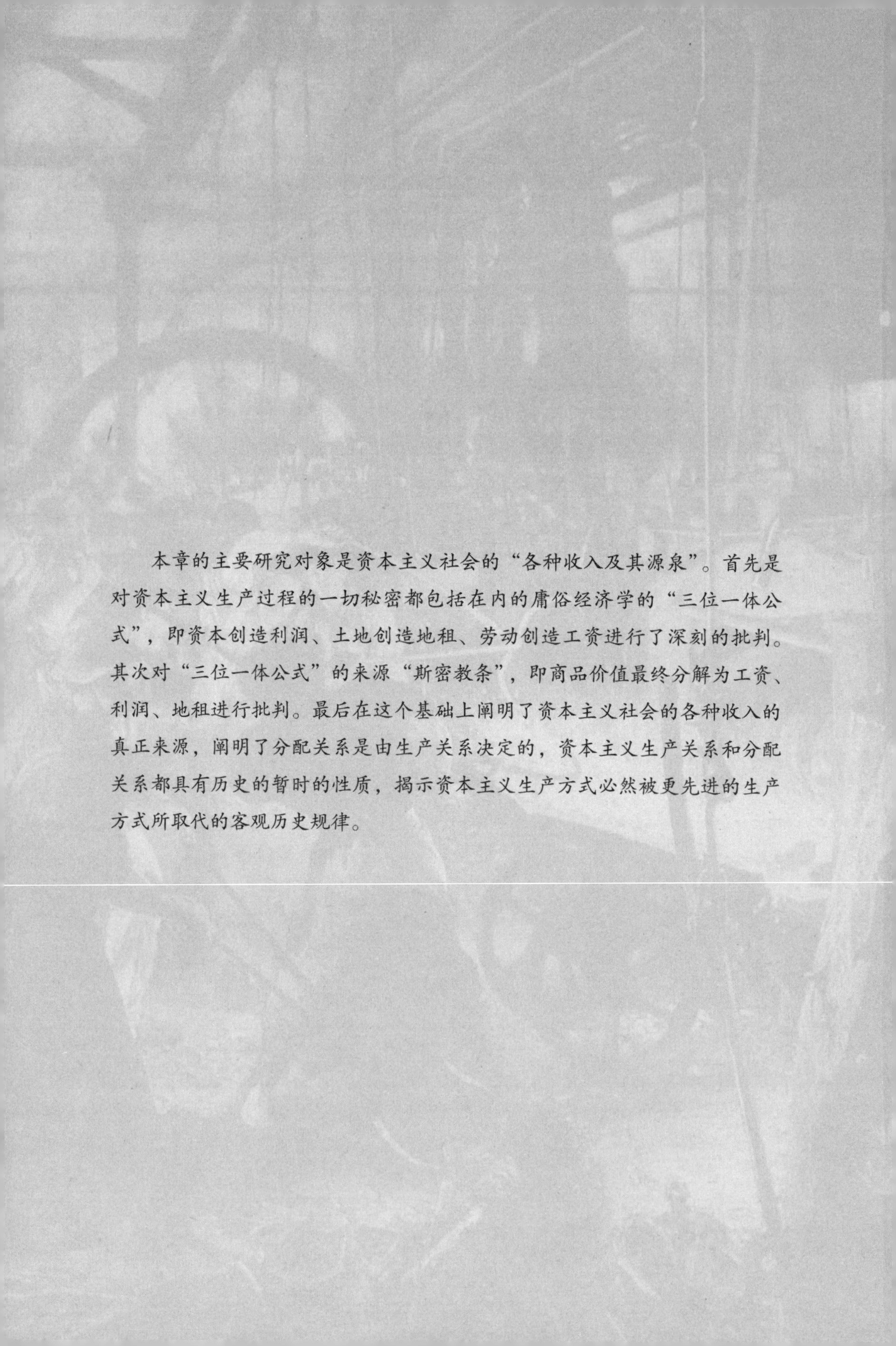

本章的主要研究对象是资本主义社会的“各种收入及其源泉”。首先是对资本主义生产过程的一切秘密都包括在内的庸俗经济学的“三位一体公式”，即资本创造利润、土地创造地租、劳动创造工资进行了深刻的批判。其次对“三位一体公式”的来源“斯密教条”，即商品价值最终分解为工资、利润、地租进行批判。最后在这个基础上阐明了资本主义社会的各种收入的真正来源，阐明了分配关系是由生产关系决定的，资本主义生产关系和分配关系都具有历史的暂时的性质，揭示资本主义生产方式必然被更先进的生产方式所取代的客观历史规律。

第一节
三位一体公式

导读：由法国资产阶级庸俗经济学家萨伊首先提出来的“三位一体公式”，它的荒谬性体现在哪里？它的实质又是什么？它是怎样完成资本拜物教的？三位一体公式的理论来源是由英国古典经济学家亚当·斯密错误观点形成的斯密教条，那么导致斯密教条错误的原因又体现在哪几个方面？

三位一体公式为：资本—利润，土地—地租，劳动—工资，即资本创造利润，土地创造地租，劳动创造工资，这是由法国资产阶级庸俗经济学家萨伊首先提出来，为资本主义辩护的把社会生产过程的一切秘密都包括在内的公式。“三位一体公式”是对萨伊分配理论的讽刺性概括，因为在公式中，他把价值看成是劳动、土地、资本等各种要素联合作用的结果，掩盖了资本主义各种收入的真正来源，掩盖了资本主义剥削的本质，具有很隐秘的荒谬性。

三位一体公式的荒谬性体现在哪里

在“三位一体公式”中，利润这个作为资本主义生产方式特征的剩余价值形式被排除在外。利润这个剩余价值形式被排除在外的过程是：由于利润分解为利息和企业主收入，利息表现为资本所固有的产物，而企业主收入则表现为不以资本为转移的“工资”，所以公式中“资本—利润”就可以归结为“资本—利息”，这样作为剩余价值特征形式的利润在公式中被排除了，资本主义生产关系的实质被掩盖起来了。三位一体公式中被看作收入来源的资本、土地、劳动，实质上是分属于完全不同的领域，彼此之间毫无共同之处的东西，它们相互之间的关系，就像公证人的手续费、甜菜和音乐之间的关系一样，风马牛不相及。

一 关于资本

资产阶级经济学家把资本和生产资料混淆在一起，认为资本创造利息，这是很荒谬的。因为资本不是物，而是一定的、社会的、属于一定历史社会形态的生产关系，它体现在一个物上，并且赋予这个物以特有的社会性质。在资本主义生产条件下，生产资料被资本家垄断了，无产阶级除了自身的劳动力之外一无所有，而生产资料又是工人能够劳动的条件，所以，拥有生产资料的资本家和以生产资料作为劳动条件的无产阶级形成对立。就是这种对立使生产资料成为资本的形态。本来是工人生产的生产资料，却成为剥削工人的手段和统治工人的权力来跟工人相对立。所以，资本的本质是特定的资本主义生产关系。

二 关于土地

土地本来是自然界存在的天然物，它是无机的，不可能创造价值。而作为剩余价值的一部分地租，同样不可能由土地本身产生。一定量的劳动能够提供多少产品要受土地自然肥力的制约，这是土地绝对肥力的作用。而同量劳动和同量资本会因为土地肥力的制约提供不同量的产品，从而产品会有不同的个别价值。至于这些个别价值如何均衡化为市场价值，在优等土地上耕作所获得的利益为什么是归土地者所有而不是归耕作者所有等的问题，则需要由一定的生产关系和以资本主义生产关系为前提的土地私有权来说明了。

三 关于劳动

一般地说，劳动是指用来实现人与自然之间的物质变换的一般的生产活动。劳动总是在一定的生产关系下进行的，离开一定生产关系的劳动是不存在的，因而劳动具有一定的社会性质。如果撇开一定的社会形式去谈劳动是很虚无缥缈的，如果把劳动当作一般生产要素来考察，它是人类社会所共有的。资本主义雇佣工人的劳动分为必要劳动和剩余劳动两个部分，必要劳动生产工人自身生活的必要生活资料，是工人工资的来源；而剩余劳动为资本家创造剩余价值，包括利润和地租。如果把劳动等同于工资，那么工人劳动创造的全部新价值也应全部以工资形式为工人所有，资本家就一无所有了，不存在资本对雇佣劳动的剥削。但是这种劳动却在实质上体现了资本家与雇佣工人之间剥削与被剥削的关系。

四　关于剩余价值转化为地租

超额利润转化为地租的时候，产生了一种假象：剩余价值的一部分好像不是直接和社会关系联系在一起，而是直接和一种自然要素，即土地联系在一起。由此而知，剩余价值不同部分的内在联系被割断了，剩余价值的源泉就完全被掩盖起来了。

三位一体公式的实质

三位一体公式实际上将人与人之间的社会关系，将资本家阶级和土地所有者共同对雇佣劳动者进行剥削的关系掩盖起来了。如果全面地考察资本主义的整个生产过程，一切假象都可以被揭穿，一切为资本主义生产辩护的理论都不攻自破。在资本主义生产中代表商品价值的公式 W＝不变资本＋可变资本＋剩余价值转化为 W＝利润＋地租＋工资时，利润、地租、工资等收入的真正来源是雇佣工人的劳动新创造的价值，即可变资本 K＋剩余价值 S，也称为国民收入，工资是国民收入中相当于劳动力价值的

▶ 《国富论》

亚当·斯密的《国富论》，又名《国民财富的性质和原因的研究》。

部分即可变资本 K 的部分，其余部分即剩余价值 S 则被资本家与土地所有者无偿占有了。所以，三位一体公式不过是资本家为资本主义制度辩护的理论，但这种理论是经不起考验的。

我们把商品价值的五种形态演变过程罗列出来，就很容易看清楚资本家剥削行为逐渐隐没的过程：

W1 =社会必要劳动时间

W2 =不变资本＋可变资本＋剩余价值

W3 =生产价格=成本＋平均利润

W4 =市场价值=市场生产价格

W5 =工资＋地租＋利润（利息＋企业主收入）

从对商品的解剖开始，先是商品的价值，由价值到剩余价值，由剩余价值转化为利润，利润平均化为平均利润率，然后是产业利润、商业利润和借贷利息的分割，或者在农业中农业资本家再分割出一部分作为地租支付给土地所有者。把资本家榨取剩余价值的这一丑陋行为掩盖得无影无踪。

三位一体公式抹杀了资本关系的历史性质。这个公式把资本主义生产关系看成是一切社会形态所共有的。虽然在一般的生产过程中，资本、土地、劳动是不可或缺的三要素，但是只有在资本主义生产条件下这三个要素才会成为取得收入的源泉。

■ 三位一体公式完成了资本拜物教

在商品经济的条件下，人们生产的劳动产品和开采的金银取得了商品的形式和货币的形式，人与人的关系表现为物与物的关系，本来是人支配着物的，但是变成了物支配着人。这种人与物关系颠倒的现象就叫作商品拜物教，这种颠倒的关系在资本主义经济中得到充分的发展，货币拜物教就发展成资本拜物教。因为剩余价值转化为利润，已经掩盖了资本关系，利润再转化为平均利润，平均利润又进一步分割为利息和企业主收入，资本关系进一步被掩盖了，最后，认为资本可以获取利息，土地可以获得地租，资本拜物教由此完成。

斯密教条

三位一体公式的理论来源是由英国古典经济学家亚当·斯密错误观点形成的斯密教条，也就是说，三位一体公式是在斯密教条的基础上产生的。斯密教条认为，商品价值是由工资、利润和地租三种收入构成的，将不变资本排斥在外。因此，在批判三位一体公式时，还必须批判斯密教条。

导致斯密教条错误的原因：

第一，不能理解不变资本和可变资本的基本关系，所以也不理解剩余价值的性质，从而不能理解资本主义生产方式的整个基础。雇佣工人的劳动包括抽象劳动和具体劳动，一方面抽象劳动创造新价值，即可变资本 K 加上剩余价值 S；另一方面具体劳动转移不变资本的旧价值，这个不变资本 B 与可变资本 K、剩余价值 S 共同构成商品的总价值。而斯密教条不能解释，作为收入的工资、利润、地租只包括 K+S，而购买到的商品除了 K+S，还包括 B。

第二，不能理解生产商品劳动的二重性。他们不了解劳动一方面作为抽象劳动创造新价值，同时又作为具体劳动保存和转移旧价值，不理解劳动在追加新价值时是以何种方式在新形式上把旧价值保存下来，而不是把旧价值生产出来。

第三，不能理解社会资本再生产过程中，单个资本和社会总资本的联系和区别。斯密教条没有对再生产以及再生产的各个组成部分之间的关系从物质性质和价值关系两个方面来分析。社会资本的运动，不仅要考虑价值补偿，即 K+S，而且要考虑实物补偿，即 B。所以，把社会总产品在价值上分为 B+K+S 的同时，也要在实物上分为生产生产资料部类和生产消费资料部类，才能够科学地分析社会资本再生产过程。

第四，不能理解收入和资本之间的联系和区别。先看下图：

第Ⅰ部类：4000B+1000K+600S+400S = 6000

第Ⅱ部类

Ⅱ a：1600B+400K+240S+160S = 2400 ⎫
⎬ 3000
Ⅱ b：400B+100K+60S+40S = 600 ⎭

▲：黑色字部分代表的是产品在本部类内部或者是在本副类内部中实现交换；而波浪线、下划线、双波浪线代表的是产品在不同部类、不同副类之间的相互交换。

结论：第Ⅰ部类与第Ⅱ部类之间要保持一定的比例关系，即Ⅰ（K + S）=ⅡB。这也是简单再生产的基本条件。

在第Ⅱ部类内部，Ⅱ a与Ⅱ b之间也要保持一定的比例关系。

例如，第Ⅰ部类的工人和资本家的收入，即Ⅰ（K+S），是要在价值和实物上来替换Ⅱ b的，因此，人们就可以用“对一个人来说是收入的东西，对另一个人来说是资本”的话来混淆资本和收入。另外，收入借以实现的消费资料，在一年中要经历不同的阶段，如毛线和毛织品。在一定阶段上，它形成不变资本，如制衣厂需要用毛线和毛织品作为生产原料；在另一阶段上，它被人消费，完全加入收入。因此，人们就会认为不变资本只是商品价值中的一个表面的要素，它会在总的联系中消失。亚当·斯密就是这样看待问题的。

第五，价值到生产价格的转化以及剩余价值转化为利润、地租等形式进一步引起了混乱。它使人忘记商品的价值是基础。至于商品价值分成各个特殊的组成部分，发展成为各种收入形式，分配在各种生产要素所有者之间的事实，丝毫不会改变价值决定和价值决定规律本身。人们忘记了年产品价值可以分解为工资、利润（企业主收入和利息）和地租，却不能反过来说工资、利润和地租形成商品价值。

第二节
资本主义生产方式的特征

导读：这一节主要是探究“生产方式”“生产关系”“分配关系”。该节是对整个《资本论》理论部分的总结，指出生产关系、分配关系都具有历史的暂时性的性质。最后阐述资本主义生产方式的特征，揭示资本主义生产方式的一些历史规律。

分配关系和生产关系的历史性

首先我们来明确分配关系的含义。分配有两种，一种是生产条件的分配，例如，是由谁占有生产资料，但它是生产关系本身范围内的事情。另一种是在生产基础上所进行的个人收入的分配。我们通常所说的分配关系就是指收入分配中的分配关系，它是这里要考察的对象。

前面也讲到，工人每年新创造的价值，分成三种不同的收入形式：一部分以工资的形式归于劳动力的所有者即工人；另一部分以利润的形式归于资本的所有者；再一部分以地租的形式归于土地所有者。这就是分配的关系或者形式，因为它们表示出新生产的总价值在不同生产要素的所有者之间进行分配的关系。

资产阶级政治经济学把这种分配关系看作自然的关系，抹去它所从属的生产关系，抹去它的历史性质，或者只承认分配关系的历史性质，但又认为生产关系是永恒不变的，与历史发展的性质无关，这些都是错误的。与此相反，对资本主义生产方式的科学分析证明了：第一，资本主义生产方式是一种特殊的生产方式，它具有独特的历史规定性。第二，它以社会生产力及其发展形式的一定阶段作为自己的历史条件。第三，与这种独特的、历史规定的生产方式相适应的生产关系具有独特的、历史的和暂时的性质。第四，分配关系是生产关系的反面，二者同样都具有历史的暂时的性质。

资本主义生产方式的特征

第一，商品的生产占据了统治地位，劳动力也成为商品。由此，工人成为出卖劳动力的雇佣工人，劳动表现为雇佣劳动。资本和雇佣劳动的关系决定了资本主义生产方式的全部性质，资本家和雇佣工人不过是资本和雇佣劳动的人格化。资本主义商品生产中存在着一个尖锐的矛盾：一方面，雇佣工人的劳动是一种社会性质的劳动；另一方面，这一社会劳动听任资本家个人的摆布，使价值规律只有通过他们之间的竞争、他们互相施加压力来实现，而正是通过这种竞争和压力，各种偏离得以互相抵消。在这里，价值规律不仅是作为内在的规律，对单个当事人作为盲目的自然规律起作用，并且是在生产的各个偶然的变动中维持着生产的社会平衡。在资本主义生产方式中，一方面人与人之间的经济关系表现为物与物之间的关系；另一方面由劳动者生产的生产资料，却异化为生产资料支配者工人，这样一来，生产就具有拜物教的性质了。

▶ 俄国十月革命

十月革命发生于1917年11月7日，在列宁和托洛茨基等人的领导下，俄国共产党（布尔什维克）领导工人士兵发动武装起义，建立了苏维埃政权，这是无产阶级政党领导的第一次成功的社会主义革命。革命推翻了俄罗斯克伦斯基领导的俄国资产阶级临时政府。

第二，剩余价值生产是生产的直接目的和决定动机。资本家把生产商品所必需的劳动时间缩减到当时的社会平均水平以下，将成本价格缩减到最低限度，就是为了提高社会劳动生产力，获取超额剩余价值，进而得到相对剩余价值，建立起资本主义生产方式，直接与工人本身的发展相对立。在资本主义生产方式里，两个基本的生产要素会采取独特的社会形式：劳动采取雇佣劳动的形式，生产资料采取资本的形式。所以，产品价值中的一部分才表现为剩余价值（具体表现为利润和地租），一部分利润又转化为资本，从而整个再生产的扩大才表现为资本主义积累的过程。

▶ **美国旧金山柯伊特塔内的壁画**

壁画描绘了20世纪30年代“经济大萧条”时期，加州底层民众的生活与工作景象。

每一种分配形式都会同它同时产生并且与之相适应的一定的生产形式一道消灭。分配关系的历史性质就是生产关系的历史性质，分配关系不过表现为生产关系的一个方面。在每一个历史阶段，都存在着与当时生产力状况相适应的生产关系和分配关系的历史的形式。资本主义生产形式发展到一定的成熟阶段就会被抛弃，并让位给较高级的形式。但是有一点是不变的：人类社会随着生产力的不断发展，旧的生产关系就必然会被新的生产关系所取代，旧的生产方式就必然会被新的更进步的生产方式所取代。